甘德安 著

复杂性家族企业演化理论

Family Business

Evolution Theory Based on Complexity

经济科学出版社

Economic Science Press

图书在版编目(CIP)数据

复杂性家族企业演化理论/甘德安著.—北京:
经济科学出版社,2010.7(2017.10 重印)
　(家族企业研究论丛)
ISBN 978 - 7 - 5058 - 9466 - 2

Ⅰ.①复… Ⅱ.①甘… Ⅲ.①家族—私营企业—企业
管理—研究 Ⅳ.①F276.5

中国版本图书馆 CIP 数据核字(2010)第 127864 号

责任编辑:范　莹
责任校对:徐领弟
技术编辑:董永亭

复杂性家族企业演化理论

甘德安　著

经济科学出版社出版、发行　新华书店经销
社址:北京市海淀区阜成路甲 28 号　邮编:100142
编辑室电话:88191417　发行部电话:88191540
出版社网址:www.esp.com.cn
读者服务部:www.jkbook.com
北京财经印刷厂印装
787×1092　16 开　18.25 印张　300000 字
2010 年 7 月第 1 版　2017 年 10 月第 2 次印刷
ISBN 978 - 7 - 5058 - 9466 - 2　定价:36.00 元

序

　　我向诸位推荐的这本书是用经济学的前沿理论对东亚普遍存在的家族企业进行科学分析的新著。托笔写这篇序时，令我想起20多年的一件往事。

　　我在20世纪90年代时任中国社会科学院数量经济与技术经济研究所所长期间，就深感经济学研究范式变革的必要性与紧迫性。1991年我组织了本所的科研人员及清华大学的两位老师结合当时刚刚兴起的前沿性科学———混沌理论的最新成果论述了新古典范式经济理论的不足。并在《数量经济技术经济研究》杂志上发表了关于"混沌理论与经济学"方面的论文，希冀国内学者能够运用辨证的眼光来看待当时的传统新古典与新制度经济学的发展方向。

　　如今，20多年过去了，以自组织、混沌为代表的复杂性科学也日趋系统，借助复杂性科学的研究成果在经济与管理科学中的运用也日趋成熟，借助复杂性研究经济学与管理学研究的话题也日成气候。让我欣慰的是，我20年前的学生甘德安也是这些话题研究者中的一个。近几年，他一直在这方面从事研究，每次他到北京看我及我到武汉讲学时，他都与我讨论关于复杂性科学在经济与管理中应用的问题。我是支持甘德安在这方面探索的，因为这毕竟是一个理论的薄弱点。在国内，把复杂性在经济学与管理学中进行理论探究与实证分析的专著还比较少，我相信他在努力探索的道路上必能取得成果……

　　去年秋，收到甘德安《复杂性的家族企业演化理论》

的书稿，请我提修改意见，两三次交代之后，书已成型。鉴于此书的开拓性与学生孜孜不倦的探索精神，我乐于为之作序。

民营经济在助推中国经济成长的过程中功绩不可磨灭，作为民营经济的主要组织形式之一的家族企业，对其研究的重要性不言自明。但家族企业研究长期被学术界忽视，不能不说是一个遗憾。甘德安则是中国最早研究家族企业的探索者之一，早在 2002 年，即率先出版了中国第一部家族企业研究专著《中国家族企业研究》，承担了国家社科基金关于"家族企业"研究的第一个资助的课题，并负责召开了第一个全国性的家族企业国际会议，为中国家族企业研究的兴起起到推动的作用。现在，家族企业已经从一个被忽视的课题成为当前企业理论研究的热点之一，确实令人欣慰；但是，家族企业研究至今还是一个寻求范式的研究领域，还没有完整统一的理论工具对其进行逻辑一致的完备性研究。甘德安借助复杂性科学理论构建了一个复杂性的家族企业演化理论框架，并借助复杂性科学深入研究了中国家族企业的生成机理、治理结构、生命周期、企业家、代际传承、企业文化复杂性等一系列的理论难题。我认为，本著作是从独特视角、独辟蹊径研究中国家族企业的原创性著作。

甘德安是我的学生，也是一个非常勤奋与敬业的学者。他与他的创业团队用短短几年时间，从无到有、从小到大、从弱到强的创办了一所万人大学；所以，为表达我对他的勤奋与敬业的首肯，我还出任了他所在学校的首席教授。

当然，此书还是探索性质的，批判和怀疑是基本的治学态度。希望本书对推进中国经济学的研究作出贡献，更希望广大读者能从各个角度对甘德安的研究加以支持和指导，我相信甘德安会在以后的学术生涯中再接再厉，进一步推进中国家族企业的理论研究。

李京文

农历庚寅年春节

2010 年 2 月 14 日

于北京中海馥园小区

家族企业研究已经从一个被忽视的课题成为当前企业理论研究的热点之一，确实令人欣慰；但是，家族企业研究至今还是一个寻求范式的研究领域；以致家族企业研究不得不找回早期的社会学和心理学研究文献作为理论基础。为此，我们拟定借助复杂性科学，包括演化经济理论对家族企业演化进行研究，希望构建复杂性的家族企业演化理论。

第一，在研究家族企业时，首先要对企业理论体系有一个梳理。但是，企业理论至今尚未形成一套系统的完整的理论体系，各种学术派别和理论分支基本上都是从某一侧面对企业进行研究，不能逻辑一致地相互兼容，从而企业理论缺乏一个对企业的全面把握；此外，现在的企业理论大多数是"象理论"，就是大多数是现象理论，而不是机理理论；所以，我们必须要在各种"象理论"背后找出它的机理理论，就像牛顿从伽利略与第谷发现天体运行规律等现象理论一样，从机理上发现万有引力定律。所以，我们希望用复杂性科学构建一个整体的解释框架。复杂性使得经济学不再是确定性的、可预测的和机械的，而是确定性与随机性相统一的、有机的和不断演化的。复杂性的企业演化理论框架可以把传统的企业理论，包括新古典、新制度的企业理论，以及基于演化经济学的企业成长理论、能力理论、网络理论等理论有机地整合在一起。并且把家族企业的各种定义重新界定，用复杂性整合家族企业的各种解释。

第二，我们首先要解决的问题是家族企业是如何生成的。传统的企业理论讲企业形成后如何发展、如何成长、如何管理，但很少从理论上、机理上讲清楚企业是怎样生成的，特别是家族企业是怎样生成的。为此，我们要从复杂性视角回答家族企业为什么比非家族企业更容易生成的机理。三十多年前，当中国还是计划经济一统天下时，没有发达的市场经济，没有发达的信息渠道，没有发达的人力资源，更没有发达的金融市场；创业者可占有的资源有限，只能依靠家族的力量，如借助家族的人力资源，通过家族融得创办企业的启动资金等，因而只能形成家族式企业。也可以说是用信任替代契约，或者说利用心理契约替代文本契约。此外，中国的社会结构总体呈哑铃型，缺乏中间组织，在工商企业方面该特性表现得更为突出。三十年的计划经济，特别是从工业企业的发展历程看，国有企业是不适合市场经济发展的。如何在市场经济背景下形成市场的主体？从世界上的家族企业的发展来看，家族企业的创办与传承对社会总体结构有非常重要的意义。

第三，我们将借助演化经济理论中惯例、搜寻和创新分析家族企业的生成、发展与传承。其中，惯例是演化理论框架中的一个主要概念，它是指保证组织或个人的事业顺利进行、正常运转的一些重复性的活动和技巧方式。惯例的形成有利于组织内部的成员和谐地完成各自的工作，避免冲突和争端。这就是为什么中国经济从计划导向转向市场导向时，民营经济90%以上的创办采用家族企业的形式的原因之一。如果企业按照现有惯例运转能够获得满意的收益，那么惯例往往不发生变化。

第四，新古典经济学的企业理论把企业看作是一个黑箱"black box"，即企业是投入与产出的转换器。投入劳动和资本，得到产出，其特点是行为完全由其所在市场的竞争决定，内部的运作不可观测，可能的最大产出是给定的（生产函数），企业之间没有区别。我们认为，完全可以借助复杂性理论打开黑箱。在一定开放的系统条件下各要素之间的非线性的相互作用就是企业生成的根本原因。要素之间相互非作用，使某些要素的偶然的作用导致内部的随机涨落与非线性作用导致企业的线性产生。我们还可以借助复杂适应理论重新解释新制度经济学关于企业的本质。

第五，我们希望借助复杂性混沌理论的分岔与分形理论研究家族企业传承问题。家族企业的基业常青是所有创业型家族企业家十分关心的问题，"富不过三代"的咒语时时笼罩在家族企业家的脑海里，不少学者和媒体也认为家族企业"富不过三代"是定式。目前，众多研究者都对家族企业在接班人的选择与培养问题进行了理论或实证研究，并得出了一些重要的观点和结论。我们希望借助混沌经济学的分岔与分形理论和借助数学方程解决家族企业的传承"富不过三代"的魔咒，并通过参数 μ 来整合各种传承理论的兼容问题。

第六，借助演化经济学构建家族企业的演化理论存在的主要问题是：一是演化经济学理论太散，流派众多，没有形成统一范式，统一的逻辑体系；二是演化经济学没有自己的企业理论。尼尔逊与温特的著作《经济变迁的演化理论》主要是关于产业演化的理论，虽然他们借助惯例、搜寻与创新等关键词很好地解释了企业演化的一些问题，但还不是关于企业的演化理论。此外，演化经济学在批判新古典与新制度经济学方面起到了积极的作用，但是演化经济学缺乏数学的应用与经济模型，使其在科学机理的逻辑分析与框架结构上不够明晰。演化经济学家从生物进化论中吸取营养，借助自然科学的理论，比如统计力学、复杂性科学等。笔者认为，企业特别是家族企业的研究，不仅要借助演化经济学理论、复杂适应系统理论、混沌理论、自组织理论，更要从自然科学的理论库中掘取思想，向自然科学靠拢将是今后家族企业理论研究的必然趋势。所以，笔者拟借助复杂性科学的理论构建复杂性的家族企业演化理论；借助复杂适应系统的涌现理论探究家族企业生成的机理，以及与非家族企业的差异。

第七，本专著在表达方面也做了一些思考与创新。一方面，在表达形式上更多的使用通俗语言表达，减少函数推导的描述方式，以便于广大的家族企业的创业者、管理者、政府经济管理部门干部及广大社会科学工作者，充分理解笔者研究的思想、理论与观点及相关知识。另一方面，利用复杂性科学及其数理工具在表现形式上是文字的，背后的逻辑机理是数理的，即采用公理—公设—定义—定理—推理—应用这个逻辑表达模式。

在本专著中，我们构建了复杂性的家族企业演化理论的基本框架，提出了家族企业生成机理理论、混沌吸引子企业家理论；借助分岔与分形理论证明了家族企业传承的"富不过三代"的普适性；研究了家族企业生存环境与社会变迁的复杂演化互动机理、家族企业治理结构的结构决定功能机理、复杂性生命周期理论、家族企业文化复杂性问题，以及家族企业演化理论的一般性基础。

此外，本专著在前六章的普适性理论基础上分析中国家族企业的问题。探究中国家族企业生成、传承的规律及特殊性。借助演化经济学视角下的种群动力学模型及三十年民营经济发展的历史数据做了计算机仿真，以印证我们的理论。特别对中国学术界借助差序结构分析家族企业产生的原因的基础上，进一步回答，为什么差序结构容易产生家族企业，指出关系治理是中国家族企业治理模式的基本特征；同时指出，中国家族企业关系治理与契约治理是一个演化过程；等等。

作者

2010 年 4 月于武汉

Preface

It is delightful to see that family business research has currently become one of the hottest enterprise theory research topics. However, family business research still requires convincible paradigms in the academic area; hence it has to get back to early sociology and psychology research literatures as its theoretical basis. To this end, we have developed with the complexity sciences, including evolution economics theory to study the evolution of the family business, hoping to build an evolutionary family business theory based on complexity.

Firstly, it is essential to summarise the theoretical enterprise researches while studying on family business. However, the academic theories of enterprise research has yet to be formed as a complete one, factions and various academic theories are basically a branch from one side of the enterprise research, which cannot be logically compatible with each other, hence lacks a comprehensive enterprise understanding; In addition, the majority of the current theory of the firm is "phenomenon theory", that is, theories describing the phenomenon rather than discovering the mechanism; Therefore, we should develop the mechanism theory behind a variety of "phenomenological theories", just like Newton, Galileo and Tycho did. As a result, we want to build a whole explanatory framework with complexity sciences. Complexity makes the economy is no longer deterministic, predictable and mechanical, but becoming a unity of certainty and randomness, organic and evolving enterprise theory. This framework is able to integrate the traditional theories of the enterprises that including new classical new systematic enterprise theories, into the evolution of economics and business growth theory, capacity theory, network theory. It can also re-define the family business with the complexity of integration.

Secondly, we must foremost solve the problem that how the family business is generated. The traditional enterprise theories primarily emphasis on development and management of a business after its formation, but few is able to clarify how the business is generated from the beginning mechanically and theoretically, especially the family business. As a result, we have to answer why the establishment of family business is easier than the non-family business from the perspective of complexity; to explain the mechanism of generation family business with the integration of complexity sciences, neo-classical, new institutional economy and the resource theory. 30 years ago, when the whole country was dominated by planned economy, there were neither well-developed market economy, information space, human resources, nor developed financial markets; entrepreneurs can share limited resources, their only reliance was the family, thus human resources and start-up capital were raised through the family. Therefore, they could only be based on family business as a starting point. In other words, confidence was an alternative of contract; or written contract was replaced by psychological contract. In addition, China is a dumbbell-shaped society, lacking intermediary organizations, especially the industrial and commercial enterprises. 30 years of planned economy, particularly the failure of state-owned enterprises shows that the state-owned enterprises are not suitable for a market economy. How to form the main body of the market within the context of a market economy? The answer is family business. The experience of managing family business would be significant for establishing and managing other businesses. Looking from the world Family business's development, Family business's birth and the inheritance also has the very vital significance to the society gross structure.

Thirdly, we will analyse the generation, development and succession of family businesses based on the three core key words of evolutionary economic theory: routines, searching and innovation. Routines is a key concept within the framework of evolutionary theory. It refers to repetitive activities and skills approach that ensure the smooth progress of organizations or individuals. The formation of routines is conducive to the members within the organization to complete their works in harmony and avoid conflict and strife. That is why for more than 90% of the private economy adopted the form of family business while China's economy transformed from a planned economy to a market one. If an enterprise can obtain a satisfactory return by operating with existing practice, changes would not occur.

Searching conducted and changed by routines is a process of compatible study and innovation, and enterprise usually expects to search solution in the current possibility chooses to turn better. Searching relates close with routines, so the result of searching may change routines. The searching has the characteristics of uncertainty namely possibly to have the non-efficiency, history and path dependence.

The innovation may understand from two angles: First, from objective or historical angle, innovation is creating things which refers to not once existed before, like a new product, actions or behavior way; the other one is subjective or the psychological angle, innovation is viewed as a feeling that someone never experiences. In evolution economist's eyes, innovation is the mainly different between evolution economics and neoclassic economics. In the evolution of firm, the birth of innovation is a variation symbol of organization routines. We can say that, no innovation is no revolution in the firm or entire economic systems.

Fourthly, the enterprise theory of the neo-classical economy considers the enterprise as a " black box" since business is nothing but input and output converters. Inputs of labour and capital lead to output, so that minimum cost would gain maxim profits. Competition in the market decides its behaviour, yet the decision cannot be observed and the internal operation of the maximum possible output is given (the production function), there is no difference between enterprises. We believe that through complexity sciences theory the black box can be opened. In a certain open system, the root cause behind the establishment of an enterprise is the non-linear interaction between various elements. Certain elements' occasional effects lead to internal random fluctuations and non-linear consequences result in the generation of enterprises. We also can apply the complex-adaptive theory to reinterpret the nature of the new institutional economy on business.

Fifth, we hope to research on the succession of family business with the complexity of chaos theory and fractal bifurcation theory. The evergreen of family business is concerned by all entrepreneurs; the issue "from clogs to clogs is only three generations" is always shrouded in the minds of entrepreneurs, many academics and media also believe in it. At present, many researchers are doing theoretical or empirical researches in family business succession and cultivation, and draw some important ideas and conclusions. We expect that by employing bifurcation and fractal theory of Chaos economics and mathematical equations, the "rich, but three generations" curse during the transmission process of family business will be solved, and a variety of transmission theories could be integrated through parameteru.

Sixth, the major problems of building evolutionary family businesses theory by evolution economics theory are: first, evolution economics theory is too dispersed, many schools did not form a unified paradigm or logic; second, evolution economics without its own firm theory. Nelson and winter's landmark book, "An Evolutionary Theory of Economic Change," is mainly on industrial evolution rather than on business, though their research has been a good explanation for the evolution of the enterprise by adopting keywords such as routines, searching and innovation. On the other hand, the evolution economics played a positive role towards criticising neoclassical economics and new institutional economics, but it lacks mathematical applications and economic models; it is short of hard science mechanism for logical analysis and framework; it also requires mathematical model and computer-simulation tools and models. We believe that enterprises, especially family business, not only need to learn from evolution economics, using theories and tools, but also require study from natural sciences Therefore, we intend to build the evolutionary family business theory based on complexity with the four theories of complexity-science presumption, as well as exploring the mechanism of generating family businesses with the emergence theory of complex adaptive systems, and the different formation mechanism between family and non-family business.

Seventh, the expression of this monograph has achieved some thinking and innovations as it pays attention on the relationship between the expression of exterior and interior. We hope to express the form of more popular language, since economics is an applied discipline that faces family business entrepreneurs, managers, government economic management departments and the general social scientists, who are more subject to liberal arts forms of expression as they accepted liberal arts education; the use of the expression of liberal arts will allow readers to accept theories and perspectives and relevant knowledge easier. However, there is no mathematical model or quantitative analysis within the expression of the arts, especially without non-linear quantitative analysis, which cannot go deep into the mechanism after multi-layer structures, just like riding a bike on the moon. Riding a bike might be effective in the city, but it is impossible on the moon. We still have to be on the Moon with a spacecraft; that is the role of complexity science and its mathematical tools. Therefore, we expressed in a literal way but the logic behind the mechanism is scientific.

This research has built the basic scope of the complexity theory of evolutionary family business, as well as pointing out the firm's basic framework of the proposed formation mechanism of the family business theory, chaotic attractor entrepreneurial theory; It has proved that the transmission of family business "from clogs to clogs is only three generations" is universal; it also studied the complex interaction mechanism relating to family business' survival and the environment and social changes; the mechanism of how the family business governance structure determines its functions; the theory of complexity of life-cycle, along with the theories regarding family business culture complexity. the monograph has also built a general theory of evolutionary family business.

In addition, Chapter 7 will prove our theories in the last 30 years Reform and Open. We explore on the rule and particularity for family business emergence and secession. Then, in the evolution economic eyes, we construct population model and

use computer simulation to show the development of private economy. We clearly point out that "Disparity structure" is essence for the family business. Then we talk about the evolutionary relational governance and contractual governance, and point out relational governance is the basic characteristic for Chinese family business governance.

| 目　录 |
Contents

Contents

Chapter 5. The Entrepreneur Theory Bases On Complexity

Chapter 6. Family Business Succession Theory Based On Complexity

Chapter 7. Chinese Family Business Evolution Analysis Based On Complexity

复杂性的家族企业演化理论研究基础

本章主要提出，借助复杂性科学与演化经济学的理论与工具研究家族企业的理论范式构建的问题。首先指出家族企业是一个值得研究的课题，也是有待深入研究的课题；家族企业基础理论研究存在的问题，从复杂性适应系统的视角定义家族企业；并提出基于复杂性视角的家族企业演化理论构建的难点。其次是研究家族企业演化理论的基本问题。包括演化经济学的理论渊源、基于演化经济学的各种企业理论。最后，构建复杂性的家族企业演化理论基本构架。

第一节　复杂性的家族企业演化理论研究背景

一、家族企业：一个值得深入研究的课题

从世界范围来看，家族企业具有数量多、分布广、历史悠久的特点，家族企业已经成为一种普遍的公司存在形态。众多西方经济发达国家的部分研究成果认为：家族企业在企业总量中的比例超过 2/3 （Kirchhoff and Kirchhoff，1987；Donchels and Frohlich，1991；Stephenson and Montieth，Cromie，1995）。[①]
Gersick，Davis，Hampton 和 Lansberg （1997） 估计全球范围内 65% ~80% 的企

---

① 李新春，张书军主编 . 家族企业：组织、行为与中国经济 ［M］. 上海：上海三联书店，2005：125.

业是家族企业①，例如 Wal - Mart、杜邦、摩托罗拉、松下电器等。世界 500 强中有 40% 左右的家族企业。美国家族企业占 96%，创造美国 GDP 的 64%，雇佣美国劳动力 50% 以上，是产业结构调整的主要力量；在欧洲，家族支配了许多中小型公司；亚洲的家族企业虽然因各个国家的历史、文化不同而有所不同，但有一点可以肯定，即除中国大陆之外所有经济发达的亚洲地区，家族企业都在数量和规模上占据了主导地位。中国在改革开放后，90% 私营企业都采用了家族企业组织和家族式管理。② 杨光飞的博士论文中关于家族企业的案例分析则更有说服力。他指出，温州大小不一的 13 万家族企业占温州企业总数的 99% 以上。③

家族企业不仅在各国经济中具有数量上的巨大规模，而且在贡献上也有突出的表现。按 10 年平均值计算，美国家族企业的股票投资回报率为 15.6%，而非家族企业只有 11.2%。在资产回报率、年度收入增幅方面，家族企业分别达到 5.4% 和 23.4%，非家族企业则为 4.1% 和 10.8%。④

家族企业的问题之所以成为一个重要的研究课题其原因在于：多数私人企业为家族所有，在目标的优选选择上，家族企业所有者可能不同于非家族企业所有者；在管理方式上，家族企业与非家族企业存在着区别，家族企业所有者可能更关注企业在家族成员中的代际传承等。⑤

家族企业显示出了多种的特征，如以个人产权或家族产权为主体的业主个人产权，所有者、经营者、管理者、生产者三位一体或四位一体；以亲友为主体，亲情为纽带的治理结构，业主控制一切，没有更多的管理层次；以业主个人说了算或基本说了算的决策机制，承担一切责任和风险；企业行为易受短期行为与投机心理干扰；血缘为本、地缘为基，从血缘到地缘的关系网络；等等。

这些特征显示出家族企业作为一种企业组织形式是有其特殊性的。一方

---

① 裴益政. 民营上市公司股权结构与公司价值［M］. 大连：东北财经大学出版社，2007：1.
② 甘德安等. 中国家族企业研究［M］. 北京：中国社会科学出版社，2002：1.
③ 杨光飞. 家族企业的关系治理及其演进——以浙江昇兴集团为个案［M］. 北京：社会科学文献出版社，2009：1.
④ 王晓亮. 家族企业："不老松"？"旧庙宇"？［J］. 世界知识，2004（8）.
⑤ Westhead P, Cowling M. Family firm research - The need for a methodological rethink［J］. Journal of Business Venturing, 1998. 转引自李新春，张书军主编. 家族企业：组织、行为与中国经济［M］. 上海：上海三联书店，2005：125.

面，它是企业，是现代经济运动和发展的一个基本单位和载体，具有经济性；另一方面，它又是和家族联系到一起的企业形式，不论我们如何去定义和界定这个概念，它与家族、家庭这一社会的基本细胞是紧密相连的，因此又具有社会性。所以，假如只从经济学的角度、"经济人"的假设和企业经济利润最大化的基本前提来研究家族企业肯定是不够的。因此我们应当从多种学科、多种角度来研究这种有着悠久历史的企业组织形式。

二、家族企业基础理论研究存在的问题

目前，家族企业研究涉及的主要学科有经济学、管理学、社会学、心理学、历史学等。

应该看到，家族企业研究过程中，经济学对家族企业的研究是长期忽略的（陈凌，1998）。由于缺乏来自经济学的研究分析框架的支持，就中国家族企业研究来看，不得不回归早期的社会学和心理学研究文献作为理论基础。中国大陆地区华人家族企业研究的两个重要理论来源：一是社会学家费孝通（1984）提出的差序格局，即与西方的团体格局相比，中国传统的社会结构是一种同心圆波纹性质的差序格局，随着波纹与中心的远近，形成了亲疏不同、贵贱不一的差序关系；二是中国台湾地区心理学家和管理学家郑伯壎（1995）从企业主持人的认知结构来研究华人家族企业的组织行为。

由于经济学和管理学对家族企业研究的有限性，使基于社会学和心理学的家族企业研究得以繁荣。至今，家族企业研究不论在国际界还是在国内学术界都是缺乏一个主导性的理论分析框架背景下进行的研究，或者说家族企业研究还是缺乏范式的研究领域。在没有统一范式研究的格局下，家族企业研究会不会成为"繁荣"景象下的累卵？无法解读如家族企业生成、家庭企业治理与传承等问题。这些问题已经逐步被一些专家和学者们意识到。

三、从复杂性的视角定义家族企业

应当说，家族企业不是静态不变的，而是持续发展和演进的系统。因此，甘德安等（2002）从系统论的角度对家族企业定义：一个以传统文化为核心、

注重人际关系网络、所有权与经营权没有完全分离、企业生命周期与创业者的家族周期息息相关、决策的做出以集中的方式由财产所有人做出、企业的重要职位通常由家族成员担任的一个开放的非稳定的系统。① 现在，笔者从复杂性科学的视角在原定义的基础上进一步界定家族企业。

第一，家族企业是家族与企业两个性质截然不同的子系统组成的一个复杂性适应系统。当家族成员创办企业时，实际上是把家族与企业两个子系统整合成一个更高一个层次的系统，即具有复杂性、层次性与非线性的系统。它的非线性来自于两个不同的子系统。家族是一个以血缘和亲情为基础的社会组织，没有营利目的；企业是配置社会资源以盈利为目的的社会组织，是以契约为基础，以经济互惠为前提的经济组织。中国家族的差序结构实际上是系统层次性的体现，正是系统的层次性导致家族企业的产生。家族企业的复杂性具有对环境的自适应特征，如国家政策的演变，使家族企业从无到有，从小到大，从弱到强。家族企业作为复杂系统除了具有适应性与主动性，还是具有智慧性的组织体，即具有主动适应和影响环境的能力，这也是家族企业的重要特征。

第二，家族企业是一个通过惯例、搜寻与创新实现的企业。作为复杂性适应系统的家族企业内部模型可以分成两类，即隐式的（tacit）和显式的（overt）。② 实际上，隐式内部模型相当于企业的惯例、默会知识，而显式模型相当于企业的契约与规章制度等。所以，复杂性适应系统可以把企业看成是一个由可操作的科层组织惯例组成的异质性实体；一个具有适应性的开发、利用和创造知识与能力的科层组织；一个在市场竞争过程中组织、配置和创造资源时具有能动性的组织。③

第三，家族企业是以关系治理为特征的企业。关系治理与制度和契约一样能够使企业中委托—代理双方目标一致，并起到减少代理成本、降低交易风险的作用。在家族企业发展过程中，其治理主要特征表现为关系治理和契约治理。所谓关系治理，就是指企业管理重视关系，以互惠为交易的基础，其运作

① 甘德安等. 中国家族企业研究 [M]. 北京：中国社会科学出版社，2002：49 - 54.
② 约翰·H·霍兰. 隐秩序——适应性造就复杂性 [M]. 上海：上海科技教育出版社，2000：32.
③ 陈敬贵. 企业性质的演化经济学解释——基于对正统经济学解释基础的批判 [J]. 经济问题，2005（2）.

主要是以企业所有者与管理者及企业内部其他成员之间存在的亲缘关系为依据,具体表现为企业所有者将管理者和员工区分对待,从而造成在决策参与、管理方式和利益分配等方面的差异。① 由于儒家文化是"缘约"文化,以血缘、亲缘、姻缘、地缘、学缘等关系组成的群体之间比较容易获得彼此的认同和信任。所以,以中国传统文化为底蕴的关系治理,也是中国家族企业显著区别于其他国家家族企业及其他类型企业的一个显著特征。目前,我国家族企业的关系治理不是哪个决策者主观设计的结果,而是社会文化自然选择的结果,是适应制度资源变动的结果。关系治理的广泛被采用,说明它在一定程度上是符合我国当前的社会文化传统的。②

第四,家族企业是一个演化开放的系统。家族企业创办之初由于资金、人才、信息、资源都受到限制,能调动的资源只有家族中的资源,所以家族企业创立之初是一个开放但有限的系统。但是,随着企业的发展、市场的开拓、社会网络的建立、企业规模的扩大,需要更多的员工进入。首先从低端工作向社会大量开放,企业进一步发展,企业的中层也逐步向社会开放;再后随着企业的资本密度的增加、技术含量的提高,必须引进高层专业人才进入家族企业,由此家族企业的所有权与管理权开始逐步分离;最后随着家族企业代际传承,家族企业的内部股权向兄弟姐妹分散,再后向堂兄弟姐妹分散,以至于家族企业上市,向社会极度开放。所以说,家族企业是一个逐步演化的开放系统。逐步从平衡态走向非平衡态,引起企业成长的巨大涨落,导致一部分企业进一步发展成长青企业,而另一部分企业走向破产。

第五,家族企业是一个具有正负反馈的系统。正反馈,即报酬递增,反映事情愈做愈好的事实。一个系统的正反馈表现了该系统的抵抗外界侵犯能力、自我调适能力、自我组织成有秩序能力,以及不断更新系统的能力。它具有规模经济、知识积累、锁定、信任与合作及文化与惯例等性质。负反馈,即随着企业发展,有很多的消极因素抑制企业的进一步成长,成为企业成长负反馈的内因,它包括:管理人员的经验主义、保守思想滋长,损害其进取心;因退出困难导致技术老化,降低其竞争力;内部裙带关系形成,减弱企业内部管理的

---

① 杨光飞. 家族企业的关系治理及其演进 [M]. 北京:社会科学文献出版社,2009:162.
② 甘德安. 构建家族企业演化博弈研究基础的初探 [J]. 学海,2006 (5).

有效性；企业内部机构增多、管理层次增加，影响企业效率；对企业资源的需要增多，抑制企业扩大再生产的能力。①

综上所述，从复杂适应系统的角度定义家族企业应该是：一个以传统文化为核心、注重人际关系网络、两权没有完全分离、企业生命周期与创业者的家族周期息息相关、决策的做出以集中的方式由财产所有人做出、企业的重要职位通常由家族成员担任的一个开放的非稳定的复杂性适应系统。该系统具有非线性、层次性、适应性与主动性的系统。此外家族企业在内部还是一个通过惯例、搜寻与创新实现的企业。所以，我们可以把家族企业理解为一种以家族文化为惯例、以生存竞争为搜寻、以企业所有权和管理权演变为创新的制度演变。在家族企业演变的过程中既有最优反应动态和快速学习能力的小群体成员的反复博弈，其相应的动态机制称为"最优反应动态"；也有复制动态，即学习速度很慢的成员组成的大群体随机配对的反复博弈，策略调整用生物进化的"复制动态"机制模拟。家族企业是一个关系治理为主要特征的企业；是一个演化的开放的系统，并具有正负反馈的功能。②

四、基于复杂性视角的家族企业演化理论构建的难点

在国内外学术研究中，对家族企业理论的研究中，普遍存在一个缺乏主导性的经济理论分析框架，我们希望借助当前经济学前沿成果和手段——复杂性科学及演化经济学，加快家族企业演化理论系统化、模型化和基础性研究，构建复杂性家族企业演化理论框架，特别是借助复杂性科学构建家族企业的生成机理理论、治理理论、传承理论及家族企业文化的复杂性理论。

在研究过程中总有一些难点有待解决。难点之一，复杂性科学是一个庞大的学科群，怎样提炼一个精练的理论与逻辑体系是一个难点；难点之二，有些问题不仅是家族企业没有涉及的问题，就是企业理论本身也没有涉及或者很少涉及，比如企业生成机理。企业生成机理没有研究清楚是无法研究家族企业生成机理问题，所以，我们不得不涉及企业理论没有解决的问题，然后再深入到家族企业的问题；难点之三，借助复杂性科学构建复杂性的家族企业演化理论

---

①② 甘德安等．中国家族企业研究［M］．北京：中国社会科学出版社，2002：51－52.

是一个原创性的工作；复杂性科学本身都在不断演化与发展，怎样把自然科学的复杂性科学与社会科学的家族企业理论有机结合还是存在相当的难度；难点之四，构建复杂性的家族企业理论不仅需要哲学的思辨，理论的构建，还需要实证分析，才成为可以接受的理论；难点之五，借助复杂性科学研究家族企业的生成机理、传承、生命周期、治理结构及企业文化等问题的复杂性理论体系，需要涉及到跨学科的知识，既要研读大量相关文献，还要借助复杂性科学把他们整合成具有科学体系的、全新的理论框架，难度是可想而知的；等等。

笔者认为，家族企业的研究不仅要从演化经济学吸收营养，借用理论及工具，更要从自然科学的理论库中掘取思想，向自然科学靠拢将是今后家族企业理论研究的一种趋势。在梳理了家族企业的传统理论和近年来涌现的运用演化经济学解释家族企业理论的过程中，发现演化经济学的微观理论——企业理论，还缺乏统一的研究方法。利用自然科学研究家族企业理论的趋势，有可能构建企业理论的统一范式。

第二节　家族企业演化理论的基本问题

一、演化经济学的理论渊源

20 世纪初期，思维方式的变革已经悄然发生，本质论、机械论和简单还原论从那个时候开始被各学科淡出，物理学中的量子学说取代了经典的牛顿力学体系。20 世纪下半叶，复杂性科学所取得的进步加速了本质论的崩溃，非均衡、非线性的动态系统特征开始成为各类学科研究的认识论基础。20 世纪末期，演化经济学（evolution economics）获得了里程碑式的发展。[①]

20 世纪 70 年代以来，自然科学取得了革命性的进步，耗散结构理论、量子力学理论和混沌理论以及包括随机过程在内的现代数学理论的发展，也丰富了研究理论的视野。正如古木根重建社会科学委员会的一份研究报告指出：

---

① ［荷］杰克·J·弗罗门. 经济演化——探究新制度经济学的理论基础 [M]. 北京：商务印书馆，1997：3.

"自然科学发展了一些具有进化论意义的复杂系统，它们所提供的概念框架为社会科学展现了一套连贯的思想，而这套思想与社会科学领域某些由来已久的观点是非常吻合的"。① 于是，一门借鉴生物进化的思想方法和自然科学多领域的研究成果，用于研究经济现象和行为演变规律的经济学流派——演化经济学应运而生，该流派认为经济系统和生物系统一样是一个演化系统，它在外部环境和内在结构的互动中不断得以进化和修正。

演化经济学的号角是凡勃伦正式吹响的。19 世纪末凡勃伦声称，前演化经济学已经终结。② 凡勃伦在《经济学为什么不是一门进化的科学》这一开创性的文献中，强调，"近代科学"的特征是追求"累积的因果关系"，而"思考习惯"是经济学中用来说明人类行动以及行动所带来的"经济利害"的中轴。与变化的思考习惯相对应，经济学也应该是演化的，它应当是"由经济的利害所规定的文化的成长过程的理论"。凡勃伦倡导的是后达尔文式的思考方法，它要求从"产生因果关系的"的累积过程出发来解释变化。③

但是，经济学演化范式的最终确立是 20 世纪 80 年代以来的事情，无疑它是自然科学革命性进展的结果。从本质上说，演化经济学是一门研究演化的科学，而非新古典研究存在的科学。由于依赖代表性行为者正常状态和均衡这两个核心概念，新古典经济学无法说明知识、时间和不可逆过程，排除了驱动经济系统的变异和开放性过程。熊彼特的经济发展理论把创新看作是经济变化过程的实质，强调了非均衡和质变，认为资本主义在本质上是一种动态演进的过程。借用生物学，他把不断地从内部彻底变革经济结构，不断地毁灭旧产业、创造新产业称作"产业突变"，认为这种创造性毁灭之过程是资本主义的基本事实，这种观点非常类似于生物学中古尔德（Stephen Jay Gould）等"间断均衡"的生物进化理论。④ 熊彼特经济发展的质变可以是渐进的，也可以是非连续的。与马歇尔不同，熊彼特认为，自然界确实能发生飞跃，非连续的质变导致系统形态发生一种整体的转变。熊彼特的思想 20 世纪 80 年代以来已成为技

① ［美］华勒斯坦等. 开放社会科学 ［M］. 北京：生活·读书·新知三联书店，1997.
② ［荷］杰克·J·弗罗门. 经济演化——探究新制度经济学的理论基础 ［M］. 北京：商务印书馆，1997：1.
③ 杨虎涛. 演化经济学的过去、现在和将来 ［J］. 社会科学管理与评论，2006（4）.
④ ［美］ 斯蒂芬·杰·古尔德. 自达尔文以来 ［M］. 海口：海南出版社，2008.

术变迁理论重要的灵感来源。马歇尔被看作是演化经济学的先驱之一在于他鼓吹经济学的生物学类比，他强调了时间、报酬递增和不可逆在经济过程中的重要性，然而他却试图在均衡框架中加以处理，现在看来是不成功的。演化经济学的发展已成为当今国内外经济学界非常热门和前沿的研究领域。

二、基于演化经济学的各种企业理论

20 世纪 90 年代以前，企业理论并没有成为演化经济学的研究重点。在演化经济学的理论体系中，作为携带演化信息的主体，企业只是经济学家用来解释经济现象的工具，而不是需要解释的对象。近年来，一些推崇演化经济学的学者，如兰洛伊斯（Langlois）、福斯（Foss）、多西（Dosi）、提斯（Teece）、温特（Winter）、纳尔逊（Nelson）和霍奇逊（Hodgson）等，在新制度经济学兴起的启发下，开始关注企业理论，致力于研究企业组织，探讨企业边界，以及作为生产性知识"储存器"和"生成器"的企业所扮演的经济角色。①

（一）熊彼特的创新理论

在新古典经济学兴起并逐渐成为主流经济学的理论背景下，一些学者试图重新恢复企业在经济理论中的主动地位，其中代表人物就是熊彼特。熊彼特力图"构建一个跨越时间的经济过程的理论模式，换言之，是想研究经济组织如何产生经济过程不断变化的动力"。② 熊彼特认为，资本主义在本质上是动态的，而不是静止的经济制度。而资本主义经济发展的原动力来自于企业家的创新精神和行为。③ 熊彼特在《经济发展理论》日文版序言中写道：把经济体系"从一个均衡推向另一个均衡"的不仅仅是外部因素，"在经济体系内部存在着自动破坏可能达到的任何均衡的能量源泉"。他认为，资本主义是"一个进化过程"，一个"非连续历史跳跃"的过程。"资本主义就其性质来讲是经济变动的一种形式或方法，不仅不是，而且也永远不可能是静止的"。他认为，资本主义本质特征就是创新，创新是"企业家对生产要素的新的组合"，

---

① 周清杰. 演化经济学企业理论的基本逻辑与分析框架 [J]. 外国经济与管理, 2006 (4).
② 金指基. 熊彼特经济学 [M]. 北京：北京大学出版社, 1996：10.
③ 谢富胜，李安. 生产视角下的企业理论——企业理论的另一种思维 [J]. 教学与研究, 2009 (10).

是一个"创造性毁灭"（creative destruction）的过程。他对竞争过程的基本性质予以重新定义："实质性的市场竞争不是价格竞争，而是创新竞争，后者较之前者，其效力之区别就像大炮狂轰与徒手推门相比"。①

熊彼特的创新理论可以说是现代经济学中的一大飞跃。他的"创造性毁灭"的观点和"非连续历史跳跃"的观点显然与边际替换概念不相容。他的经典之作使我们明白了，以企业为主体的创新是经济进化的发动机，企业具有超越外部经济条件的自主能力，而且能够塑造市场条件。当然，熊彼特的理论框架显得宽泛了，并且创新主体囿于企业家观点也招致非议。但瑕不掩瑜，他的创新理论为后来学者研究动态企业理论提供了思路。

（二）彭罗斯的企业成长理论

彭罗斯（Penrose）发表于 1959 年的《企业成长理论》，是一部继承熊彼特从经济学角度研究企业内部动态活动来分析企业行为的开山之作，也是"基于资源的企业观"和企业能力理论的奠基之作。

彭罗斯通过建构企业资源—企业能力—企业成长的分析框架，揭示了企业成长的内在动力。彭罗斯在《企业成长理论》中提出了一个深刻的问题，在企业的本性中，是否存在着什么内在的力量既促进企业的增长而又必然限制着企业增长的速度？这个问题本身及其回答就是对新古典经济均衡论的颠覆。彭罗斯把企业定义为"被一个行政管理框架协调并限定边界的资源集合"。她认为企业拥有的资源状况是决定企业能力的基础，由资源所产生的生产性服务发挥作用的过程推动知识的增长，而知识的增长又会导致管理力量的增长，从而推动企业演化成长。她认为，组织学习和知识积累能提高企业的资源积累率，而资源及其服务的积累又为组织学习创造了条件。彭罗斯特别强调团队作业的经验积累，认为它是企业的组织资本，起到推动企业内部合作和协调的作用。基于此，她提出管理团队是企业最有价值的资源之一，这些资源决定了企业的管理能力。彭罗斯还认为，企业内部总存在着未利用资源，这成为企业创造能力的重要来源，因此，创新是企业的内生过程，创新能力对企业成长具有至关

---

① 金指基. 熊彼特经济学［M］. 北京：北京大学出版社，1996：10.

重要的作用。①

彭罗斯在继承熊彼特观点的基础上，步出了新古典理论的均衡分析框架，把管理功能作为企业成长的解释性变量，把知识的增加定义为基于内部资源的企业成长的主要动力，为当代动态战略管理学奠定了理论基础。

（三）纳尔逊和温特经济变迁的演化理论

纳尔逊和温特的《经济变迁的演化理论》是现代演化经济学的奠基之作。在他们的著作里，提出动态演化的企业和作为自然选择的市场机制是影响经济变迁的两个关键性因素。

为了克服正统经济学的局限性，重构经济学的微观基础，纳尔逊和温特建构了一个关于企业能力和行为的演化模型。他们认为，企业的基本特征是它具有一系列的"惯例"（routines）。惯例是"一个组织的技能的集合"，"它可以是指整个组织中重复的活动方式"，即企业在运行中逐渐形成的行为方式、规则、程序、习惯、战略和技术。企业的惯例有三个要素：（1）标准的操作程序（特定的生产技术）；（2）投资行为（企业是扩张还是收缩）；（3）搜寻行为（发现新的技术）。其中选择和搜寻是两个关键的要素。搜寻是企业的创新行为，给定一个创新流，选择环境的重要性就突显的，市场是一种选择环境，市场制度是培育创新的进化系统。可见，在纳尔逊和温特的理论框架里，企业是动态的，永远处于搜寻和发展之中。纳尔逊和温特的经济演化理论为新的经济理论大综合，尤其是为动态企业理论的发展奠定了理论基础。新古典综合派在解释经济变迁的动态过程和经济增长的驱动力方面捉襟见肘，而经济演化理论却能弥补这些缺陷。②

当然，经济演化理论也面临很多挑战。该理论在逻辑性和完整性方面有所欠缺。特别是在运用生物学理论解释经济现象时，漏洞是明显的。纳尔逊指出了两点：一是在理解经济变迁和技术变迁的时候，我们找不到和生物基因机制对应的经济机制。生物基因是朝着有利于其生存的方向演化，也就是有其目的性。但在企业中，虽然经理人员的决策有其目的性，但职工的创新往往是无目

① 彭罗斯. 企业成长理论［M］. 上海：上海三联书店，2007.
② 理查德·R·纳尔逊，悉尼·G·温特. 经济变迁的演化理论［M］. 北京：商务印书馆，1997.

的性的。二是来自制度方面的挑战。生物的进化有个相对隔离的环境，而演化经济学在研究创新时，不能够忽略制度对技术变迁与创新的影响。

（四） 企业成长的制度变迁理论

对企业成长制度变迁理论的探讨，威廉姆森主要从理论思维角度阐述了企业成长过程中组织结构的演变和组织形态的效率；钱德勒则从历史和宏观的角度切入，认为从组织制度上可以把企业分为古典企业和现代企业，由古典企业转向现代企业的这种制度变迁不仅对企业成长意义重大，而且对社会经济体制的变革也具有决定性的作用。诺贝尔经济学奖获得者诺思也有相同的观点。他认为工业革命不能简单地理解为只是一场以技术革命为主的纯技术创新浪潮，而是在本质上是一个以产权制度创新为基础的法治社会的建构过程。制度变迁理论是从另一个维度来探讨企业的演化成长问题，对企业的制度创新具有重大的理论意义，但它重制度轻技术的倾向不能不说是其重大缺陷。[①]

（五） 动态能力理论

动态能力（dynamic capability）是由 Teece 等（1997）学者参考核心能力概念提出来的，而核心能力源于独特能力、组织惯例和核心竞争力。此后，吸收能力、整合能力、构建能力、战略适应力等概念也兴起相关的研究。Teece 等定义的动态能力是指企业在快速变化的环境中整合、建立和重构内外竞争力来持续竞争优势的能力。[②] 艾森哈特（Eisenhard，2000）定义的动态能力是指企业应用资源的流程，尤其是整合、重组、获取和让渡资源的流程，来匹配甚至创造市场变化。动态能力是结构性、持续性和惯例应用的组织活动，由特定的战略和组织流程组成，如产品开发、联盟和战略决策等。企业在动态的市场中通过配置资源实施新的价值创造的战略，而创造价值使企业随着市场的兴起、碰撞、分裂、演进和消亡获取新的资源配置。[③] 佐罗（Zollo，2002）认为

①　商孟华．新制度经济学与演化经济学比较研究［J］．贵州社会科学，2006（5）．

②　Teece D J, Pisano G, Shuen A. Dynamic capabilities and strategic management［J］. Strategic Management Journal, 1997, 18（7）.

③　Eisenhard. K, Martin J. Dynamic Capabilities: What are they［J］. Strategic Management Journal, 2000（21）: 1105 – 1121.

动态能力是组织活动的可学习的规则模式，即导致有效变化的惯例，体现为企业知识存量和新知识的开发。[①] 佐特（Zott，2003）定义动态能力指模仿及实验创造替代资源配置的能力。动态能力的"动态"是指当时间与时机、技术快速变化、未来竞争和市场的性质难以决策时，更新竞争力的能力与变化的商业环境相一致，实现某种创新性的响应。"能力"强调了战略管理中恰当的配置、整合和重组的重要作用，即内外部的组织技能、资源和职能竞争力与环境变化的要求相匹配。[②]

关于动态能力的主导逻辑，大卫·蒂斯（Teece，1997）等认为动态能力框架由位势、流程和路径三个要素组成。位势是指不同资源组合的结构和存量。流程是指通过建立和整合内外部资源以及重组和转化内外部资源的过程。路径则表明核心能力的演化是核心刚性和路径依赖的，能力的演化遵循一定的路径和步调。Zollo（2002）、Winter（2003）认为动态能力是集体活动的学习模式，提出经验累积、知识编撰、知识编码三种学习机制，后两者是学习的认知模式，隐性知识通过编撰变得更有意义。编码化则提高了新知识和绩效变动的联系，导致对现有惯例和基本变化认知需求的适应性调整。动态能力是知识利用和开发的循环与组织学习机制共同演化而成。但是，该研究认为知识循环的学习过程完全是企业内的，环境仅被视作是动态能力建立过程的输入，而非过程的组成部分。董俊武（2004）提出了一个基于组织知识的动态能力演化模型，分析了能力的知识构成并提出企业能力改变的 18 种维度，研究认为动态能力的演化主要是围绕变异、内部选择、传播和保留四个阶段循环进行。在循环过程中，交织着认知性努力与行为性努力，并且不断进行新的经营惯例的产生与运用，整个过程是一个学习惯例的过程。[③]

动态能力理论是一个正在发展中的前沿理论，当前的研究重点集中于知识、资源和能力的内生创造上。赫法特（Helfat）和劳比切克（Raubitschek）建构的知识、能力和产品共同演进（co - evolution）模型，以及 Winter 的关于

① Zollo M, Winter S G. Deliberate Learning and the Evolution of Dynamic Capabilities [J]. Organization Science, 2002 (13), No. 3, 339 – 351.

② Zott C. Dynamic Capabilities and the Emergence of Intra – industry Differential Firm Performance: Insights from a Simulation Study [J]. Strategic Management Journal, 2003 (24), Issue 2, 97 – 125.

③ 董俊武. 企业的本质、性质与企业成长的理论研究 [D]，武汉理工大学，2004.

能力学习的概念模型等理论成果，把动态能力理论的研究推到了一个新的高度。动态能力理论秉承了熊彼特的创造性毁灭的观点，强调在充满不确定性的动态环境中，内嵌的动态能力是构建企业持续性竞争优势的保证。该理论对企业应对环境的挑战具有重要的指导作用。

（六）网络组织理论

网络组织理论是近几年兴起的一种新理论，主要探讨导致企业间相互联结的网络安排及其演进的各种要素。但是，究竟什么是网络组织，目前尚没有一个统一的认识。国内外学者分别从不同的角度，对其做了不同的注释。Miles和Snow将网络组织定义为：在价值链的各个点上作出贡献的若干个企业集体资源的结合[1]。Maillat D, Grevoisier O和Lecoq B则从经济、历史、认知、规范等多维角度对网络组织进行了概括，认为网络组织是一种超越了传统市场与企业两分法的复杂的社会经济组织形态，而且这一复杂的组织形态是一个动态的、按照一定路径依赖不断演进的历史过程[2]。Butera F认为，网络组织是一个可识别的多重联系和多重结构的系统，在组织内部有"节点"和有高度自组织能力（或者说是有机组织），在"共享"和"协调"目标以及松散、灵活的组织文化理念的支持下共同处理组织事务，以维持组织的运转，实现组织的合作[3]。李新春就我国从计划经济向市场经济转轨的过程，系统考察了企业网络的生成与市场发育过程，认为网络组织是组织之间的合作联系，这种联系的实质是企业之间的分工贸易，是组织行为而非个人行为[4]。林润辉和李维安认为网络组织是一个由活性结点网络联结构成的有机的组织系统[5]。

关于网络组织的基本特征主要是组织柔性化、组织扁平化、组织分立化、

① Miles R O, Snow C C. Organization: new concept for new firm [J]. California Management Review, 1986, 28 (3): 62–73.

② Maillat D, Crevoisier O, Lecoq B. Innovation networks and territorial dynamics: a tentative typology [A]. Johansson B, Karlsson C and Westin L. Patterns of a Network Economy [C]. London: Springer – Verlag, 1994.

③ Butera F. Adapting the pattern of university organization to the needs of the knowledge economy [J]. European Journal of Education, 2000, 35 (4): 403–419.

④ 李新春. 企业战略联盟的生成发展与市场转型 [J]. 经济研究, 1998 (4): 70–78.

⑤ 林润辉, 李维安. 网络组织：更具环境适应能力的新型组织模式 [J]. 南开管理评论, 2000 (3): 77–79.

组织网络化和组织边界模糊化。除此之外，分析信息技术是网络组织形成与发展的基础，能够促进、实现大规模的交流和提高协调能力；分析信任与协调是网络组织的基本运行机制；企业自学习性是网络组织生存发展的重要源泉。[①]

该理论提出，无论是在市场中还是企业内部，市场机制和组织机制都是共同存在的，也就是说，市场和企业不是相互对立的，而是相互联结、相互渗透的。这种相互联结和相互渗透，最终导致了企业间复杂易变的网络结构和多样化的制度安排。理查德森（George B. Richardson）从企业能力的角度，区分了相似性活动（similar activities）和互补性活动（supplementary actives），从而为网络组织的存在奠定了理论基础。他认为，企业倾向于与其自身能力相适应的活动，即"相似活动"，但企业所从事的只是某种分工活动。这种分工活动不是孤立的，而是社会经济活动价值链中的一环，因此，企业间的活动是互补的。互补性活动需要由不相关的能力去从事，所以需要由不同的企业来进行。互补活动的协调既不可能全部由一个企业承担，也不可能完全通过执行平衡供给和需求功能的市场来承担，而必须由企业之间的合作来承担。于是，理查德森扩展了彭罗斯的企业成长理论，提出了处于市场机制和企业内部的科层协调机制之外的第三种协调机制——企业间协调机制。对理查德森从互补性分析企业间制度安排的支持性观点就是资源依赖论。该观点认为，在企业间协调方面，为了获得和保有资源，企业必须与环境交互作用。资源的内在化并非是企业的必然选择，有很多资源可从外部获得，这就意味着企业间活动需要复杂多样的制度安排。现实中的很多虚拟企业的动态联盟验证了这些观点。

三、基于家族企业演化理论

（一）家族企业演化理论的基本假设

演化经济学模型要与家族企业结合构建统一范式的企业理论必须具有的基本假设：（1）动态性，这是绝对必要的特点；（2）过程理性，对以往企业理论中完全理论和有限理性的超越；（3）学习的人必须是持久异质的，反对同

---

① 李平. 企业网络组织理论研究述评 [J]. 科技与管理, 2007 (2).

质性假设；（4）新奇的事物会持久不断地涌现，并且总有某些新奇迟早会被随机地发现。（5）演进的结果是不可逆的，即热力学第二定理。此外，家族企业中的特有假设为：（1）不具备完全的信息；（2）受制度、规范、习俗、意识形态等条件约束；（3）个体可以模仿也可以创新，体现是一种非决定论。

（二）家族企业演化理论的基本标准和核心关键词

笔者在长期的研究过程中，梳理了国内外学者观点，认为将演化与制度结合起来动态的研究家族企业，霍奇逊的三大标准与家族企业结合最为贴切：一是本体论标准。是否包含持续性或周期性出现的新事物，并由此产生和维持制度、规则和技术的多样性。二是方法论标准。是否反对还原论。三是隐喻标准。是否在理论上广泛使用生物学隐喻。前两项标准是哲学观点，在具体的企业理论分析中体现为一种"默会知识"或引证前提。第三种隐喻标准涉及到演化机制，它是一种显性的表现，直接涉及多样性原则、遗传原则和选择原则。

这三大标准凸显出家族企业演化理论的核心关键词——惯例、搜寻和创新。惯例是程序化的，在很大程度上，是一种说不出来的知识，并且往往是自动进行的选择；它控制、复制和模仿着经济演化的路径和范围，经济演化的过程是一个惯例的学习过程。惯例的形成有利于组织内部的成员和谐地完成各自的工作，避免冲突和争端。企业有意识地调整惯例的行为称为"搜寻"，例如企业发展到一定规模涉及到所有权与管理权分离时，就不能用原有家族企业管理的模式。于是搜寻其他管理模式，如聘请职业经理人，两权分离，或者培养接班人等，总之通过选择知识、资源和能力来解决问题。当搜寻无法解决问题时，企业可能就自身进行创新，通过创新形成新的惯例。企业的创新有时在科技的突破方面表现为一种随机性，但大部分创新都表现为一种惯例化的活动，是一种惯例的新的组合，是在企业运行现有惯例下，不断地学习和试错使企业达到一个"顶点"，从而实现创新的必要性。

总之，家族企业正是通过自身的行为与外部环境的不断交互作用，从而影响企业的基础要素构成和企业边界化，实现企业在环境中的不断演化的。

（三）家族企业演化理论的三大要素与四大机制

1. 家族企业演化的三大要素：惯例、搜寻和创新

家族企业内部演化机理由三个基本要素决定：一是家族企业是内在的、历史性的、以经验为基础的生产性知识的集合体，它体现为惯例，即决定做什么和如何做的企业能力、程序和规则。家族企业的惯例可以分为三类：标准操作程序、投资惯例、搜索惯例。这样，家族企业类似于生物进化理论的基因表型有机体，惯例类似于基因。但家族企业与生物体不同之处在于企业不存在自然生命周期，不一定会死亡；企业也不像生物体那样受制于基因，企业具有改变惯例的机制，即搜索。企业惯例是在有限理性下学习的结果，它使企业具有路径依赖的特征并决定了企业的多样化。二是搜索是由惯例指导的、改变惯例的过程，即企业在当前的可能选择中寻求解决问题的方案，是企业的适应性学习和创新过程，它与评价现有的惯例有关，而且它可能导致修改惯例或以新的惯例取代旧的惯例。搜索具有不确定性即可能存在着非效率，并具有历史和路径依赖的特点。三是选择意味着在群体中存在着挑选机制，这个机制是与已实现的行为标准有关。主要是与效率匹配的标准，企业的选择环境、市场竞争、影响企业扩张或收缩的程度，选择的环境部分地取决于企业的外部情况、需求、要素供给，但也取决于企业的特点和行为。企业的选择就是基于对这一选择环境考虑而做出的适应性安排，选择的过程可能形成多样化，也可能淘汰多样化。纳尔逊发展了 Dosi，Teece 和 Winter（1989），强调在动态竞争中局部搜索学习的"内在一致性"概念，认为是企业选择机制和竞争环境的选择机制共同决定了企业的演化过程和企业的多样性。

2. 家族企业演化的四大机制

家族企业的演化理论作为一种动态、关注过程的企业理论，达尔文主义与拉马克主义的结合是家族企业演化理论的基本规律（见图1-1）。它通过四大机制加以体现——遗传机制、变异机制、市场选择机制和学习机制。学习机制体现了拉马克主义，其中市场选择机制是核心机制，因为市场选择机制不仅要承担选择和评价功能，还具有引诱和刺激其他三大机制的功能，成为家族企业死亡和传承的分水岭。

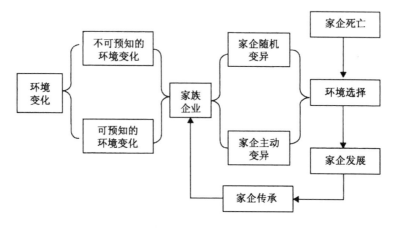

图 1 - 1 家族企业演化理论的基本规律

（四） 家族企业是演化的产物

家族企业家形成过程中的进化稳定均衡分析。研究家族企业家的个体选择均衡模型、一般选择均衡模型和家族企业家演化过程分析。提出家族企业所有者与职业经理人的演化博弈模型。职业经理人与家族企业之间的合作是管理分工的必然结果，所以家族企业所有者与职业经理人之间存在着天然的合作与冲突，即委托—代理矛盾。这种矛盾与冲突具体体现在能力、利益、道德和信念的矛盾与冲突中。家族企业将资本交给职业经理人去运作，而运作结果的好坏既不能完全预知，又不能完全控制；加上目前我国的私有产权的法律保护制度、商业机密保护制度、职业经理人市场制度和职业操守制度等并未健全；因此家族企业与职业经理人之间存在着种种内在的冲突。这些冲突既可能是推动企业发展的动力，也可能成为阻碍企业发展的陷阱。怎么能够使得家族企业与职业经理人的合作中职业经理人有足够的动力为家族企业服务？怎样提高中国职业经理人的能力与素质？怎样消除中国家族企业在引进职业经理人的过程中存在的种种碰撞和摩擦？这是一个十分重要又十分迫切需要研究与解决的问题。为此，有必要建立一个家族企业与职业经理人之间的合作与冲突的博弈模式。我们知道，家族企业与职业经理人都以对方的发展为自己发展的基础，都要以对方收益最大化的前提下追求自己收益最大化，但现实并不是如此，而是充满了矛盾、失信、背叛、双输与困惑。如何解决这个问题，我们认为，这不仅涉及到家族企业本身的发展、职业经理人市场的建设，更涉及到中国经济发展中如何借助人力资本、智力资本发展中国私营企业和中国经济的核心竞争力的形成；所以，这是一个需要从理论上予以全面研究和总结的课题。

家族企业演化机制与生物演化机制相比有如下几个特点：第一，企业演化起因于企业环境的改变。虽然企业环境的变化离不开组成环境企业的活动，但归根到底企业演化是发生在环境变化的框架内的。尽管企业创业者的伟绩常常被视为导致演化发生的动因，但演化发生的导火索与演化发生的根本原因是有区别的。我们只要仔细思考，就可以发现企业创业者的成功总是要受到历史条件的限制，否则将一事无成。自中共十一届三中全会召开，到中共十六大和十六届三中全会的召开，《宪法》的修订，以及国务院《关于鼓励支持和引导个体私营等非公有制经济发展的若干意见》的颁布（2005 年 2 月 25 日），体现了国家对民营经济发展从禁止到放开，从放开到鼓励的政策演变。[①]

正是国家政策的演变，民营家族企业才从无到有，从小到大，从弱到强，改变了中国经济、社会、文化以及政治生态。因此，企业社会经济环境的改变是导致家族企业演化的决定性原因，营造适合企业发育的外部环境才是企业演化过程中最为重要的问题。

第二，在环境与家族企业的机制传动上，家族企业演化经历的是从外到内再回复到外的作用过程。任何某一阶段的演化一般都先有一定的企业环境作为变化的基础，然后才有企业的创新以及有意识的企业学习和模仿，这些行为是在企业已有规则的基础上进行的，而又改变了规则中的某一部分。许多被市场选择和强化的创新，由于其先进和合理而具有强大的生命力，被一些企业接受并逐渐成为一种固定的模式而对环境产生影响，最终促使新的企业惯例的诞生。在企业演化中，企业显示了主动学习、主动创新的精神，这些主动性本质上是人的主观能动性的突出体现。

第三，在企业演化过程中，环境所起的作用与生物演化中的不同。生物遗传物质的改变总体上是由自身变化规律决定的，环境作为选择者，使得适应环境者得以保留，不适应者被淘汰。这里，环境是生物演化的选择者和评判者。

---

① 陈凌，曹正义，制度与能力：中国民营企业 20 年成长的解析［M］．上海：上海人民出版社，2007.

而在企业演化过程中，市场不仅仅承担选择和评判的功能，它对企业演化所起的作用首先是引诱和刺激，然后再通过环境的比较、选择和解释等多种角色的作用，完成企业演化的全过程。而演化后的企业又会对环境产生巨大的影响。在这里，环境是家族企业演化的诱导者、决定者和承担者。如图 1 - 2 所示。

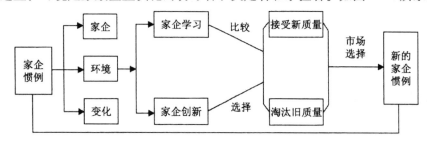

图 1 - 2　家族企业的演化

（五）家族企业的演化机制

家族企业演化不是指单个自身的变革，而是指某物种发生的革命性的质的飞跃。从家族企业演化的过程角度，我们抽象出家族企业的演化机制。如图 1 - 3 所示。

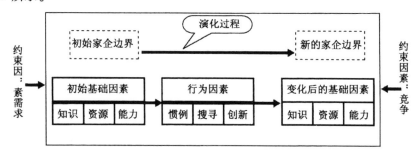

图 1 - 3　家企演化机制——边界的确定

家族企业演化可以解释为旧质的家族企业惯例向新质的家族企业惯例的变迁。哈耶克曾指出，一切经济问题的产生，总是而且仅仅因为情况发生了变化。家族企业惯例之所以会发生变化，就是因为家族企业环境的变动。当环境的改变需要家族企业有新的知识和行为方式时，家族企业演化发生的必要条件就出现了。而且从根本上讲家族企业只能是首先适应环境，然后才有可能影响和改变环境，这是家族企业演化发生的根本原因。在为获得满意利润的竞争过程中，总有一些家族企业比另一些家族企业做得更好，盈利更多，在竞争中处于优势。优势家族企业往往成为劣势家族企业搜寻的对象，处于不利地位的家族企业在自身生存受到威胁时，就需要搜寻新的惯例。搜寻可以在已知的惯例中寻找适合自己需要的或创造原来没有过的惯例。由于惯例有一部分是"说不出来的"，因此不可能有完全的模仿或复制，家族企业学习必然多少包含有创造的因素；而创造也绝非凭空杜撰，它亦是家族企业学习和搜寻达到一定阈值时的"随机性偶遇"，其中也必定存在着模仿的成分。一种创新存活的必要条件是经过一番试验后，如果新规则比旧规则可以为每单位资本提供更高报酬时，新规则才会被企业采纳。经过家族企业的比较和选择，家族企业决定是否接受新规则，抛弃旧规则。

笔者认为，家族企业内部环境是一个系统，系统内部各要素相互区别、相互联系、相互影响：环境，顾名思义，是行为主体赖以生存和发展的活动空间，其中既有有形的条件，又有无形的氛围，是有形与无形、物质与精神、结构与氛围的有机统一体；家族企业内部环境动态变化，是时间与空间的统一；家族企业内部环境是行为主体活动的前提和依据，不能把行为主体行为等同于行为主体所处环境；家族企业内部环境不直接创造价值，但它是企业价值创造所不可或缺的必要条件，它对家族企业价值创造有保障和促进作用。这就是家族企业内部环境的本质内容。因此，家族企业内部环境是有利于保证企业正常运行并实现其利润目标的内部条件与内部氛围的总合。

四、构建家族企业演化博弈理论的一般性基础

我们知道，一般的博弈理论对博弈的参与人理性做了严格的规定，它不仅要求每个行为人是理性的，而且还要求这种理性是所有参与人的共同知识。就人对现实世界的认知能力而言，这种"完全理性"（entirely rationality）是一个相当严格的假设，而博弈双方任意一方的理性和能力的任何缺陷都会导致纳什均衡难以实现。演化博弈论在一定程度上对这种构造精确、完美的理性假定进行了补充和修正。演化博弈论要求博弈方具有的是一种能够根据情况和新的信息调整判断与改进策略行为的理性，这种理性在一定程度上对博弈方的预见力和判断其他博弈方的情况的要求要低一些，并且可以犯错误，这种理性被称作"过程理性"（procedural rationality）。

用演化博弈论分析家族企业制度，它所强调的是这些制度是一个社会习俗、传统和行为规范，这些制度的起源及其变迁是在一个演进稳定的博弈结构中进行的。在整个博弈的框架下，他们在致力发展一个由认识能力和学习模型支持的制度演化理论。而且，那些相信演化博弈论的经济学家明显赞成制度是"自发的秩序"或自组织系统。在中国，习惯、惯例和社会道德等非正式制度对经济的转轨过程的巨大影响是不争的事实。在某种意义上说，非正式制度和正式制度之间的紧张关系也比较明显，各种"潜规则"盛行，各个领域的"灰色地带"还很大。

我们可以借助演化经济学来理解家族企业的创立、发展与创新。家族企业面对环境可能采取的行为是惯例、搜寻和创新。在演化经济学理论中，企业是基于在内部形成一套做事的方式和决定做什么的方式，即这些保证企业正常运转和重复的行为方式的惯例运行的。惯例是演化理论框架中的一个主要概念，它是指保证组织或个人的事业顺利进行、正常运转的一些重复性的活动和技巧方式。惯例的形成有利于组织内部的成员和谐地完成各自的工作，避免冲突和争吵。这就是为什么中国经济从计划转向市场时，民营经济90%以上采用家族企业的形式的原因。如果企业按照现有惯例运转能够获得满意的收益，那么惯例往往不发生变化。但是当企业遇到新问题时，企业会在原有方案附近搜寻（marginal search）。企业有意识地调整惯例的行为称为"搜寻"，例如企业发展到一定规模涉及到所有权与管理权分离时，就不能用原有家族企业管理的模式。于是搜寻其他管理模式，比如聘请职业经理人，两权分离，或者培养接班人等，通过选择知识、资源和能力来解决问题。当搜寻不到合适的知识、资源和能力以解决问题时，企业就可能自身进行创新，通过创新形成新的惯例，比如通过股权多元化，上市等新的方式发展企业。

总之，企业正是通过自身的行为与外部环境的不断交互作用，从而影响企业的基础要素构成和企业边界，实现企业在环境中的不断演化的。而创新是突破惯例的一种方式，但创新与惯例并不是完全对立的。相反，一个组织惯例功能的发挥将会有助于创新的出现，因为创新所解决的问题往往与现行惯例有关，而沿着惯例进行的创新行为，往往是阻力最小，收益最大的创新；组织的惯例虽然有自我维持的特征，但当时间和环境的变化，使组织按惯例行事导致失败和无利可图的时候，惯例就会收缩和改变，企业家会开始搜寻或模仿一种在现有环境下能够存活的惯例，如果这种搜寻是成功的，那么新惯例便会成为支配企业行为的另一种方式。也就是说创新包括在惯例的指导下为适应环境变化而进行的创新，也包括为了生存而进行的惯例本身的创新。企业被认为是以日常惯例为基础的，诸如生产计划的制定、R&D 资金的分配等都遵循以惯例为基础的方式，而不是随时计算最优的解决方案。当环境发生变异时，家族企业面对环境变化可能产生三种行为：不断重复过去的行为模式来加强惯例，搜寻外界已经存在的技术和惯例来修正自身惯例，或者研究和开发不存在的技术和惯例来弥补现有的不足，导致的结果是企业基础因素的变化或不变，以此应对新的环境。家族企业行为的变化是否能够增强企业的实力，取决于环境对这种变化行为的选择结果，家族企业行为与环境变化的相互作用将最终决定变异的企业是否能够在新的环境中生存和发展，适者生存，不适者被淘汰；在实践中被证明是有效的变异将被保留和传承，成为企业新的惯例。当然，家族企业的变异又会导致新的环境变化，企业的演化就这样周而复始，不断地淘汰或发展，从而形成了多姿多彩的企业世界。我们通过图 1 - 4 和图 1 - 5 说明家族企业在环境演化的过程中惯例、搜寻和创新的选择。

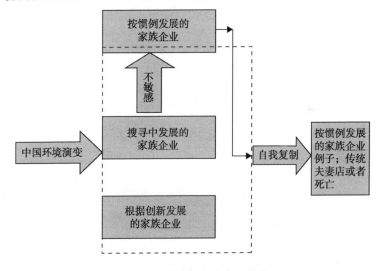

图 1 - 4　惯例与家族企业发展

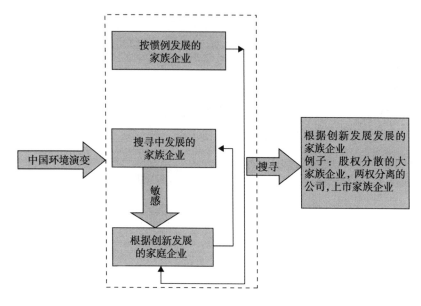

图 1-5　创新与家族企业发展

第三节　复杂性科学理论的基本问题

　　复杂性科学在某种意义上是演化科学的革命，演化经济学的先驱也是复杂性科学革命的先驱之一。现代复杂性科学文献已经吸引了许多演化经济学家的注意力。① 如何认识演化经济学与复杂性科学之间的关系？正如布赖恩·阿瑟所说，复杂性科学革命在某种意义上是针对简化论、还原论与线性论而来的。以微观多样性为基础的演化过程才是复杂系统理论的核心问题，这个结论对目前有关复杂性科学的定义具有重要意义。②

一、演化经济学面临的困难

　　尽管演化经济学取得了前所未有的进展，但萨维奥蒂写道，现代演化经济

---

　　①　沃尔德罗普. 复杂：诞生于秩序与混沌边缘的科学 ［M］. 上海：上海三联书店，1997.
　　②　贾根良. 复杂性科学革命与演化经济学的发展 ［J］. 学术月刊，2006，（2）.

学完全是生物学思想，加上非平衡热力学和系统理论、企业与组织理论，以及信息处理和有限性理论的一个综合体。① 如果按波普尔（Karl Popper）的简单的、新的和强有力的标准评价，演化经济学仍处于一种"繁荣的非主流"境地。② 长期以来，达尔文主义一直是演化分析的基本框架。但自 20 世纪 90 年代以来，演化经济学阵营对进化论的使用却发生了激烈的争论。霍奇逊等人一直都积极倡导普遍达尔文主义，虽然他们承认在性质上，经济与自然这两个系统具有不同的含义，但以一个理论的概括力剔除掉细微的差异之后，所有的经济演化过程无一例外地具有同一的基础性流程，那就是变异、选择和扩散。而以卫特（Witt）和福斯特为代表的一些经济学家则强烈反对在演化经济学中使用生物学隐喻。卫特则认为，不断地参照生物学的发展去调整演化经济学的结构、观点和内容将给演化经济学穿上不适当的"紧身衣"，应该放弃。他尖锐地指出："把生物学的思想移植到经济学中来仍然存在着严重的缺陷……关于经济现象如何演化的重要思想是独立地产生于达尔文学说启示之外的。"③ 福斯特和卫特认为，"自组织理论为演化过程提供了一种抽象的和一般的描述"。④ 实际上，福斯特和卫特是用自组织理论替代达尔文主义，也是用复杂性科学观点替代或者包容演化经济学来研究经济问题。

从企业角度看，演化经济学企业理论在借鉴生物进化论的遗传—变异—自然选择思想的基础上，建立了惯例—搜索—选择环境的分析逻辑。强调企业是一个由可操作的科层组织惯例组成的异质性的实体，是一个开发、利用和创造知识、能力的科层组织；企业在市场竞争过程中组织、配置和创造资源时具有能动性⑤。从企业的演化形态来看，在农业经济时代主要表现为家族制的古典企业。进入工业经济时代，经历初步工厂制与经验管理阶段之后，在市场和企

---

① 库尔特·多普菲编，贾根良等译. 演化经济学：纲领与范围［M］. 北京：高等教育出版社，2004.

② Popper K R. The open society and its enemies［M］. London：Routledge and Kegan Paul. 1945，P. 347.

③ 卫特. 演化经济学：一个阐释性评述［A］. 库尔特·多普菲编，贾根良等译. 演化经济学：纲领与范围［M］. 北京：高等教育出版社，2004：42.

④ Witt U. Self-organization and Economics—What is New［J］. Structural Change and Economic Dynamics，1997（8），pp. 489－507.

⑤ 陈敬贵. 企业性质的演化经济学解释——基于对正统经济学解释基础的批判［J］. 经济问题，2005（2）.

业规模不断膨胀，管理的复杂性越来越高的情况下，需要专职的管理人员，出现了所有权与经营权相分离的公司制企业；而在第二次世界大战后，随着科学技术高速发展、市场竞争进一步激烈、企业规模进一步扩大的情况下，多层次的金字塔组织结构不能适应企业发展的要求。进入 21 世纪后，随着信息技术的迅速发展和应用，企业组织的外部环境发生重大变化，企业组织内部也发生了深刻变革，包括组织形态的扁平化、组织格局的分权化、组织性质上的柔性化、组织运作上的智能化、组织整合的网络化等。这些思想与经验事实正是强调了企业这一复杂系统，在技术经济环境变迁情况下的演化特征。复杂系统理论同系统演化的研究是紧密结合在一起的。"时间单向性"的存在，使企业理论静态的研究转向演化的内在规律的研究①。系统随时间而变化，经过系统内部以及系统与外部环境间的相互作用，不断适应、调节；通过自组织作用，经过不同的阶段和不同的过程，向更高级的有序化发展，涌现独特的整体行为和特征。

一些经济学家认为，数学工具的匮乏和形式化建模的缺乏是早期演化经济学不能成为主流的重要原因。寻找坚实的自然科学基础和适当的工具将有助于解决演化经济学当前面临的诸多困难。比如，在框架问题上，自组织理论和达尔文学说的分歧将随着演化经济学家对生物学认识的加深而逐步消除。自 20世纪 50 年代以来，非线性动力学和计算机模拟的发展使这种状况大为改观，它在演化经济学的兴起中起到了推动作用。在经济学中，可以归类为"演化的"数学模型除了展示动态行为的不同类型外，还能对某种形式的非均衡进行建模，它们拥有路径依赖、自组织、多重均衡和混沌行为这四个方面的一个或多个特征②。

二、复杂性科学具有演化特征

拉齐斯基（Michael J. Radzicki）指出，计算机是混沌理论和自组织理论的

---

① 普里戈金. 从混沌到有序 ［M］. 上海：上海译文出版社，1987：1－5.

② Radzicki M J, Sterman J D. Evolutionary Economics and System Dynamics ［A］. England R W. Evolutionary Concepts in Contemporary Economics ［C］. University of Michigan Press, 1994, P. 64.

媒介。① 克劳斯·迈因策尔在《复杂性中的思维》一书中，把"从线性思维到非线性思维"作为该书的导言，明显地代表着这种观点。但按照艾伦的观点，非线性现象虽然是复杂性科学的重要组成部分，但不是全部。苗东升和郭元林从方法论层面上，把复杂性科学定义为非还原论科学或整体论科学②。贾根良认为，按照整体论的含义，认识整体无法仅通过认识部分或更大整体来完成。但是，我们仍不得不通过认识部分或更大整体来获得对整体的相当大部分的认识。此外，按照艾伦对演化复杂系统的定义，如果我们不对微观多样性与整体之间的反馈关系进行研究，只是在"研究整体时不分解整体，要保持整体的完整性，利用观察、刺激反应、输入输出、模型、模拟、隐喻等整体研究方法"进行研究，我们就无法全面认识人类社会的演化这种最具复杂性的现象。

因此，如果把演化看作是复杂性科学研究的核心问题，那么，在方法论层面上对复杂性科学的定义就应该超越还原论与整体论的对立。首先，正如范登伯格和高迪（Vanden Bergh and John M. Gowdy）指出的，"整体论和还原论之间产生矛盾的程度取决于对还原论的定义。如果还原包括了对部分以及部分之间交互作用的理解，这需要把整体分解为部分，那么，这种还原就不需要被看作是与对整体的理解相对立的"③，因此，复杂性研究不能排除对整体的分解性分析。其次，我们应该更全面地认识整体论的含义。我们认为，存在着两种对整体论的不同定义：一种认为，整体论意味着整体的特征不能从关于部分的全部知识中推演出来，苗东升教授和郭元林博士对复杂性科学的定义就来自于这种认识；另一种则把整体论定义为这样一种信念——构成整体的部分不能适当地单独被理解或描述，除非通过考虑与整体的关系，它们才能被理解，因此，为了认识作为部分的整体，对更大整体的认识是必需的。如果我们把这两点理由结合起来，这就把我们引向了超越还原论与整体论相对立的层级因果论。按照层级因果论的基本含义，在每一种层级上的系统或亚系统都具有二重

---

① 拉齐斯基. 制度动力学、决定论的混沌及自组织系统 [J]. 见 [美] 理查德·H·戴等. 混沌经济学 [M]. 上海：上海译文出版社，1996：314.

② 郭元林. 论复杂性科学的诞生 [J]. 自然辩证法通讯，2005（3）.

③ Jeroen C J M, Gowdy J M. The microfoundations of macroeconomics: an evolutionary perspective [J]. Cambridge Journal of Economics, 2003 (27), P. 76.

性：它本身既是整体，同时又是其他整体的部分，这就产生了向上和向下的因果关系。向上和向下的因果关系意味着在不同层级之间存在着反馈关系，因此，在对某一层级的整体进行认识上，对其组成部分或更大整体的认识可以对前述"整体研究方法"构成有效的补充。

蒙哥马利指出，复杂性理论是最近才上升为对新古典主流经济理论进行替代的一种运动。他对复杂性理论与一般均衡（或博弈论）为基础的新古典主流经济理论之间的区别进行了总结：第一，新古典理论是建立在线性基础之上的，而复杂性理论则强调了经济现象的基本的非线性。第二，新古典理论认为，对人类总体行为的理解完全可以通过"代表性行为者"的理解来达到，但复杂性理论却认为，这是一种"合成的谬误"，它没有认识到在总体行为中所发生的"深层次的"交互作用。第三，当新古典理论强调均衡是经济科学的基本出发点时，复杂性理论则强调了非均衡过程是他们的科学基础。第四，当新古典理论突出"理性预期"的时候，复杂性理论则强调了预期形成的理论，这主要包括行为者在真实的经济中通过实际的学习所产生的适应、演化、归纳和"暗中摸索"的过程[①]。如果我们对西方异端经济学共同的方法论基础有所了解的话，那么我们就不难发现，蒙哥马利对复杂性理论与新古典主流经济理论之间的区别所做的总结同样也适用于西方演化或异端经济学与目前的主流经济学之间的区别。现在，以圣塔菲研究院对复杂性经济问题的研究为代表，事实上有可能已经形成了科兰德所说的复杂性经济学或复杂性经济学派。复杂性经济学派除了使上述复杂性的思想得到了迅速的传播外，还特别强调了计算机模拟方法的重要性，有时，圣塔菲研究所把这些模拟看作是他们称之为"计算机实验"的一种新的实验形式。复杂性经济学派对计算机模拟方法的发展是对经济学研究工具的一种贡献。我们把复杂性科学与演化经济学进行一个浅显的比较，见表 1-1。

---

① Michael R. Montgomery, Complexity theory: An Austrian perspective [A]. Colander D. Complexity and the history of economic thought [M]. Middlebury college, 2000, P. 227、P. 231.

表 1-1　　　　　　　　演化经济学与复杂性科学异同比较

	异同项	演化经济学	复杂性科学
不同点	研究对象	以经济学为主	以自然界为主拓展到社会科学
	理论来源	主要吸收生物学观点，强调生物学隐喻	系统科学部分吸收进化论观点，不强调生物学隐喻
	演变形态	演化中更侧重于渐变	演化中更侧重于突变
	新事物产生机理	新奇	涌现
	时间观	只注重时间演化	注重时间演化，同时也注重空间演化
	演化特征	渐变	突变
相同点	适应性	强调主体适应性	
	演化	强调过程的演化	
	动态多样性	强调动态多样性	
	非均衡、非线性、非静态、非最优	都认可非均衡、非静态、非最优但复杂性更强调非线性	

资料来源：根据文献总结而成。

第四节　复杂性的家族企业演化理论基本框架

一、寻求形成家族企业研究的共同范式和统一分析框架

Carsrud（1994）批评家族企业研究领域由于缺乏模型和假设的建立，无法形成统一的规范，并指出家族企业还是一个寻求研究规范的领域。就理论而言，家族企业研究目标在于通过规范分析和实证研究建立一个坚实的理论分析框架和基础；就实践而言，家族企业研究目标在于满足家族企业管理需求。欧美国家的学者常常更侧重于从咨询的角度进行研究，以企业具体案例为研究依据，为企业发展提供战略规划为目的。尽管这些研究成果具有较强的实践指导

作用和一定的理论借鉴意义，但仍没有形成系统的研究框架。

夏尔马（Sharma，2004）指出目前家族企业对建立一个区别家族企业与非家族企业的通用识别系统尚处于起步阶段。家族企业研究的最终目标在于提高家族企业的功能，而理论上为家族企业提供的理论分析框架缺乏动力和能力，导致在实践上难以为家族企业提供一个明确的方法论。中国的家族企业研究更是缺乏一个系统化、明确化的目标。大陆地区的研究文献过于注重移植港台地区和海外华人家族企业的经验，导致国内的研究人员陷入了为研究而研究的困境。这种困境一方面阻碍了研究人员观察大陆地区家族企业发展的客观现象；另一方面也导致大陆地区家族企业的研究处于相对落后的境地。

家族企业为何产生，它们如何促进企业秩序的形成，什么决定了它们的适用边界？家族制企业的变迁动因是什么？什么因素影响着它们的变迁方向、变迁路径及最终的变迁结果？为什么中国民营企业会普遍选择家族企业制度？中国民营企业能否实现家族控制向支薪经理控制的转型？什么是中国民营家族企业的现实变迁路径？这些问题都与企业理论发展至今仍不完善有着密切的联系。第一，企业理论至今尚未形成一套系统和完整的理论体系，各种学术派别和理论分支基本上都是从某一侧面对企业进行研究，不能逻辑一致地相互兼容，从而企业理论缺乏一个对企业的全面把握。第二，严格地说，现代企业理论并没能解释企业产生的问题，交易费用只是对两种不同的规制结构——市场和企业进行比较的工具。换句话说，在现代企业理论的分析框架中，企业并非是比较的结果，而是比较前就已经存在的一个选项。第三，企业为什么存在、什么决定其边界、为什么能发展、怎样组织和控制等，是所有企业理论必须做出回答的问题，否则不成为企业理论。对这些问题的回答，传统理论没有很好地解释。

二、复杂性的家族企业演化理论的基本构想

本专著是从提出问题、分析问题和解决问题展开的。在其他学者提出家族企业是一个值得深入研究的课题，也是一个有待深入研究的课题的基础上，提出了家族企业是可以转换角度研究的课题，即家族企业研究是可以借助演化经济学与复杂性科学研究的问题。本专著也是在笔者前期成果（1993，2002，

2006）的基础上，构建复杂性的家族企业演化理论。本专著的研究目标可以概括为如下几点。

1. 构建基于复杂性视角的家族企业演化理论的基本逻辑框架

要对家族企业理论做一个很好地解释，首先要对企业理论进行一个很好地解释，而传统经济学企业理论（主要是指新古典经济学与新制度经济学的企业理论）没有给予很好地解释。我们在反思传统企业理论对企业解释存在的问题基础上，借助演化经济学与复杂性科学的理论与方法对企业理论进行了必要的解释与补充，并在演化经济学与复杂性科学的企业理论的基础上，构建了家族企业复杂性理论的基本逻辑框架。我们指出了家族企业的复杂性理论使得家族企业理论不再是确定性的、可预测的和机械的，而是确定性与随机性相统一的、有机的和不断演化的企业理论。此外，这个逻辑框架可以部分地把传统企业理论（包括新古典、新制度的企业理论）、基于演化经济学的企业成长理论、能力理论、网络理论等理论有机地整合在一起。

2. 提出企业及家族企业生成机理的理论

传统的企业理论讲企业形成后如何发展、如何成长、如何管理，但很少从理论上、机理上讲清楚企业是怎样生成的，特别是家族企业是怎样生成的。我们借助复杂适应系统的涌现理论探究企业的生成机理；提出了企业要素聚集多寡、非线性相互作用、差序结构的层次性、更多的惯例等是导致家族企业更容易生成的主要原因。传统经济学企业理论不是企业生成的理论，我们通过复杂适应系统的涌现理论与自组织理论解释企业产生的机理。我们知道当若干部分按照某种方式整合成为一个系统时，就会产生出整体具有而部分不具有或部分之线性总和所没有的特性。家族企业的创建就是把家族资金、家族人才与家族的网络通过创业家整合而涌现的一个新产物。所以，家族企业的产生带有家族特有的烙印，特别在企业创建期。

此外，我们还借助演化经济学与复杂性科学构造家族企业的演化生成理论。家族企业的创立、发展与传承可以理解为一种以家族文化为惯例、以生存竞争为搜寻、以企业所有权和管理权演变为创新的制度演变。在家族企业演变的过程中既有最优反应动态——快速学习能力的小群体成员的"最优反应动态"；也有学习速度很慢的成员组成的大群体随机配对的"复制动态"。用演化博弈论分析家族企业制度，强调制度的起源及其变迁是在一个稳定演进的博弈结构中进行的。在整个博弈的框架下，致力于发展由认识能力和学习模型支持的制度演化理论。

3. 构建复杂性的家族企业生命周期理论

笔者从复杂性科学的角度分析了当前提出的各种企业周期理论的不足，提出复杂性家族企业的生命周期理论，并借助复杂性家族企业的生命周期理论提出家族企业应该如何保持可持续发展，克服家族企业的生命周期导致企业的衰败与死亡的建议。

4. 研究家族企业治理结构的演化特征

从复杂适应系统的角度分析家族企业的治理结构的特征，阐述了治理结构与功能的关系，提出了家族企业治理结构决定其经营与管理功能的理论，解释家族企业的功能的特殊性。此外，对家族企业生存环境与社会变迁的演化互动机理做了深入研究。企业对外部环境变化的反应机制是理解企业成长的关键，演化经济学在重视生命系统内部组成的同时更注重与外部环境的系统整体性。家族企业是一个类生命体，它是在一定的环境中生存与发展的，即基于复杂适应系统的家庭企业文化中存在与发展。企业文化系统是一个复杂的自组织演化系统、企业文化具备了系统演化特征。并基于复杂适应系统的视角构建家族企业文化的复杂性体系。包括家族企业文化复杂性系统熵变与家族企业文化改革的正负熵演变规律。并提出了家族企业文化体系建设要通过熵变途径解决。

5. 提出混沌吸引子的企业家理论

企业的产生是企业家的主观想象，是企业家的发现和创新的产物，是企业家基于其对利润机会进行成功策划的结果。企业既不是像科斯所认为的那样是市场机制的抑制物，也不像阿尔钦（A. Alchian）和德姆塞茨（Demsetz）所坚持的是一个准市场。家族中的创业者既不能被投资、搜寻，也不能被其他人所雇佣或利用，他只能创业，组织家族成员、运用社会资源创立家族企业。为此，我们拟定研究家族企业家形成过程中的进化稳定均衡理论、家族企业家的个体选择均衡模型和一般选择均衡模型。所以，我们在指出现存的企业家理论不足后，借助混沌理论构建一个基于混沌吸引子的企业家理论，并指出企业家形成所具有的特殊性及演化规律。

6. 构建家族企业子承父业的混沌与分形演化模型

悉心研究世界经济的历史，我们会发现刘鸿生的感慨具有历史的必然性，"富不过三代"是绝大多数中国家族企业的客观规律。国内外的家族企业传承研究偏向于研究应该怎么样传承、如何继承，而对传承失败的研究很少。比如，前面的统计数据大约只有 30% 的家族企业能成功进入第二代，只有 10% 的家族企业能成功进入第三代，能进入第四代的仅有 3%。但遗憾的是此统计数据只注意到"死"，却忽略了"生"。经济系统作为一个耗散的结构，必然会有"热寂"趋势，但经济系统也会不断地输入"负熵"，家族企业也是在不断地创生。那么传承失败的家族企业 A 究竟以何种形式回归到这种往复循环之中？是家产散尽彻底消亡，或是改制重组成另一家族企业 B，还是被家族企业 C 兼并？因此，我们不光要关注家族企业的消失，还要注意到他以何种方式消失。我们从家族企业是一个复杂适应系统论断的基础出发，借助复杂适应系统研究家族企业的传承。特别是借助混沌经济学中的分岔与分形理论研究家族企业传承问题。改变传统的家族企业传承中忽视混乱出现，把混乱出现看成是失误、看成是偶然，把传承中的"富不过三代"看成是失败，而没有从逻辑机理上分析，"富不过三代"是家族企业传承的必然，我们打破这个"魔咒"需要在传承中创新，并构建家族企业"子传父业"新的模式。

所以，我们拟定借助迭代方程及分岔与分形理论论证明了"富不过三代"的普适性及通过参数 μ 来整合各种继承（传承）理论与模型的兼容问题。关于这个问题，还有许多要进一步研究的课题。比如，"富不过三代"的数学证明的普适性结果与控制变量 μ 的测算问题，怎样构造一个关于 μ 的回归模型还有大量的工作要做。再如，控制变量 μ 与有关学者的继任模型的相容性问题，都有待于进一步研究。

中国的复杂性家族企业演化分析的基本框架。借助我们构建的复杂性家族企业演化理论来分析中国家族企业复杂性的演化特征，通过中国案例验证我们的理论框架的合理性。特别是中国改革开放 30 年来的国进民退与国退民进、中国家族企业形成的三条路径和中国家族企业治理结构的复杂性与演化特征。

复杂性的家族企业生成论

当前经济学、管理学理论至今尚未形成一套系统和完整的企业理论体系，各种学术派别和理论分支基本上都是从某一侧面对企业进行研究，不能逻辑一致地相互兼容，从而企业理论缺乏一个对企业的全面把握。企业管理理论出现管理丛林的现象就是这些管理理论大多数是"象理论"，而不是机理理论。现代企业理论也没能很好解释企业生成问题。交易费用只是作为两种不同的规制结构——市场和企业进行比较的工具。① 通过研究，借助复杂适应系统的涌现理论构建企业生成理论，以及构建家族企业的生成理论。

第一节　企业理论研究中的薄弱点

一、新古典经济学与新制度经济学的危机

杰克·J·弗罗门（Jack J. Vromen）指出，在新古典企业理论中，企业被看作是一个单一的代理人。或者，更准确地说，企业家隐含地被认为是企业人格化代表。企业行为就等于企业家行为。在企业内部发生的事情被留在黑暗之中，而企业被作为一个黑匣子来分析。他接着指出，新古典企业理论甚至不能说是一个关于单个企业行为的理论，它是一个关于产业、关于市场的理论，或者更准确说是该理论的一个基础。②

霍奇逊（Geoffrey M. Hodgson）也对新古典经济学进行了深刻的批判。他

---

① 闫敏. 企业系统演化复杂性与企业发展问题研究 [D]. 吉林大学，2004.
② [荷] 杰克·J·弗罗门. 经济演化——探究新制度经济学的理论基础 [M]. 北京：商务印书馆，1997：52.

认为，尽管新古典经济学已经主宰了 20 世纪，但其自身的语调、表达方式和内容都已有了巨大的变化。20 世纪 30 年代以前，大量新古典分析都是马歇尔式的局部均衡模式。随后是瓦尔拉斯（Léon Walras）一般均衡分析这种始于 19 世纪 70 年代的方法的复兴。这个世纪的另一个转变是数学的使用日益增多。新古典假设由于显然易于处理而颇具吸引力。对于倾向于使用数学的经济学家而言，假设经济主体对一个外生给定而且详细定义的偏好函数进行最大化处理，似乎比任何可替代的或更为复杂的人类行为模型更为可取。在新古典经济学还原论的假定中，它一开始就已经使自己具备了被过分形式化的潜力，即使是在经过了一段时间以后这种潜力才被完全认识，并占据统治地位。渐渐地，人们愈发不再依赖于基本假定的经验基础或其他基础，而是更多地沉浸于从那些因假定而变得简单的前提中进行演绎推理的过程。①

20 世纪 70 年代以来，西方经济学界在经济理论上开始陷入持久的危机，自贝尔主编的《现代经济理论的危机》（The Crisis in Economic Theory）② 出版以来，西方一些高级学术杂志对危机的实质议论纷纷。这场危机的本质是占统治地位的新古典经济学的危机。其危机特征可以概括为如下三点。

1. 简化论

例如，为了有效地进行均衡分析，引入代表性企业之概念，抹煞了企业间的差异和多样性，企业被简缩为一个点，通过类似于作用力与反作用力的供求力量进行原子化的质点分析，这非常类似于牛顿力学，这是新古典经济学把企业视为"黑箱"的根源。又如把技术简化为生产函数，是一种生产的蓝图，增长是通过新的生产函数引入所导致的，但技术的起源、性质和变化过程却被束之高阁。虽然新制度经济学打开了企业黑箱，但它仍受简化论思维所支配（如企业与市场两分法），忽视了丰富的多样性现实，而技术在新古典和新制度经济学中至今仍基本上处于"黑箱"状态。

2. 还原论

新古典经济学遵循经典科学之方法，把复杂的经济整体还原为部分之和，

---

① ［英］霍奇逊. 演化与制度——论演化经济学和经济学的演化［M］. 北京：中国人民大学出版社，2007：29.

② ［美］贝尔，克利斯朵主编. 现代经济理论危机［M］. 台北：远流出版事业股份有限公司，1989.

以至于长期以来，新古典经济学不存在一个宏观经济分析结构。凯恩斯革命之后，新古典主义通过形式化处理凯恩斯宏观分析之方法，形成了新古典综合派，但却丢弃了凯恩斯革命的精髓，以致许多经济学家提出重建凯恩斯宏观分析的微观基础。这种还原论的另一突出特征是排斥对非线性和报酬递增的研究，从而不能对部分与整体之间的交互作用给予更深刻的说明。

3. 决定论

按照 Mirowsk 的说法，19 世纪经典物理学给新古典经济学理论结构打上深深的烙印。18 世纪法国的拉普拉斯（Pierre Simon Laplace）把这种机械决定论推到了登峰造极的地步，其信条是，只要给出足够的信息，我们就能预先确定宇宙中每个质点在任何时间的位置，这就是科学史上有名的"拉普拉斯决定论"①。从新古典经济学创始人的著作中我们可以看出，经典物理学的这种影响是无孔不入的，如瓦尔拉斯写道，"纯经济理论在每一个方面都是一门类似于数学物理的科学"，帕累托（Vilfredo Pareto）也把决定均衡的方程看作是合乎情理的力学方程。即使对马歇尔（Alfred Marshall）来说，虽然"经济学家的目标应当在于经济生物学，而不是经济力学。但是由于生物学概念比力学的概念更复杂，所以研究基础的书对力学上的类比性必须给予较大的重视；并常使用'均衡'这个名词，它含有静态的相似含意"，但他不会想到，从 20 世纪 30 年代到 70 年代末，绝大多数经济学家已不知晓经济生物学或演化经济学这些术语了。虽然凯恩斯革命受到量子力学发展的影响，在其理论架构中引入了整体性和不确定性思想，但仍不足以对新古典范式产生根本性的革命，反而被长期以来占统治地位的简化论和机械论思维所同化，因此经济理论的危机势不可免，借用莱本斯坦的话来说，不存在危机也应有危机。②

---

① 拉普拉斯决定论（Laplacian determinism），是由法国数学家拉普拉斯（1749～1827）提出的。在他看来，自然界的一切事物都存在着确定的、必然联系。"因此，我们应当把宇宙的目前状态看作它先前的状态的结果，并且是以后状态的原因。"在他看来，宇宙中的物体大到像天体，小到像气体分子就像一个钟表一样装配起来，只要上紧发条，它就会按照机械运动的规律，一直转动下去，而不受偶然因素影响。只要知道物体运动的初始条件，我们就能知道其运行轨道。不仅如此，而且可以推算它过去、现在和未来的状态。根据量子力学的观点，宇宙也遵守严格准确的数学形式演化，不过那形式所决定的只是未来发生的几率，而不是说未来一定会发生什么。爱因斯坦说过一句在物理学史上鼎鼎有名的话："上帝不会跟宇宙玩骰子。"英国物理学家霍金（Stephen Hawking）曾说过，在这一点上，"爱因斯坦糊涂了，而量子理论是对的"。

② 贾根良. 进化经济学：开创新的研究程序 [J]. 经济社会体制比较，1999（3）.

二、企业理论研究中的薄弱点

新古典企业理论实际上不是真正的企业理论。因为它没有回答有关企业的一些基本问题，例如企业为什么会出现，企业内部是如何运行的，企业是选择生产还是从外部市场购买，它仅仅是利用局部均衡分析方法预测企业在输入市场的购买决策和输出市场的供应决策。由于新古典经济学在本质上是一种静态优化理论，它隐含地假定人的利益是和谐一致的、产权界定清晰、零交易成本、人具有完全理性等。这些隐含假定决定了新古典企业理论存在一些缺陷，它无法解释企业内部组织及企业范围的整体布局；无法解释企业中的一般契约关系；也无法解释企业绩效与国家经济效益之间的联系。这自然给其理论留下了盲点，并给其体系造成矛盾。新古典经济学的传统理论假设前提阻碍了企业理论的发展。①

同样，新制度经济学也不能很好地解释企业的产生，特别是家族企业的产生。以中国改革开放 30 年来为例，本来家族制度是比较具有制度优势的企业制度安排，有许多民营企业盲从于流行的观点试图摒弃家族制的做法不仅没能建立起规范的公司制度，而且也失去了本来的制度优势，无形中付出了大量的交易成本，史玉柱的巨人集团迅速死亡就是一个典型案例。可以判定，新制度企业理论本质上只是简单化了的经济世界，而世界是复杂的，这就必须站在复杂系统的视角进行研究。要从理论与实践两个方面研究符合中国家族企业发展的实际的理论。从复杂系统与演化的视角看，这要从非线性、非决定论的角度出发，引入异质性文化、制度、历史和社会等变量，对企业进行多维度、大视野的复杂系统研究，寻找到与特定制度环境能形成正负反馈的最具有适应性效率的企业制度"模式"。

可以说，当前经济学、管理学理论界至今尚未形成一套系统和完整的企业理论体系，各种学术派别和理论分支基本上都是从某一侧面对企业进行研究，不能逻辑一致地相互兼容，从而企业理论缺乏一个对企业的全面把握；企业管理理论出现管理丛林的现象就是这些管理理论大多数是"象理论"，而不是机

---

① 吴强. 西方企业理论述评与启示［J］. 当代经济，2009（4）.

理理论。企业理论论从也是众多企业理论只是侧重某一方面的理论而不是基础理论，是"象理论"而不是机理理论。此外，现代企业理论并没能很好地解释企业生成问题。交易费用只是对两种不同的规制结构——市场和企业进行比较的工具。①

第二节　企业生成的复杂性机理分析

企业是一个功能、目标众多的复杂适应系统。企业的这种复杂性表现为环境的复杂性和不确定性；组织系统的多层级、多单元和多目标的复杂性；预测、决策、控制的非线性和非确定性；信息的非对称性；企业系统的非平衡性和混沌性，以及企业内外各种因素的交互作用，使得企业不得不进行复杂性的自适应过程等。可以说复杂性已成为企业生成、经营、成长与传承的根本性问题。

一、企业生成是作为复杂适应系统聚集的产物

按新古典经济学的观点，企业是一个生产函数，把一定比率的土地、资本、劳动与企业家才能组合在一起，就产生出产品，就产生了企业。但生产过程，企业产生的机理，对于新古典经济学家来说是一个"黑箱"。实际上，如果从复杂适应系统的视角看，新古典经济学对生产过程是有所涉及但深入不够，指导思想还是决定论的、目的论、最大化与线性的。如果我们吸收新古典要素组合理论的基础上，借助复杂适应系统的观点，或许会得出新的结论。我们知道，复杂适应系统即企业的行为是由构成成员之间的相互作用决定的，一切事情都发生在他们相互作用的过程中，因此，相互关系是企业存在的基础。在这个过程中，由于低层次各要素之间非线性的交互作用，导致聚集行为产生的后果无法预料，也就是导致了宏观层次上"涌现"的出现。约翰·H·霍兰指出："我特别强调'相互作用'。这种（指传统的拉普拉斯观念）错误观念

---

① 闫敏. 企业系统演化复杂性与企业发展问题研究 [D]. 吉林大学，2004.

认为，要了解整体，必须深入分析最基本的原子部分，并且要将这些部分隔离分别进行研究。这种分析只有在整体能被看成各个部分的总和时，才是有效的"。[1] 也就是说这些要素的聚集，产生新的事物，这个新生事物就是企业。此外，由于每个企业的资源不同，要素在数量、特色方面不同就使得不同的企业具有不同的特性，使企业具有异质性。约翰·H·霍兰指出："聚集是我们构建模型的主要手段之一。"他还指出："较为简单的主体的聚集相互作用，必然涌现出复杂的大尺度行为，……它非常像由不聪明的部件组成聪明的生命体"[2]。比如，中国民营企业为什么主要以家族企业的形式生成？从创办者创办企业的外部环境看，不论是从计划经济向市场经济转轨的创业环境还是市场经济的创业环境，创业者面临的都是金融市场、人才市场、技术市场的缺乏；从内部看，他们的生存空间还必须依靠与自己相依为命的兄弟姐妹与父老乡亲、家族成员，所以，必然会借助家族的资源与家族的力量创办企业，必然是家族企业。

二、企业生成是作为复杂适应系统非线性相互作用的产物

非线性特性揭示出来的新事实、新特点和新规律对家族企业生成机理具有重要意义。复杂适应系统的非线性特征表现为企业能力不具有加和性。部门能力之和并不等于企业整体能力；部门目标的实现，也并不意味着整体目标的实现；部门之间的职能和权限范围较难完全划分清楚；虽然可以运用各种手段来消除系统的不确定性，但依然较难控制目标的实现程度，且系统内外的微小偶然变化，都可能使整个系统的目标指向发生改变。[3] 约翰·H·霍兰指出："非线性相互作用几乎总是使聚集行为比人们用求和或求平均方法预期的要复杂得多，这一点是普遍成立的"。[4] 在系统内部组分之间存在着复杂的非线性相互作用，这种企业复杂系统内部的非线性相互作用是市场无法形成的，导致企业

---

① 约翰·H·霍兰. 涌现——从混沌到有序 [M]. 上海：上海科学技术出版社，2006：16 - 17.

② 约翰·H·霍兰. 隐秩序——适应性造就复杂性 [M]. 上海：上海科技教育出版社，2000：11 - 12.

③ 周健，李必强. 供应链组织的复杂适应特征及其推论 [J]. 运筹与管理，2004（6）.

④ 约翰·H·霍兰. 隐秩序——适应性造就复杂性 [M]. 上海：上海科技教育出版社，2000：23.

从整体上涌现出超越市场的经济功能。企业复杂系统要素之间的独特的非线性相互作用自然是企业相对于市场经济新质凸显的根源，是企业能从市场中分离出来的根本因素，也是企业生成的基本机理。企业内部成员之间知识方面的非线性相互作用的程度可以通过共同的语言、其他形式的交流符号、专业化知识的共同性、共同的理解以及共同的价值观等大大加强。通过不同要素的相互作用及员工之间的沟通与交流渠道，协调企业的各种专门知识，形成了企业系统内部组分之间基于知识的特殊耦合方式，与生产要素的所有者的市场行为相比，这些耦合方式只有在企业这样的经济组织中才能实现，这就是企业生成的又一机理。

此外，复杂适应系统的内外部主体之间的非线性相互作用关系，决定了其行为具有不确定性、非因果关系性。小的原因能够有大的结果，反过来，大的原因也能够有小的结果甚至没有结果。这也意味着，企业家们必须既要"事无巨细"，也要"熟视无睹"，不能仅仅"抓大放小"也要既抓大也抓小，被人们认为是微不足道的事情可能改变企业的一切。相反，宏大的战略规划也可能是没有意义的，这在我们 30 年民营企业发展中常常看到。当一个"意外"事件发生后，导致这种现象的原因在于企业内部主体之间以及它们与环境之间存在着多重正负反馈关系，环境中或在一个主体发生的一个事件，由于环境与这个主体与其他主体之间存在的相互作用关系，从而引起更大范围的变化，并在整体上呈现出涌现新奇事件，比如企业的制度创新、技术创新、产品创新、市场创新等，其原因就难以用简单的因果对应关系来解释；反过来，我们也就不能根据已经发生的事件来推导出未来的确定性结果。新奇事件对企业发展可能是有益的。①

约翰·H·霍兰指出："很多 CAS 都有这样的特性，一个小的输入会产生巨大的、可预期的直接变化——放大器效应"②。这里的关键在于组织的结果不取决于原因的大小，而取决于组织的背景和历史，即组织发展的动力学机制，如果企业发展之间不存在动力学机制，当然也不会出现有的企业抓住市场的微小机遇而迅速发展，而有的企业因微小干扰而走向死亡。这说明了企业是比市场更具经济效率的复杂系统，其配置资源优越于市场表现在两个方面：一是由于市场交易费用的存在，企业契约对一系列市场契约的替代，所导致交

---

① 刘洪，王玉峰. 复杂适应组织的特征 [J]. 复杂系统与复杂性科学，2006（9）.

② 约翰·H·霍兰. 隐秩序——适应性造就复杂性 [M]. 上海：上海科技教育出版社，2000：5.

易费用的节约。二是内部组分之间复杂交互作用所形成的企业在经济意义上的新质凸显,即所谓整体大于部分之和。只有将这两个方面结合起来,才能完整地理解企业的经济学意义,既强调企业节约交易费用的经济效率来源,又强调企业内部生产要素之间不同于市场的耦合方式所突显的经济新质而带来的经济效率来源。换句话说,既强调企业的交易属性,又强调企业的生产属性。①

三、复杂适应系统的层次性导致企业的发展

层次性是指不同的层次具有不同表现形式的涌现,越高层次,涌现现象越复杂。涌现性似乎与系统等级层次性之间有着一种密切的关系。一个复杂适应系统都具有多层次组织,每个层次的作用者对更高层次的作用者来说都起到建设砖块的作用。在一个企业中,一组劳动者会以完全相同的方式形成一个部门,很多部门又会形成更高一级部门,然后又形成企业或者公司。比如,在企业的组成要素之间不仅有信息的相互作用、知识的相互作用、资金的相互作用,彼此之间还有复杂的信任管理关系、利益分配关系等,这些相互作用体现了企业系统内要素之间丰富的、动态的、非线性的、短程的、有反馈的相互关系;同时,企业也具备复杂系统的演化特性。面对环境的机会和威胁,企业能够主动发生内部和外部变异。企业的内部变异可能是新的战略定位,新的组织结构;企业的外部变异可能是兼并收购或采取影响政策的活动等。② 再如,初创的家族企业不论在经营范围还是组织结构都是很小的,但是在多层次的相互非线性的多层次的作用下,复杂适应系统存在于与其共同演化的其他复杂适应系统之中,是其他复杂适应系统的一个单元或环境一部分③。

四、复杂适应系统的内部模型与演化理论的惯例

约翰·H·霍兰指出,复杂适应系统的内部模型可以分成两类:隐式的(tacit)和显式的(ovent)。④ 实际上,隐式内部模型相当于企业的惯例、默会

---

① 甘德安. 复杂性的家族企业演化理论系列研究之———基于复杂适应系统的家族企业生成机理 [J]. 理论月刊, 2010 (1).

② 邢以群,田园. 企业演化过程及影响因素探析 [J]. 浙江大学学报 (人文社会科学版), 2005 (7).

③ 刘洪,王玉峰. 复杂适应组织的特征 [J]. 复杂系统与复杂性科学, 2006 (9).

④ 约翰·H·霍兰. 隐秩序——适应性造就复杂性 [M]. 上海:上海科技教育出版社, 2000:32.

知识。而显式模型相当于企业的契约与规章制度之类。所以，复杂适应系统可以把企业看成是一个由可操作的科层组织惯例组成的异质性实体；可以把企业看成是一个开发、利用和创造知识与能力的科层组织，即具有适应性的主体；企业在市场竞争过程中组织、配置和创造资源时具有能动性①。复杂系统具有对环境的自适应特征。复杂系统理论同系统演化的研究是天然紧密结合在一起的。正是国家政策的演变，家族企业才从无到有，从小到大，从弱到强，改变了中国经济、社会、文化以及政治生态。因此，家族企业社会经济环境的改变是导致家族企业演化的决定性原因，营造适合家族企业发育的外部环境才是企业演化过程中最为重要的问题。

五、标识、企业家精神与企业生成和发展

约翰·H·霍兰指出："在 CAS 中，标识是为了聚集和边界生成而普遍存在的一个机制"。标识能够促进选择性相互作用，因此它是 CAS 中普遍存在的特性。而标识隐含在 CAS 中具有共性的层次组织机构背后的机制。②

企业的生成是企业家的主观想象，是企业家的发现和创新的产物，是企业家基于其对利润机会进行成功策划的结果。企业既不是像科斯所认为的那样是市场机制的抑制物，也不像阿尔钦和德姆塞茨所坚持的是一个准市场，企业只能是企业家精神的产物，是市场过程的产物。企业中的创业者既不能被投资、搜寻，也不能被其他人所雇佣或利用，他只能创业，组织家族成员、运用社会资源创立家族企业。实际上，作为复杂适应系统机制之一的标识的创业企业家也是企业生成的机制之一。因为企业家的创业的激情、梦想与市场机遇的把握，吸纳大量人才、信息、资源，这些人才、信息、资源的聚集导致企业的生成与企业的发展，所以说企业是企业家的企业，企业是企业家的人格表现。③

六、企业生成机制是自组织走向临界状态的产物

当企业处于自组织工作条件下的时候，不需要外部施加干预，企业可以

---

① 陈敬贵. 企业性质的演化经济学解释——基于对正统经济学解释基础的批判 [J]. 经济问题，2005（2）.

② 约翰·H·霍兰. 隐秩序——适应性造就复杂性 [M]. 上海：上海科技教育出版社，2000：11–13.

③ 甘德安. 构建家族企业演化博弈研究基础的初探 [J]. 学海，2006（5）.

"无为而治"。自组织工作条件下，企业不仅能够对环境中不同程度的扰动做出反应，还能够演化到对企业自身生存起关键作用的事件有着最大限度敏感性的状态—自组织临界状态。处于这一状态的企业由于对细微变化具有高度的敏感性，从而使得整个企业的每个主体都要保持高度的警觉以应对相关主体的变化，因此，处于自组织临界状态的组织被认为是最有活力的企业。①

复杂适应组织的高效运作不需要中心控制。约翰·H·霍兰指出："值得注意的是，涌现行为是在没有一个中心执行者进行控制的情况下发生的"②，复杂适应组织的结构是松散的，常表现为区域分布的网络化形态。这并不意味着复杂适应组织没有结构，而是处在层次结构和松散结构之间的中介模式，既不是非常严格的层次结构，也不是非常松散的网络结构。总体上是松散的，比如内部市场化的组织结构，但单位部门又可以是层次式的。在企业的不同尺度水平上需要不同的组织结构形式，但不同层次之间有着相互作用关系，这也是复杂适应组织不会在临界状态死亡反而会在一个新的层次水平上自组织的原因③。这一特征在家族企业身上体现的尤为明显，比如华人家族企业所体现的低组织、高网络的特征就是复杂性适应系统的体现。再如家族企业在江浙一带形成的相互关联的又各自独立运行的家族企业，它们同时在供应链、价值链上相互联结，形成不可分割的一体，这些家族企业集群而言就是"类智能体"，这些"类智能体"又共同构成了更大的复杂适应系统。

① Bak P，Chen K. Self - organized criticality［J］. Scientific American，1991，264（1）.
② 约翰·H·霍兰. 涌现——从混沌到有序［M］. 上海：上海科学技术出版社，2006：7.
③ 刘洪. 未来的经济组织形态：多智能体组织［J］. 自然杂志，2004（4）：227 - 233.

复杂性的家族企业生命周期研究

对于企业的发展，众多学者做了大量深入的研究，并提出了企业的生命周期理论，对企业的发展不论从实践还是理论都起到积极的作用。本章从复杂性的自组织理论、耗散结构理论、复杂适应系统等角度提出的企业生命周期特征，家族企业生命周期的特征；而且，从复杂性的企业生命周期的角度提出家族企业应该如何保持可持续发展，克服企业生命周期衰败与死亡阶段。

第一节　家族企业生命周期理论的回顾

关于企业生命周期的研究始于 20 世纪 50 年代，繁荣于七八十年代，90 年代末出现了新的高潮。企业生命周期理论形成的显著标志是英国管理学教授彭罗斯 1959 年《企业成长理论》一书的出版。企业生命周期理论到目前为止，已有 20 余种生命周期阶段模型问世。企业生命周期理论的渊源有两个，即系统理论和权变理论。企业生命周期理论首先把企业看成是一个系统，其兴衰不是单一因素造成的，而是系统内外各种因素共同作用的结果。同时，企业系统在不同时期有不同的特征和问题，需要权变地选择解决问题的方法与战略[1]。所有模型的共同之处在于：企业的生命周期遵循大致相同的规律，不同生命周期阶段有不同的特征和问题，这也正是企业生命周期理论的核心思想。

而家族企业生命周期真正产生广泛影响的是美国学者盖尔希克（Kelin E. Gersick）。盖尔希克以所有权和控制权为着眼点，将家族企业的生命周期分为初创期、扩展期或正规化期、成熟期三个阶段，并从两权的转移配置以及由此

---

① Greiner L E. Evolution and Revolution as Organization Grow [J]. Howard Business Review, 1972.

导致的企业制度的变革来分析代际传承中企业形态的变化，把企业的演变概述为"一位所有者所有"——"兄弟姐妹合伙"——"堂兄弟姐妹联营"——"多样性改变"的发展路径。其中，"多样性改变"指拆解、分裂、转化为前面的三种形态，或者演变为社会化的公众公司。[①] 为了清晰地表述家族企业生命周期各阶段内部的复杂关系，盖尔希克用一个三环模型和三轴模型对应的分析了在同一阶段或形态上所有权方面、家族方面、企业管理方面所具有的特征和面临的挑战。[②]

在国内，1995 年，陈佳贵教授发表了《关于企业生命周期和企业蜕变的探讨》的学术论文，率先把企业生命周期理论引入中国。之后，陆续有许多相关的研究出现，如韩福荣（2001）的企业仿生学；王立志、韩福荣（2003）、肖海林（2003）等都从不同的角度对企业生命周期进行了研究。任佩瑜教授（2003）更是从复杂性科学的角度分析了企业生命周期的复杂过程，揭示了企业发展变化的内在机理[③]。陈朝龙、陈蛇（2005）、于然、周明生（2005）、李德军（2009）等对家族企业的生命周期进行了探索。[④]

一、企业生命周期的四种理论

（一）企业演化论

企业演化论把生物演化理论作为经济分析的隐喻与方法论基础。现代生物学的相关理论揭示，自然生命系统具有三个基本特征新陈代谢性、自我复制性和突变性。企业仿生论者认为，企业也具有一般自然生物的三个生命特征。首先，企业也会不断地进行新陈代谢，即不断地从外界获得资源，而其内部经营机制将人、财、物、技术、信息等资源结合起来，经过各种循环过程，最终消化吸收为企业内部要素。其次，企业也有自我复制机制，即企业的生产与再生产本身就是个不断自我复制的过程。在这个过程中，其技术水平、人员素质得以提升，其规模得以扩展。扩展后的企业既带有原企业的印记，又形成新的再生与复制功能。再次，企业也具有突变性，即经济政策的变化、原材料供应渠

---

①② 盖尔西克. 家族企业的繁衍 [M]. 北京：经济日报出版社，1998.

③ 任佩瑜，林兴国. 基于复杂性科学的企业生命周期研究 [J]. 四川大学学报（社科版），2003（6）.

④ 李德军. 家族企业生命周期的演进 [J]. 统计与决策 2009（4）.

道的变化、技术创新的成功、员工思想的转变、竞争态势的变化、用户需求的改变等，都有可能使企业的经营状况发生质变。仿生论最具影响的理论是企业演化理论，演化经济学领袖人物纳尔逊与温特认为，企业的成长是通过生物进化的三种核心机制（即多样、遗传性、自然选择性）来完成的，且强调组织创新、路径依赖等进化对企业成长的影响。

（二） 生命周期阶段论

生命周期阶段理论把企业的成长和发展视为一个具有若干阶段的连续过程。这些理论有大批学者参与，因此产生了许多彼此有别的阶段论。各种论者的主要区别，表现在对企业成长阶段划分上。按照阶段划分的差异，至少可以看到十几种阶段论。阶段从最少的三阶段到最多的七阶段，划分标准五花八门，应有尽有①。在众多的生命周期阶段论中，格雷纳（L. E. Greiner）与爱迪思（Adizes，1989，1999）阶段论最为著名。爱迪思在《企业生命周期》一书中将企业生命周期分为三个阶段十个时段，即企业的生成阶段，包括孕育期；成长阶段，包括婴儿期、学步期、青春期、盛年期、稳定期，稳定期是企业成长的顶峰；老化阶段，包括贵族期、官僚化早期、官僚期、死亡期。

（三） 生命周期归因论

生命周期归因理论试图通过揭示决定企业生命周期的具体因素，来找出改善和延长生命周期的"处方"，带有很强的实用主义色彩。这一理论的早期研究者的分析，主要以技术、产品生命周期为依据，试图揭示企业特定技术、产品生命周期与企业本身生命周期之间的联系。研究揭示，技术和产品从投入市场到最终退出市场全过程往往呈现出特有规律，产品生命周期一般包括孕育期、成长期、成熟期和衰退期四个阶段。与此相对应的产业周期也有四类，分别为幼稚产业、成长产业、成熟产业和衰退产业。

（四） 生命周期博弈论

企业生命周期对策论以竞争对手为参照物，从系统动力学的角度来剖析企

---

① 薛求知，徐忠伟. 企业生命周期［J］. 浙江社会科学，2005（5）.

业如何获得成长和发展的优势。国内外学者通过对企业衰败、夭折和长寿进行了案例研究，提出了建设长寿企业的引人注目、富有新意的见解。彼得·圣吉（1990）认为，企业要获得持久的优势，必须建立比竞争对手学习得更快的"学习型组织"。①

二、企业生命周期理论评价

（一）企业生命周期理论的前提假设

研究企业可持续发展的一个基本理论前提，就是企业是否存在着既定的寿命，是否具有可持续发展的可能性。如果说企业客观上确实存在着一个既定的寿命，那么研究企业的持续发展就毫无意义了。② 我们研究理论前提：一是人工系统的目的性，家族企业不是生物体而是创物，有生命体的若干本质特征，但创造的企业有它自己的生命周期，企业最后的生死存亡是创业者及其继承人与企业自身的生命周期的博弈。二是人工系统对环境的自主选择性。生物体对环境的选择是一种为了生存而自然的选择，这种自然选择与自然界演化过程是不能抗拒的。三是人工系统的适应性。如果说生物体的寿命有限性取决于其内部结构特征的话，人工系统的寿命有限性则取决于其系统对外部的适应性，其根据环境的变化来调整自身的结构，这样就可以避免死亡。四是企业不存在着必然死亡。③

（二）企业生命周期理论的贡献

生命周期模型受欢迎的原因在于其能预测企业成长各个阶段的特征，现有的模型从各个方面对特征或问题进行了描述，这可以帮助经理人预知企业成长之路。生命周期模型能识别企业成长的关键转折点，这能使管理者对必要的变革预先有所准备，适当调整战略和组织机构来减轻成长带来的压力；能使管理者知道何时放弃妨碍未来成长的战略和文化；能给企业提供一个能激发企业未来成长的发展模式。

---

① 彼得·圣吉. 第五项修炼——学习型组织的艺术与实务［M］. 上海：上海三联书店，1997.
② 甘德安等. 中国家族企业研究［M］. 北京：中国社会科学出版社，2002：213 –215.
③ 李占祥. 矛盾管理学［M］. 北京：经济管理出版社，2000：16 –20.

三、企业生命周期理论的不足

企业生命周期理论给予企业成长一定的解释，但是该理论自身存在明显不足。

一是过分夸大了生物学意义上的隐喻，认为企业是沿着可以预知的阶段向前发展的，在成长过程中也会遇到相似的问题。实际上企业与生物有相似性是存在的但企业不是生物，生物无法改变自身的基因，而企业可以改变企业经营的方式及方向，也就是改变企业的基因。另外，企业可以通过某种方式来改变企业的演化规律，如企业重组、流程再造等。事实上，企业的演化方式各不相同，并不符合统一的发展模式，特别是处于不同行业、地区、社会和民族背景下的企业。

二是现有生命周期理论强调了企业与人的相似性，却忽视了企业与人的本质差异，主要表现在：企业对生命周期或经营周期的决定机制与人是不同的。人的生命周期基本上是由其内在的遗传基础先天决定的，而企业生命周期或经营周期既决定于企业内部因素，也决定于外部因素。虽然有学者提出了企业"基因"理论，比如纳尔逊和温特提出惯例是企业的"基因"，但与人的基因相比，企业"基因"的稳定性差，突变的几率高，只要企业对环境不适应，企业"基因"就有可能突变。由于企业不存在与人的基因同等功效的事前决定力量，这使得企业的生命周期存在较强的权变性，并不是固定不变的，使得通过战略经营来延长甚至根本性改变企业生命周期成为可能。

三是企业与人的演化机制存在明显差异。人的演化必须通过代际传递方式来实现，要经历漫长的岁月才能使一个好的遗传性状被选择和固定下来。企业的演化可以不通过这种方式进行，企业自身就能有选择性地进行"基因突变"，甚至"器官突变"，如企业重组、虚拟化等；且能在很短的时间内使企业的特征得以改变并被固定下来，因而对企业可实施演化工程操作，即通过工程化操作来实现企业的演化，以跨越演化的时间限制。比如 GE 公司、海尔公司等企业就在较短的时间内实现了从一般民营企业到现代跨国企业的转变，而这对人类来讲是不可能的。演化本身是一种对环境的选择性适应过程，当一个企业成功地实现了演化时，其原有的生命周期的表现就不明显，甚至消失，会产生新的企业生命周期。

四是企业的死亡机制与人类不同。企业死亡虽是广泛存在的现象，绝大多数企业都存在寿命，市场中必然存在企业死亡现象，但不能由此推论，每个企业必然死亡，这与人是不同的，没有人能够长生不老、不死。企业的死亡从本质上讲是因为有其他企业的存在，因为资源是稀缺的，企业如果不能争夺到足够的资源以维持起码的现金流量时就会死亡。如果不存在其他企业，也就不存在竞争，企业就会永远生存。

五是现有的理论对一些概念和问题的界定模糊不清。企业生命周期是一个容易引起歧义的概念。如对"生命周期阶段"至今没有明确的和较为公认的定义。

六是企业增长方式方面存在差异。没有很好地解释为什么不同企业增长方式方面存在巨大的差异。比如一家管理规范的专业服务公司，其发展路径一定和一家折扣零售企业大不相同。很多企业寿命很短，不存在典型的生命周期。

七是生命周期模型虽多，从三阶段到十阶段，但究竟哪种模型是最恰当的？现有的理论无法回答。此外，企业生命周期曲线缺乏数据支持。企业生命周期曲线缺少数量衡量指标，缺乏科学性。可以看到规模大的生命力弱，规模小的生命力强。①②

我们认为家族企业具有复杂适应系统的基本性质。家族企业的这种复杂性表现为环境的复杂性和不确定性，组织系统的多层级、多单元和多目标的复杂性，预测、决策、控制的非线性和非确定性，信息的非对称性，企业系统的非平衡性和混沌性，特别是家族与企业两个子系统相互非线性作用，以及企业内外各种因素交互作用，使得家族企业不得不进行复杂性的自适应过程等。所以，我们要从复杂适应系统的视角研究企业生命背后的生命周期的机理。

第二节　基于复杂性视角的家族企业生命周期理论

复杂性科学现在还没有统一范式，但科学家们还是可以达成共识，认为复杂适应系统、自组织理论、耗散结构理论、协同学理论、突变理论和超循环理论都应该是复杂性科学的内容，至于这些理论的相容性与互补性还有待探讨。我们的目的：一是借助复杂适应系统的聚集、非线性、标识等原理与机制说明

①　郭波鹰．论企业生命周期的演进［J］．现代商业，2005（5）．
②　李俊，段鸿．企业生命周期：一个系统的观点［J］．企业管理，2008（18）．

企业的活力，体现内部因素，说明企业生命周期不过是一个复杂适应系统内部聚集、非线性、标识等内部因素导致企业生命周期的多样性。二是通过熵理论说明企业的不同周期主要是企业内部企业熵与外部市场熵正负的不同体现。爱迪思的生命周期的灵活性与控制力之间的关系主要是企业内部熵与企业外部特别是市场熵之间关系的不同体现。三是借助熵理论说明企业生命周期是内部与外部相互作用的结果，包括外部的市场、产业、人才、资本等。四是通过自组织的边界理论，特别混沌的分岔与分形理论说明企业的生死、成长与衰败不过是混沌的分岔点的产物。

一、家族企业生命周期是聚集特性的展现

复杂适应系统核心概念是适应性主体（adaptive agent）。适应性主体是复杂适应系统的基本组元，它是具有主动性的、积极的"活的"主体；它拥有自身的目的；根据外界环境以及周围主体的变化不断变换自己的行为规则以及内部结构；它能够从过去的经验中学习，不断提高自己的判断和决策能力。约翰·H·霍兰指出："聚集是我们构建模型的主要手段之一。"他还指出："较为简单的主题的聚集相互作用，必然涌现出复杂的大尺度行为，……它非常像由不聪明的部件组成聪明的生命体"[1]。企业为什么具有特有的生命周期，首要原因就是企业内部具有不同要素的聚集。比如，家族企业不同于非家族企业，就是因为家族企业投入了非家族企业所不具有的家族这个元素。由此，在产权、管理、文化、传承等方面产生了不同于非家族企业的聚集，导致家族企业生命周期不同于非家族企业周期的特征。

家族企业是复杂适应系统，复杂适应系统最重要的特征就是系统是一个非线性的系统。[2] 由于非线性动力机制，产生随机涨落（fluctuation）。一些要素"涨起"，具有了巨大的不稳定性，一些要素"跌落"，具有了更大的稳定性。在系统变化的临界区域附近，非线性相互作用形成的关联放大效应，又进一步加剧了涨落。正是这些内部的非线性导致企业生命周期时有起伏，反映出来就是企业的生命周期，而生命周期起伏的幅度大小也是非线性的涨落大小所致。

---

① 约翰·H·霍兰. 隐秩序——适应性造就复杂性［M］. 上海：上海科技教育出版社，2000：11－12.

② 徐全军. 企业理论新探——企业自组织理论［J］. 南开商业评论，2003（3）.

用非线性的涨落能很好地说明企业生命周期理论的振幅大小，并可以借助非线性模型给予表达的。比如，用逻辑斯谛方程就可以很好地表达周期的振幅。由于这些元素组合的主动性与相互非线性作用，自然就导致企业不同发展阶段呈现不同周期表现。

我们介绍有关企业周期理论只说明周期的存在及周期的表现形态而不能说明周期产生的根本原因，以及不同企业为什么会具有不同的周期。关键就是不同企业存在的不同要素，要素之间进行了不同的非线性作用。家族企业因为放进家族的因素，所以，家族企业就具有非家族企业不同的周期特征。

二、家族企业生命周期是作为企业熵的正负作用的结果

复杂性产生的根源在于具有适应性的主体与环境不断的交互作用，复杂性是适应性的必然结果。熵是标识系统无序程度的量度。所谓正向熵变，是指系统在演化和发展过程中，由于系统内部矛盾的产生、积累与激化，或由于系统与环境进行物质、能量和信息交换不当，而造成系统熵值不断增大，最终使系统熵值的改变量逐步或快速呈现大于零的正值状态，从而导致系统逐步走向无序。

家族企业是一个耗散结构。家族企业具有生命周期特征的本质是因为家族企业生命的周期是由家族企业总熵的多少决定的。影响家族企业生命周期衰败的是系统正熵。家族企业正熵的产生主要来自两个方面：一是家族企业内部的正熵；二是家族企业外部的正熵。来自家族企业内部的正熵流，如高额的代理成本、委托人与代理人之间互不信任、激励机制失效、执行力不足等。来自家族企业外部的正熵流，如竞争和人才的流失、职业经理人市场的不完善、市场压力大、资源约束、技术进步、信用体系缺失、资本市场的不发达等。[①]

家族企业可持续发展在于家族企业负熵的产生。家族企业负熵的产生带有某种程度的自发性与主动性。即家族企业负熵只有通过人为的努力才可能在家族企业内部形成负熵流；或者家族企业被动地从外部引入负熵流，因此，负熵带有明显的强制施加性。家族企业的治理负熵同样也来自于家族企业内外两个方面。来自家族企业内部的负熵因素，创新意识、学习能力、信息沟通及形

---

① 吴玲，任佩珍，陈维政等. 管理系统中的熵理论及利益相关者框架下企业综合绩效的熵值评估法［J］. 软科学，2004（1）.

成家族企业共同愿景等都是家族企业吸纳负熵的途径。政策和法律保护的国内市场、政府的服务到位等是增加家族企业负熵的外部因素。家族企业内外部的正负熵流对家族企业治理绩效均产生直接或间接的影响，如图 3－1 所示。家族企业的治理结构也正是顺应了家族企业内外熵流的影响下产生变迁，其目的是尽可能地降低家族企业内外的正熵流量，增强家族企业的负熵总量，以达到提高家族企业绩效。[①]

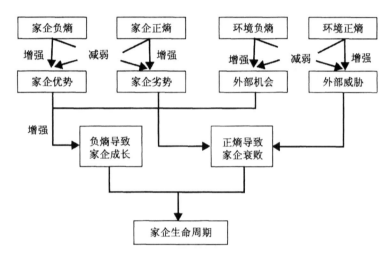

图 3－1　家企生命周期与正负熵流的关系

正熵的存在是滋生瓦解系统稳定有序状态的破坏力，导致企业缺乏活力、走向衰败；表现在家企的生命周期上，就是系统熵值为正反映在企业处于企业生命周期的衰败阶段、官僚阶段以至死亡阶段，企业既缺乏灵活性，又失去可控性。而负熵是良性反应，在系统发展中产生积极影响和推动作用，表现企业处于生命周期增长阶段，反映企业处于成长阶段、处于生命周期的青春期或壮年期，企业既具有灵活性，也具有可控性。

家族企业系统与外部经营环境之间进行的物质、能量和信息交换的交换关系体现出家族企业外部活动的系统能力。家族企业整体系统能力的发展，制约或推动着家族企业生命周期各阶段的演化过程，而家族企业生命周期各阶段具备的系统能力又各有不同，使家族企业在不同阶段表现出不同的生命周期。涨

---

① 许莹，黄宇驰．基于熵理论的家族企业治理结构变迁分析［J］，科研管理，2008（12）．

落是系统发展的一种原初动力，也是系统演化的随机力。由于随机涨落的存在，驱使一些子系统"涨"，在获取资源上具有"优势"。另一些子系统"落"，在获取资源上处于"劣势"。

家族企业生命周期的涨落主要看家族企业内部的熵与外部的熵的关系。家族企业作为一个复杂适应系统，根据家族企业内部活力，即内部熵的增减与外部熵的增减之间的相互关系，反映家族企业在发展的每一阶段，体现不同的周期特征，这正是内部与外部熵的较量的产物。所以，建立起相应的复杂适应系统能力，减少内部正熵增，加大内部正熵减，不断吸收外部负熵来保持家族企业整体的平衡，并依据家族企业成长的需求发展其内外熵的增减关系。这样就可以使家族企业永远处于自我调节和自我完善的功能，促使家族企业永远处于生命周期的成长阶段。比如20世纪70年代的苹果公司、王安电脑公司及微软公司，都处于企业的生命周期的成长期。企业符合社会的需求，社会认可这类企业，购买其产品，给企业带来利润，可以看出，只有双赢状态——社会的总熵与企业的总熵都在降低时，二者才是最有利，才能导致企业成长，所以社会也向企业输送了负熵，达到双赢的状态。当企业内部熵由负变正时，并且大于市场的负熵，这时，企业就处于生命周期的官僚期以至死亡期，比如王安电脑公司。当企业的总熵增加，社会的总熵降低时，内部动力小于外部市场的机会，这时机会属于自己企业的减少，而处于青春期的企业的机会增多，而自己的企业没机会。企业处于生命周期的官僚行政化阶段，这时企业会加速老化，缩短企业生命周期，使其无法成长；这时当企业的总熵降低，社会的总熵增加时，企业内部具有活力，但外部机会缺少，企业还在婴儿期，虽然自己的企业有机会，但市场长期没有机会，企业就会在婴儿期的阶段死亡。而有的家族企业能百年长青，就是利用了内外熵的增减关系；而"富不过三代"的家族企业则内部一直存在熵的不断增加，而又未从外部市场吸收负熵导致三代而亡。

最简单的企业生命周期划分是生与死的分界。作为复杂系统的家族企业具有耗散结构的性质。耗散结构理论认为，环境既是企业生存的条件，也是企业周期变化的条件。家族企业与外部环境之间的物质、能量和信息的交换体现在资金、信息、产品、技术以及人员等要素的流通与交换。家族企业系统负熵的获得取决于企业的开放程度和企业获得能量、物质、信息的能力。家族企业正是具有适度开放的系统，这种开放性一方面表现为有形资源的交流，即购买原材料、添置新设备、招贤纳士进行新产品的研发和生产，输出新的产品或服务等；另一方面又表现为对无形资源的获取，比如企业品牌的打造，参加社会公益活动等。

家族企业远离平衡态的状态体现了企业生命周期的状态。企业能远离平衡态，企业就处于发展期，否则企业就处于衰退期。当家族企业创业之初时，充满理想，充满朝气，企业也处于青春期与壮年期，而当企业发展到一定的时候，企业处于稳定平衡状态时，企业就处于官僚期，也就是企业本质上在平衡态而不是远离平衡态。长期以来人们头脑中存在这样一种思维定式：认为平衡就是井井有条，不平衡就是杂乱无章。因此，人们千方百计维护平衡态，保持平衡态，害怕远离平衡态，结果导致企业官僚行政化，暮气沉沉，导致企业走向死亡。事实上，企业表面上的平衡掩盖了内部的无序和不稳定，是企业缺乏生机和活力的症结所在。家族企业的"远离平衡态"还表现在其组织结构的优化。组织结构是否科学和合理决定了组织功能的强弱以及组织运作的效率。这种结构的优化过程就是对外部市场环境与内部生产目标的改变所做的适应性调整。因此，家族企业要改变传统的国有企业严格的上下级等级制度，模糊企业中各层级的边界，使工作方式更加团队化，按市场的变化和项目的要求对员工进行合理调配，使他们进行全方位、多层次的协作。组织结构的优化，既可精简企业人员及机构设置，克服国有企业多头管理、效率低下的弊端，又使企业在面对环境的变化时，全体成员可以共同决策，快速反应，及时调整行动计划，使企业更具灵活性和适应性。

三、混沌与分岔是刻画企业生命周期的有效工具与模型

我们可以把生命周期理论分解成生存周期理论和成长周期理论。这样，我们可以借助复杂性科学的临界点、混沌分岔的工具描述企业生命周期，并可以得到更好的结果。非线性经济学特别是混沌经济学的出现，使得经济学研究发生了令人瞩目的变化。混沌经济学与传统经济学的显著区别在于：一方面，混沌理论提供给我们一种重要分析工具，通过运用动态、非均衡等方法，可以分析复杂经济系统的吸引、分岔、突变、混沌等重要动力学特征，从而揭示隐藏在复杂经济现象背后的某些规律。另一方面，混沌经济学的研究打破了传统经

济学主张的经济发展可预测性的"真理"，为经济的不可预测性提供了理论依据。在混沌理论研究中，人们对混沌问题始终关心的一个主题是混沌产生的原因或过程。目前关于这个问题，由数值模拟和物理实验已经证实存在四种重要的通向混沌的道路①：分岔道路、阵发道路、危机道路和拟周期道路。为了更好地了解系统的动态性，我们借助 Logistic 映射引出混沌模型来说明企业生命周期的不同状态就是 Logistic 映射的不同参数的结果。

企业的不稳定性是发展的条件。耗散结构理论认为，处于稳定状态，就意味着企业不会向其他的状态变化，因而不可能有自组织过程发生。由于非线性非平衡系统的相变有"意志自由"，系统的发展会出现分岔，随着条件的改变和系统的演化，还可能出现新的分岔即二级分岔，再往后还可能出现更高级的分岔，形成分岔形的组织结构。企业的事业部制组织就相当于这种组织。为了说明企业生命周期运动可以带来分岔与分形，我们可以利用 Logistic 映射的迭代模型来表述我们的观点。

设：$x_{n+1} = \mu x_n (1 - x_n) = f(x_n)$

其中，x_n 分别表示第 n 代（亲代）和第 $n+1$ 代（子代）虫口的数量；μ 与昆虫生活条件一个控制参数；f 函数称为一维 Logistic 映射。

如果控制参数 μ 值在 0（4 之间，Logistic 映射 f 的作用是把任何 $x_n \in [0, 1]$ 仍然映射到该区间，即 $x_{n+1} = f(x_n) \in [0, 1]$。由于函数 $f(x_n)$ 是非线性的，不能单值定义逆映射 $x_n = f^{-1}(x_n + 1)$，所以这类非线性映射是不可逆的。在一定的意义下，不可逆性相当于存在耗散，因此，一维非线性映射可以看成简单的耗散系统。

通常在乘积空间 $x - \mu$ 平面上考察此非线性的模型，如图 3-2 所示。状态空间是纵坐标上的区间 $0 \leq x \leq 1$；控制空间是横坐标上的区间 $0 \leq \mu \leq 4$。研究发现，控制空间分为两段，$0 \leq \mu \leq \mu_\infty = 3.569945$ 是系统的周期运动期；$\mu_\infty \leq \mu \leq 4$ 是系统的混沌运动区。周期区存在许多分叉点，把周期区分为许多小段，系统在区间 (μ_0, μ_1) 内呈现稳定的 1 点周期运动；$\mu = \mu_1$ 时，1 点周期失去稳定性，在区间 (μ_1, μ_2) 内系统作稳定的 2 点周期运动；$\mu = \mu_2$ 时，2 点周期失稳，系统在区间 (μ_2, μ_3) 内作稳定的 4 点周期运动；$\mu = \mu_3$ 时，4 点周期失稳，系统在 (μ_3, μ_4) 内做稳定的 8 点周期运动。随着控制参数 μ 的

---

① 格里博格·约克. 混沌对科学和社会的冲击 [M]. 长沙：湖南科学技术出版社，2001.

增加，系统还会出现新的稳定性交换，这是出现混沌运动的前兆。

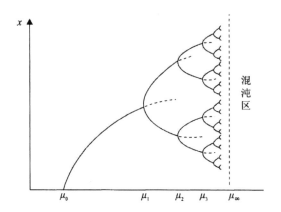

图 3 - 2　周期性分岔

资料来源：李士勇等. 非线性科学与复杂性科学［M］. 哈尔滨工业大学出版社，2006：55.

从图 3 - 2 中可以看出，当周期超过 μ_3 时，这个简单的系统已经出现了非常多的分岔，而当超过极限 $\mu_\infty = 3.569945$ 时，系统将出现非周期的定态运动，进入混沌运动区。[①]

从图 3 - 2 中还可以看出，企业生命周期还是非线性临界点的产物，当熵处于外部负熵大于内部正熵时，企业开始产生分岔，企业负熵时生命周期处于成长阶段，企业正熵时开始走向衰败。对于中国家族企业的周期性传承，传承到第三代时，就会出现混沌状况，即产生家族企业出现"富不过三代"的魔咒。笔者认为这里的 μ 可能就是代际传承的序参数[②]。

第三节　借助复杂性的企业生命周期理论使家族企业走向长青

作为复杂适应系统的家族企业要克服企业生命周期中的问题，关键要从内

---

① 李士勇等. 非线性科学与复杂性科学［M］. 哈尔滨：哈尔滨工业大学出版社，2006：70 - 84.

② 序参数是由系统内部产生，对系统的运动具有主导的支配作用，这是一种极其活跃的不稳定因子，是一种变革的力量。

外环境两个方面创新，不断增加内部的活力与外部市场的负熵。这包括家族企业动态能力的构成边界跨越能力、组织与过程重构能力、路径选择能力及学习与创新能力，这是随着新市场涌现、新企业的重组、企业与市场的碰撞、企业的演化和从衰退以至消亡的企业中获取新的资源配置的组织惯例等负熵。通过企业战略性调整使企业处于动态环境中提升企业获取负熵的能力。

一、家族企业生命周期涨落的内在机理

企业熵揭示了家族企业内部生命的原因，说明了家族企业治理将从有序到无序发展，再走向失灵的规律性，并且从理论上证明了新的生命周期模式出现的必然性。这种管理效率递减的规律可以用如下的数学模型表示①。

$$ds_i = \sum_{i=1}^{n} = k_i s_i \qquad (3-1)$$

其中，i 是影响相对封闭管理系统熵值的各种内部因素，如组织结构因素、人的因素、制度因素、文化因素等；k_i 是企业在特定时期，各种因素的权重；S_i 是各种影响因素所产生的熵值，可以表示为：

$$s_i = -k_{Bj} \sum_{j=1}^{n} P_{ij} 1np_{ij} \qquad (3-2)$$

将式（3-2）代入式（3-1），可以求出式（3-3），即系统内部熵值 ds_i，ds_i 的大小表示企业的无序度的大小。

$$d_n s = -k_B \sum_{i=1}^{n_1} k_i \sum_{j=1}^{m_1} P_{ij} 1np_{ij} > 0 \qquad (3-3)$$

$$k_B = (1nn_1)^{-1}$$

其中，k_i 是熵系数，即企业所处行业中，每增加单位收益所需追加的成本值，即行业的比值 $\Delta C/\Delta E$。i 表示导致企业管理系统熵变的各种因素；j 代表企业的每个影响熵值因素中所包含的子因素，如政策、组织层数及功能结构、企业制度、领导方式、学习能力等；n_1、m_1 表示各因数的个数；P 是每个子因素

影响企业熵值变化的概率, p_{ij} 满足 $\sum p_{ij} = 1$。

相反, 企业生命周期负熵揭示了企业治理效率递增的原因, 证明了企业在一定条件下将会实现无序向有序、较低的有序向较高的有序的转化, 形成一个充满生机的"活"的稳定有序结构的规律性。这种规律性同样可以用数学公式表达为:

$$des = K_c \sum_{r=1}^{n_2} l_r \sum_{i=1}^{m_2} Q_{rt} \mathrm{1} n Q_{rt} < 0 \qquad (3-4)$$

$$k_c = (1\mathrm{n} n_2)^{-1}$$

其中, des 表示各影响因素对企业发展提供的负熵流大小; 类似地, k_c 是熵系数; r 表示导致企业管理系统熵变的各种因素; t 代表企业的每个影响熵值因素中所包含的子因素; n_1、m_1 表示各因数的个数; Q 是每个子因素影响企业熵值变化的概率, 同样满足 $\sum Q_{rt} = 1$。这样, 企业生命总熵就可表示为式(3-5)。

$$ds = dis + des = -K_1 \sum_{i=1}^{n_1} k_i \sum_{j=1}^{m_1} Q_{ij} \mathrm{1} n Q_{ij} + k_2 \sum_{r=1}^{n_2} l_r \sum_{t=1}^{m_2} Q_{rt} \mathrm{1} n Q_{rt} \quad (3-5)$$

在任一时刻, 企业内部两种不同性质的"熵"都在起作用, 两种熵的综合作用即企业生命周期总熵的不同性质可能会导致三种完全不同的情况出现。

(1) 若 $ds > 0$, 即内部产生的生命熵强度大于外部流入的生命负熵, 那么此时企业生命的无序化趋势大于有序化趋势, 总趋势是走向无序化。说明企业经营效率低或失灵, 如果没有新的负熵输入的话, 最终导致企业将趋于无序状态, 即破产或倒闭。

(2) 若 $ds < 0$, 即外部生命负熵流入强度大于内部产生的生命熵, 那么此时企业发展的有序化趋势大于无序化趋势, 总趋势是走向有序化, 表明企业效率高, 最终会形成一个较以前更加复杂、更加规范有序的充满活力的企业, 就如同生物进化一样, 复杂、有序、高效是其进化的方向。

(3) 若 $ds = 0$, 即企业内部产生的生命熵强度等于外部流入的生命负熵, 那么此时企业发展呈现企业的无序化趋势与有序化趋势处于均衡状态, 总趋势是处于一个临界转折点: 或者转向有序, 或者转向无序。

企业生命周期正是在企业生命正熵与负熵互相影响、互相作用下，进入了发展—衰败—死亡—创新的不断循环的怪圈，伴随的是一种生命演变成另一种生命的周期性持续演变下去。企业不是孤立的封闭系统，它在不断地同外界进行着物质与能量的交换，不断地引进新技术、人才、资金和信息（作用类似于负熵流）来抵消企业内部无序度的增加和管理效率的递减，并通过内部的自适应、自组织、混沌与突变，在一定条件下形成新的稳定结构，这一过程又称管理耗散。[①]

根据上文有关熵理论的分析，以及以上公式的推导，企业管理耗散状态的数学模型可表示为：

$$ds = dis + des < 0 \qquad\qquad (3-6)$$

$$ds = -k_1 \sum_{i=1}^{n_1} k_i \sum_{j=1}^{m_1} Q_{ij} ln Q_{ij} + k_2 \sum_{r=1}^{n_2} l_r \sum_{t=1}^{m_2} Q_{rt} ln Q_{rt} \qquad (3-7)$$

式（3-7）是影响因素细化后的耗散结构模型。该模型表明，只有当 ds <0 时，耗散结构才能形成。因而，企业管理包括企业生命周期变迁等相应管理制度的变革，其目的就是要使企业的总熵值 dis 的增幅保持较小，并建立引入负熵流 des 的机制，以降低企业的总熵值，使企业朝有序的方向发展。

家族企业生命周期涨落的目的是要努力促进企业耗散结构的形成。新的成长周期形成后，家族企业在资本结构、技术、人力、制度、信息等方面都会发生变化，使企业在创新过程中所受的外力将朝着协同的方向前进，形成一种新的耗散结构。

生命周期变迁的出发点，是从外界寻求更多的成长负熵，使企业的总熵值变小直至变为负值。企业成长不断变迁和深化的过程就是企业从无序走向有序的过程。然而，企业何时更替生命周期是难以量化和控制的，尽管这个决策时间的临界点在管理学中是非常重要的，也正是许多企业决策失误、机会丧失和寿命短暂的原因之一。

---

① 任佩瑜、陈永丽. 试论中国大中型企业组织结构战略再造 [J]. 四川大学学报，2001（5）.

二、促进家族企业可持续发展的途径与方法

（一） 通过跨越企业的边界从外部获得负熵

边界跨越能力是企业将组织与外部环境中的关键资源结合并协调的能力，是搜寻外部信息和获取资源的能力，也是企业传播信息和让渡资源的能力，这也是从市场与其他企业获得负熵的能力。主要包括捕捉机会能力、搜寻用于过程转换的知识与资源能力、向外部传播信息和产品能力，主要发挥企业的边界跨越作用。有了这类能力就可以保证企业处于企业生命周期的成长阶段。

（二） 通过企业重组与并购获得负熵的能力

企业组织与过程重构能力是企业内部活动的开展方式、行为模式和学习机制等组成的常规性惯例和创造性程序，主要体现在：整合资源的动态能力（如产品开发与过程组织等常规惯例）、动态地调整或重构内部业务单元的动态能力（如被管理者用来复制、转变和重新组合资源）①。这些能力也正是作为复杂适应系统内部的聚集、非线性、层次性等内部机制获得负熵的手段与机制，若如此，就会改变企业生命周期成长阶段的振幅与波长，使企业长期处于生命周期的成长与成熟阶段，导致企业的持续发展。

（三） 通过序参数把握企业的路径选择能力

将企业从不同的突破口入手实现企业成长的方式称为企业成长路径。实际上，不同的成长阶段可能会有几种成长路径，企业应慎重考虑选择一种最恰当的成长路径。混沌理论告诉我们，初始条件稍有一点不同，企业就会向完全不同的方向发展，企业的创始人及其创业条件对企业的性质至关重要。当然，企业选择成长路径必须与企业的知识、技能及企业拥有或拟开发的能力一致，应有效地实现组织学习、知识获取和知识转移。所选择的成长路径放在创新的开拓性动力上，克服既有能力惯性，创造一种"低路径依赖"的成长模式。这

---

① 陈又星. 企业生命周期不同发展阶段变革特征比较研究［J］. 经济与管理，2004（2）.

些关键序参数是企业家精神、战略把握、家族企业中新一代接班人的企业家精神培养等。

(四) 增强家族企业的学习与创新能力

"学习能力"是指企业在学习中求创新的强度，是为了改进经济结果而获得、使用和创造知识过程的能力。它不仅在于个体如何提升创造新知识的能力，更重要的是将个人知识创新汇聚并加以支持、应用及升华，从而形成整个组织创造知识的能力。学习与创新能力是作为复杂适应系统的具有主动性活动主体的要求，是获得企业外部负熵最重要或者首要的道路。企业学习与创新的过程表面上看是可被看作一个组织在环境中获得、编码、复制、传播、积累知识或促进知识创新并使之内化为整个组织隐形知识的过程①。实际上，就是获得适应性的过程，获得负熵的过程，是远离企业系统的平衡态的过程。所以说，打造学习型与创新型企业是可持续发展的企业的重要途径。

---

① 贺小刚，李新春，方海鹰. 动态能力的测量与功效：基于中国经验的实证研究 [J]. 管理世界，2006 (3).

复杂性家族企业治理结构探究

家族企业治理结构面临现实困境与理论研究的双重挑战。笔者阐述了家族企业治理结构与功能的关系。基于复杂适应系统视角的家族企业治理结构、基于自组织理论视角的家族企业治理结构和不同的公司治理模式使企业产生不同的企业行为。探究家族企业与环境复杂性理论，提出企业与环境协同演化会导致企业的组织智能。复杂性的家族企业治理结构中家族企业的文化具有复杂系统特征，呈现出自组织的涌现现象及演化特征，并具有熵变特征及企业文化改革的二律背反特征。

第一节　家族企业的治理结构与企业的功能

一、基于复杂适应系统视角的家族企业治理结构

基于复杂适应系统的家族企业治理结构问题体现在内部治理与外部治理，也可以理解为微观治理与宏观治理两个方面。在微观方面，家族企业治理结构最基本的单元是具有适应能力的、主动的个体，即家族企业的主体，比如家族成员、家族企业创业者、家族参与管理成员、非家族股东、董事会、监事会与经理层就可以称为家族企业治理结构中具有活力的主体。这些主体在与家族企业外部治理的环境的交互作用中遵循一般的刺激——反应模型，它们的适应能力表现在它们能够根据行为的效果修改自己的行为规则，以便更好地在客观环

境中生存。在宏观方面，由家族企业主体组成的公司治理机制系统，将在主体之间以及主体与家族企业治理机制外部环境的相互作用中发展，表现出宏观系统中的分化、涌现等复杂的演化行为。因此，传统的家族企业治理理念和方式需要进行改变或调整。家族企业治理结构的复杂性表现在九个方面。

1. 家族企业与非家族企业的治理结构存在区别

家族企业与非家族企业的主要区别在于企业加入了家族的要素。从治理机制看，家族企业是家族或家庭的管理模式在企业的翻版。家族企业主要依靠家长专制、亲情管理、利他主义、差序格局、嗣子继承等家族内部相继的一些制度安排来实现企业秩序。从契约关系看，家族企业用心理契约替代文本契约，而非家族企业则是建立在经理要素市场上的交易契约。由于契约的不完全性（合约时间越长，则越不可能完全）、不连续性和对机会主义只能进行事后清算的原因，长期契约的功能是有限的。家庭契约则是一种包含了强信任关系的长期契约，而交易契约是理性算计的延期支付的短期契约。家族企业具有很强的社会记忆力，家庭契约讲求的是"连续性公平"，受托人在自身的贡献受到肯定之前，可能已经有三年时间受到不公平的待遇，但是他确知自己最后一定能得到公平的待遇。而交易契约则将社会记忆力交给了经理要素市场，讲求的是"竞争性公平"，表现为一种延期支付的短期契约。从委托—代理关系看，从家族内成员的低成本代替市场家族外代理的高成本。家族企业是家庭契约联结的一类企业，而非家族企业是交易契约联结的一类企业。所以，家族企业治理与非家族企业的治理虽然同属契约化治理，但存在着显著差异。[①]

2. 家族企业治理机制具有适应性

所谓具有适应性，就是指它能够与环境以及其他主体进行交互作用。复杂系统的适应性有两层含义，即主动适应和进化。以经济系统为例，在某种程度上，经济系统可以和生命进化系统相类比，只是经济系统中的个体具有一定的"预见性"，这种预见性来源于个体间的交互（如通过学习获取知识）[②]。约翰·霍兰认为，复杂适应系统核心的概念是适应性主体（adaptive agent）。

---

① 宋亚非. 家族企业治理模式——一个国际比较视角的思考［J］. 北方论丛，2007（1）.

② Sheila C D， Peter E. Economic Organization and Economic Knowledge, and Contingency, Complexity and the Theory of the Firm［J］. Information Economics and Policy, 2001.

适应性主体是复杂适应系统的基本组元，它是具有主动性的、积极的"活的"主体；它拥有自身的目的；根据外界环境以及周围主体的变化不断变换自己的行为规则和内部结构；它能够从过去的经验中学习，不断提高自己的判断和决策能力。主体在这种持续不断的交互作用的过程中，不断地"学习"或"积累经验"，并且根据学到的经验改变自身的结构和行为方式。家族企业治理机制系统也具有反馈适应性，处于家族企业治理机制系统中的主体会根据其他主体的行为和环境的变化来调整自身的状态和行为，并且能够通过正反馈（激励）和负反馈（监督和约束）进行学习，以形成新的行为，使自身发生适应性变化。

3. 家族企业治理系统具有复杂性

复杂性是适应性的必然结果。复杂性适应性一方面是基于外部环境的复杂性。外部环境的不确定性主要表现在市场需求量的变化，消费者偏好的变化，相关利益主体如家族股东、非家族股东、非家族管理层变动和供应商等地位的变化。此外，整个宏观经济的发展趋势也影响到公司治理机制的运行，比如金融危机给企业带来的生存危机以及外部环境的多样性。公司治理机制外部环境的多样性包括证券市场、产品市场、经理市场、各种法律规则、社会文化环境等。家族企业治理机制复杂适应性的另一方面是来自内部主体之间非线性的交互作用导致的复杂性。一是企业治理机制系统内部活动的同时进行性，也指公司治理机制的日常治理行为与公司治理系统的结构演化的并行性。包括公司治理机制内家族股东与非家族股东、董事会、监事会、经理层等在收集信息、信息处理、指令输出等是同时进行的。公司为了更加充分有效地利用资源，随着外界环境的不断变化，不断地调整着自己的内部结构，体现了日常运行与公司治理机制演化的并行性。二是公司治理机制的各个组成部分之间存在着控制与反馈，不仅有两个部分之间的反馈，而且有多个部分，甚至系统内所有部分都参与的反馈过程，从而形成了跨越层次的多层级的反馈过程。这种反馈不仅包括有正反馈，而且包括负反馈，这大大加深了公司治理机制的复杂性。三是系统内部主体与外界环境交互作用的复杂性。对于社会而言，每个公司治理机制都是一个个不同的主体。这些不同的主体都有着自己独特的行为，也称作内部模型。站在企业外部，我们所能观察到的仅仅是公司治理机制的输入和输出。但是深入到公司治理机制的内部，我们就能够观察到公司治理机制的主体，即家族、家族企业、家族股东、非家族股东、董事会、监事会和经理层是如何相互协调、相互竞争，构成公司的整体行为。四是家族企业治理主体是具有复杂性的。家族企业的治理主体从构成看，不仅具有非家族企业的治理主体外，即非家族企业涉及广泛的利益相关者，包括股东、债权人、供应商、雇员、政府和社区等与公司有利益关系的集团，还涉及到家族的因素。特别当家族企业传承到第二代或者第三代时，自然涉及到兄弟姐妹与堂兄弟姐妹，家族内部沟通的成本增大，价值观分歧增大，导致家族企业的治理结构更为复杂，所以，家族企业"富不过三代"成为铁律①。五是家族企业治理环境的复杂性。制约家族企业治理的环境因素很多，主要包括文化背景、法律环境等，各种因素交互作用于公司治理。相反，公司治理也对文化、法律等环境提出挑战或要求，如要求完善法律制度、促进文化的发展等，彼此相互作用，形成一种自组织或自适应系统。

4. 家族企业治理机制系统具有涌现性

复杂适应系统中的涌现过程，认为涌现的本质就是由小生大、由简入繁，涌现就是由简单的行动组合而产生的复杂行为。② 组织之间的相互作用与关系使得整体大于部分之和，因此，更大的整体并不是更大的总和，它们形成了结构，出现了多样性，产生了复杂性，使组合变得重要③。公司治理结构系统主体之间的相互作用会使新的组织行为模式涌现出来。在每个层次上都有新的模式出现，低层次上的公司治理结构系统通过相互作用产生高层次的现象，高层次现象由低层次上的现象组成。公司治理结构系统是具有系统整体涌现性的系统。整体的涌现性主要是由公司治理结构系统组分按照它们的关联性相互作用、相互补充、相互制约而激发出来的。

纵观公司发展和公司治理理论的形成过程，可以发现，有三个涌现性特征影响着家族企业治理机制的形成：一是所有权与经营权相分离；二是所有权分化；三是所有权市场化。根据公司治理机制系统的三个不同性质的涌现性，公司治理机制系统经历了四个层次：一是交互监督，这时的公司所有权和经营权

---

① 甘德安，杨正东. 基于混沌理论分岔与分形视角的家族企业传承探索性研究［A］. 第五届创业与家族企业国际会议论文［C］. 浙江大学，2009.

② 约翰·H·霍兰. 涌现——从混沌到有序［M］. 上海：上海科学技术出版社，2006：101－103.

③ 欧阳莹之. 复杂系统理论基础［M］. 上海：上海科技教育出版社，2002.

是统一的，公司管理者和所有者由一人或几个人共同担当，大家彼此监督对方的经营行为。二是简单治理，当公司发展到一定规模时，公司所有者不能再管理好自己的公司。公司的所有权与经营权相分离。公司中首先出现股东会和专职的管理层。三是复杂治理，当公司为了进一步发展或者为了在更大范围内融资的时候，公司就会将企业的所有权分散化。股东会为了更好的约束经理层，就成立了专门的董事会。由董事会行使日常的监督职能。四是现代治理，当少数股东掌握了公司大部分的所有权，少数股权却被众多中小股东控制的时候，股东会分离出监事会。形成了较为完整的内部公司治理运行机制。

5. 作为复杂适应系统的家族企业具有非线性特征

非线性特征揭示出来的新事实、新特点和新规律对企业理论具有重要意义。约翰·H·霍兰指出："非线性相互作用几乎总是使聚集行为比人们用求和或求平均方法预期的要复杂得多，这一点是普遍成立的"[1]。非线性是系统行为的必然的、内在的要素，从而产生了系统的难以预测、不可控制等复杂特性。复杂适应系统理论认为个体之间相互影响不是简单的、被动的、单向的因果关系，而是主动地适应关系。家族企业治理结构系统是一个开放的动态系统，公司治理结构系统内的主体与主体、主体与环境之间相互作用，随着时间的推移不断螺旋上升，逐渐向更高一级的系统发展变化，涌现出独有的系统特性。而公司治理结构系统发生的作用是线性和非线性的统一，正是这种特性产生了系统的整体功能，产生了系统复杂特性。以前的经验会给现在的公司治理结构系统的主体决策带来影响，公司治理结构系统的主体通过学习和积累经验做出反应。复杂适应理论把非线性的产生归之于内因，或归之于个体的主动性和适应能力。这就进一步把非线性理解为系统行为的必然的、内在的要素，从而大大丰富和加深了对于非线性的理解。正因为如此，霍兰在提出具有适应性的主体这一概念时，特别强调其行为的非线性特征，并且认为这是复杂性产生的内在根源。

家族企业治理机制的主体，是具有主动适应周围环境变化的特性的。而传统的企业治理的思维方式是线性的、平衡的，而复杂性企业治理的思维方式是非线性、非平衡的。从复杂性的角度考察，家族企业治理复杂系统通常由许多

---

① 约翰·H·霍兰. 隐秩序——适应性造就复杂性 [M]. 上海：上海科技教育出版社，2000：23.

子系统组成，它们之间以某种或多种方式发生复杂的非线性相互作用，构成了一个纵横交错的企业治理的网，因此，需要综合治理。复杂适应系统的非线性特征表现为企业能力不具有加和性。部门能力之和并不等于企业整体能力；部门目标的实现，也并不意味着整体目标的实现；部门之间的职能和权限范围较难完全划分清楚①。对我国家族企业而言，就是要在不削弱企业竞争优势的前提下，通过法律和政策保障，形成各相关利益团体共同治理的局面，避免头痛医头、脚痛医脚、单打独斗。

6. 家族企业治理机制系统具有动态性

复杂适应系统的动态性是指复杂适应系统在各个类似的层次上都具有大量的不同种类的主体的特性。这一特性既非偶然也非随机，任何单个主体的持续存在都依赖于其他主体提供的环境，即每种主体都安顿在由以该主体为中心的相互作用所限定的合适生态位（niche）上。如果我们从系统中移走一种主体，产生一个"空位"，系统就会做出一系列的适应反应，产生一个新的主体来"填空"。通常新的主体会占据该移走主体的相同生态位，并提供大部分失去了的相互作用。这种现象类似于生物学上所谓的趋同（convergence）现象。②

家族企业治理机制的内部控制是一个典型的动态过程。家族企业从创办到原始家族企业、准公司制企业、现代家族企业；家族企业的所有权，从业者完全拥有到家庭成员共同享有、兄弟姐妹共享、堂兄弟姐妹共享；从家族独占到允许经理阶层持股；从子承父业到引进职业经理人；从家族企业与职业经理人共享到家族企业上市完全是一个典型的内部控制的动态过程，然后是从单边到多边治理的动态过程。家族企业在创办初期的内部控制是对整个经营活动之前、之中和之后的监督和控制，企业的经营活动正常情况下不会停止。企业与家族自身的发展是与非线性作用及环境的不断变化而变化，因此内部控制总是处于一个发现问题、解决问题、发现新问题、解决新问题的循环往复的动态过程之中。

7. 家族企业作为复杂适应系统可近期预测不可远期预测

复杂适应系统的内部具有非线性及蝴蝶效应，加上时间的不可逆，导致系

---

① 周健，李必强. 供应链组织的复杂适应特征及其推论［J］. 运筹与管理，2004（6）.
② 戴汝为，沙飞. 复杂性问题研究综述：概念及研究方法［J］. 自然杂志，2003（3）.

统从长期来看是不可预测的，特别是系统在远离初始状态后，经过连续的分岔，到达混沌区域①。复杂适应系统视角下的家族企业治理认为，大多数家族企业的行为既不是完全有序的和可以预测的，也不是完全随机的和绝对不可预测的，而是经常处于模糊的边缘，或介于二者之间。但是，传统的企业治理理论认为，企业治理是有序的和可以预测的，在一个经济体中只能有一种最优的企业治理制度；企业的治理会趋同②。有学者认为，在全球化背景下，不同管理模式的公司治理会实现一定程度的趋同，但是，公司治理具有的路径依赖、制度互补性等特点，以及政治因素对公司治理变迁的影响，决定了不同模式的公司治理不可能完全趋同，公司治理的趋同只能是相对的。我们认同这个观点，家族企业治理存在多样性，这种多样性可能来自产权制度的设计，也可能来自传统文化的影响以及家族企业内部惯例和默会知识。我们认为由于环境、制度设计、传统文化、惯例及企业家不同的风格都会产生这种多样性，而且这种多样性可以共存于一个系统中，并依系统的不同参数条件随时间和空间而变化，因此，需要多样化治理。所以，家族企业治理制度的设计就不能"一刀切"，要根据时间与环境条件的变化采用不同的治理结构。

8. 复杂性混沌理论认为必须通过整体把握企业行为

混沌是从有序中派生出来的无序运动，它的本质在于偶然性与必然性的有机结合。在社会系统中，混沌态是一种让人忧虑的状态，因为它对应着和原来希望截然相反的，或者无法预测的实际效果。在经济体中，整体内的个体都受整体规律的约束，整体规律决定着整体的特征和整体中个体的特征，整体规律在整体内赋予每一个体的属性要远比这些个体在整体之外单独获得的属性大得多。因此，整体不等于一个简单的个体集合，个体在整体中表现出的特征也不等于独立存在于整体之外的。所以，混沌经济学强调对经济现象的整体把握。传统的企业治理理论对企业治理的认识是平面的、局部的，而且只见树木，不见森林。

9. 公司治理结构系统具有明显的层次性

复杂性是新生事物创造之源，一切创造性均源于复杂性内外跨层次的相互

---

① 甘德安，杨正东. 基于混沌理论分岔与分形视角的家族企业传承探索性研究［A］. 第五届创业与家族企业国际会议论文［C］. 浙江大学，2009.

② 李明辉. 公司治理全球趋同研究［M］. 大连：东北财经大学出版社，2006.

作用。层次性在公司治理结构系统的存在和发展中具有十分重要的作用。复杂适应系统可以把企业看成是一个由可操作的科层组织惯例组成的异质性实体；可以把企业看成是一个开发、利用和创造知识的科层适应性主体。层次性是公司治理结构系统的一个普遍的基本的特征，而家族企业在一般的企业的科层上又多了家族的层次性。不同层次具有不同的要素和结构，服从不同的运动规律。正是差序格局这些特征，导致家族企业治理结构的特殊性。复杂性视角下的企业治理认为，企业治理存在不同的层次结构，而且各个层次之间存在有机的联系，因此，需要在通盘考虑的情况下实行分层治理。从治理结构考察，家族企业从原始企业发展到现代家族企业，必然出现所有权与管理权分离的问题，也就作为家族股东把自己家族的企业作为一个财产法人，以一种委托关系交给董事会治理，董事会再通过委托—代理聘用职业经理人进行经营管理，而监事会则是对股东大会负责，对董事会和经理层行使监督职能。在企业内部形成了多环节、多层次的委托代理结构链，它虽用契约的形式来确定各级委托人和代理人的权利与义务，但如果其中某一环节出现问题，则可能出现道德风险的信息不对称，二者目标也可能不一致，委托人欲实现自身目标的最大化，必然要采取各种方式对代理人的行为进行激励与监督等。这样，代理链就处于一个动态复杂状态之中。在家族企业两权分离的过程中成功与失败的案例比比皆是。成功在于委托代理层次分明，管理职责分明，失败在于作为委托人的家族财产所有者对作为代理人的职业经理人的职责不清，或者说层次不清晰导致双方的不信任而失败。

近年来，国内已经有学者借助复杂性科学研究公司治理问题。邓莉认为企业治理系统作为经济系统的子系统，它具有三种复杂性的特点，即动态复杂性、结构复杂性，又有显著的主观复杂性。对之考察也应从经济系统复杂性的三个方面着手，即不仅研究系统本身构成的复杂性，还应研究其运行过程的复杂性，最后还要考察其复杂性对整个经济系统（大系统）的影响[1]。徐金发等用耗散结构理论来分析企业治理系统的特征，透视企业治理的系统本质，提出一个有生命力的企业治理系统必然是一个具有开放的、非线性的和远离平衡态的有序的耗散结构[2]。杨纯玲通过对企业治理内外系统的构造过程和企业治理

① 邓莉，张宗益. 公司治理复杂性分析 [J]. 重庆工商大学学报（西部经济论坛），2004（1）.
② 徐金发，常盛，谢宏. 公司治理系统的耗散结构特征研究 [J]. 技术经济，2007（1）.

系统行为的分析，从层次性、动态性、涌现性、非线性、反馈性、开放性、模糊性几个方面论证了企业治理是一个复杂系统。[1] 但还没有学者借助复杂性科学，包括复杂适应系统研究家族企业的治理结构问题。

笔者（2002）在给出家族企业系统论定义的基础上从复杂适应系统定义家族企业。[2] 从复杂适应系统看，家族企业治理是一个存在于复杂社会经济环境，具有多决策主体的复杂适应系统，系统由于各个主体不断追求各自的目标而不断动态演进，特别是家族企业是家族与企业两个子系统相互作用而呈现非线性系统所具有的混沌、涌现、分形等特性。因此，从复杂适应系统理论角度研究分析家族企业治理结构问题，具有重要的意义，也希望为家族企业治理结构提供新的研究视角与新的研究工具。此外，我们将阐述企业治理结构的不同将导致企业功能的不同。

二、基于自组织理论视角的家族企业治理结构与功能的关系

（一）结构决定功能

结构有狭义结构与广义结构之分。狭义结构是物体之间或系统各部分之间的空间位置关系[3]。结构总是与功能相对应，任何一种物质都具有多重功能，有些功能相互作用发生后，物体的结构没有改变，而有些功能相互作用会改变物体的结构。[4] 广义结构是指物质系统比较稳定的功能。稳定与不稳定是相对的，功能有时显现，有时不显现，是否显现与条件有关，比如，家族企业产权结构比例是显现的，而家族文化的传统可能是不显现的，但都是稳定的，都影响家族企业的生存与发展。此外，呈现不同可能功能相同，功能会随条件变化改变显现的形式。[5]

事物在数量与成分的上差别也是结构的差别。人们把许多事物的差别归结为数量的差别，其实，数量的差别本质上是结构的差别。所以，只有结构的差别没有数量的差别。此外，自组织理论认为，时间的推进意味着结构的变化。

---

① 杨纯玲. 公司治理复杂系统研究 [D]. 暨南大学，2004.
② 甘德安. 复杂性的家族企业演化理论系列研究之——基于复杂适应系统的家族企业生成机理 [J]. 理论月刊，2010（1）.
③④⑤ 段勇. 自组织生命哲学 [M]. 北京：中国农业科学技术出版社，2009：4，3 – 19，5.

有专家提炼出结构决定功能定理，即一个系统的特定的结构 A 必然与一个特定的功能集合 B 对应。若任意两个系统的结构相同时，它们的功能一定相同，即 $A_i = A_j$，必然推出 $B_i = B_j$（i, j 是自然数）。从而可以推出：如果两个系统功能不同，那么它们的结构一定不同。复杂适应系统中所具有的"整体大于部分之和"就是结构决定功能原理的体现。[①]

（二）家族企业治理结构的特征

家族企业治理结构的特征主要表现在三方面：一是从公司成长的历史角度看，公司治理结构问题是伴随着公司成长而出现的；二是组织结构建设及其运行机制不甚健全，所有权与经营权高度重合，从而导致企业决策权高度集中；三是管理方式上的"任人唯亲"，家族企业对管理人员的选择一般限于家族内部，因此，家族企业缺乏对家族外员工的合理激励机制、经营管理人员的选择、约束机制，这种非契约制度安排严重地影响了家族企业的决策与运行。

1. 中国家族企业的内部治理结构的特征

目前，中国家族企业股权结构和资本结构单一，从而极大地限制了企业继续发展的空间[②]。中国家族企业的内部治理结构具有一些明显特征：一是股权高度集中于家族成员手中。据有关统计资料表明，我国国内上市的家族企业中，"一股独大"现象表现明显。例如，太太药业董事长朱保国一人间接控股47.54%，并与其母亲、妻子、兄弟共持有 74.18%的股份；用友软件董事长王文京间接控股达 55.2%。二是两权高度统一于所有者手中，并且所有者直接参与经营决策，企业委托—代理链条短。在企业内部产权结构序列中，从最终所有权到法人财产权再到经营管理权，其间构成了一个多环节的纵向产权链，并由此产生了委托—代理关系。但在我国大多数家族企业中，出资者和企业经营管理者在自然人身上往往是统一的，产权链条极短，基本上不存在或很少存在委托—代理关系。三是企业委托—代理关系具有强烈的私人色彩。即便在一些家族企业中存在委托—代理关系，但无论是对于委托方还是代理方而言，也多是出于特殊的私人关系。在此，委托方并不是仅仅追求经济收入，而更多强调的是对情感收入的

---

① 约翰·H·霍兰. 隐秩序——适应性造就复杂性 [M]. 上海：上海科技教育出版社，2000：5.
② 胡万蓉. 家族企业治理结构与成长研究 [D]. 东南大学，2006：14.

需要。这既有保护自己的信誉以利于获取长期收益的考虑，也有代理方在私人关系中追求委托方的尊重、友爱和认同的本能反应。

2. 家族作为最具活力的要素决定家族企业治理结构特征

复杂性系统的主体，即具有智能主体（agent）的进化与机器学习是各自生存发展的需要。根据达尔文的进化理论，按照"适者生存"的原则，每一个智能个体为了自身的生存，必须追求各自的效用值最优化，家族企业治理系统是组成家族企业各个智能个体为实现各自效用值的一个理想平台，当各个智能个体在追求各自效用值最优化的前提下，不断地改变各自的决策行动，使得公司主体发展壮大，从而得到各自的利润。当失去这个企业治理系统，各个主体也失去各自的机会利润。所以，家族企业比非家族企业具有更好的经营业绩，更具有活力。家族与非家族成员，特别是家族成员会倾注更多的心血到家族企业，使家族企业呈现出高度非线性、混沌、分形、涌现等现象。同时还应看到，家族企业治理系统生存与发展的前提是企业的发展与演化，否则这个系统就不复存在。基于这个客观存在的道理，企业治理系统内部的各个要素及其相互联系，必须适应环境、适应发展的需要，这就意味着两个方面的变化：一是复杂公司系统的要素在不断的发展变化中，系统中的各个智能主体不仅属性、决策变量在变化，而且数量等也在变化，如股东的数量、持股量在变化，监事等企业治理主体在一定阶段不存在等。二是复杂公司系统中智能主体的相互关系在变化，呈现出不同的游戏规则，使得公司系统的治理机制不断发展。这种改变从时间上讲，使公司在不同的发展时期呈现不同的治理机制与模式，显然具体各自的治理机制与模式是公司在不同时间段内各个智能主体博弈的最优结果，也是企业治理系统动态演进的结果。

3. 家族作为最为特殊的要素导致家族企业治理结构的特殊性

从企业要素构成：家族企业与非家族企业的主要区别在于企业加入了家族的要素。所以，从复杂适应系统涌现理论看，由于系统中具有更多的要素（家族与市场两个不同子系统），所以，家族这种以亲友为主体，亲情为纽带，多个相互间具有亲族关系的家族成员深度参与的企业组织更容易涌现新的事物，而家族产权在诸多要素的自组织的过程中的特殊性，使得企业的生成体现了家族产权的特征，因此，家族企业相对于非家族企业具有天生的生成上的优先性。中国民营企业为什么主要以家族企业的形式生成？从创办者创办企业的外部环境看，改革开放初期，国有企业产权制度和管理模式逐渐崩溃，而现代企业制度和管理模式尚未确立，家族制度自然而然承担着整合社会资源的作用。但是，无论是计划经济的创业环境还是从计划经济向市场经济转轨的企业环境，创业者面临的都是金融市场、人才市场、技术市场的缺乏；从内部看，他们的生存空间还必须依靠与自己相依为命的兄弟姐妹与父老乡亲、家族成员，所以，必然会借助家族的资源与家族的力量创办企业，必然是家族企业。[①]

4. 家族企业的治理结构层次性导致家族企业治理结构不合理

家族企业普遍存在股权结构不合理，家族股权集中度过高的问题。中国家族企业几乎无一例外地主要由创业者个人或家族所有，其直接后果，反映到治理结构上面来：一是股东会、董事会、经理层三者合一，决策、执行、监督三权合一。这种所有者与经营者不分、所有权与经营权合一的状态，严重阻碍着高层管理岗位向职业经理人转移的过程。二是股东会、董事会和监事会形同虚设，从而导致决策的经验性、专断性、随意性和非理性。三是没有建立起一套有效的激励机制、监督机制和约束机制。即使建立起了一套相应的机制，也由于这种单一产权所带来的封闭性，使之无法从根本上形成有效的制度体系，从而难以吸引和留住高素质的人力资本。此外，"任人唯亲"使家族以外的员工没有安全感和归属感。[②]

5. 家族企业家在家族企业治理结构中起到决定性作用

企业家与只想赚钱的普通商人或投机者不同，个人致富只是他们的部分目的，而最重要的创业动机则是其"体现个人价值"的心理，即"创业精神"。其次愿意承担风险也是创业企业家普遍具有的个性。对这些个体来说，通过创业所获得的利润并不是最重要的目标，最重要的是找到一种能够控制自己生活的感觉。运用社会学的理论能够较好的解释为什么企业家的行为对家族企业产生至关重要。家族企业家对创业机会的发现是创业过程的起点。从委托—代理关系看，家族企业的创业者更多的是投资者加管理者，通过委托—代理一体化降低代理成本。这也就是为什么家族企业会优于非家族企业的生成与产生。

---

① 甘德安. 私营企业主向现代企业家转换之路 [J]. 经济管理，1997（9）.
② 胡万蓉. 家族企业治理结构与成长研究 [D]. 东南大学，2006：14.

6. 治理结构不同导致家族企业与非家族企业的管理模式不同

从社会行为看，家族企业与非家族企业一个重要区别是亲缘利他倾向重于互惠利他倾向。"亲缘利他"，即有血缘关系的生物个体为自己的亲属提供帮助或做出牺牲，例如父母与子女、兄弟与姐妹之间的相互帮助。"亲缘利他"在父母与子女关系上表现得尤为动人和充分。而随着亲缘关系的疏远，"亲缘利他"的强度也会逐步衰减。为什么家族企业都是"夫妻档"、"父子兵"、"兄弟班"就是这个道理。"互惠利他"，即没有血缘关系的生物个体为了回报而相互提供帮助。生物个体之所以不惜降低自己的生存竞争力帮助另一个与己毫无血缘关系的个体，因为它们期待日后得到回报，以获取更大的收益。从这个意义上说，"互惠利他"类似某种期权式的。不过，由于施惠与回报存在着时间差，从而使这种期权式的投资具有很大的不确定性。因此，"互惠利他"必然存在于一种较为长期的重复博弈关系中，而且还要求形成某种识别机制，以便抑制风险和个体的机会主义倾向。

7. 治理结构不同导致家族企业与非家族企业的经营效率不同

家族企业主利用这种社会关系网络来配置资源和经营扩展业务，哪个家庭或家族社会关系网络越大，推及得越远，它的势力也就越大，活动能力也就越强。可见，崇尚家族主义文化的民族创办家族企业是带有必然性的。再如，初创的家族企业不论在经营范围还是组织结构都是很小的，但是在多层次的相互非线性的多层次的作用下，复杂适应系统存在于与其共同演化的其他复杂适应系统之中，是其他复杂适应系统的一个单元或环境一部分。中国私营企业的"家族制"选择，其背后是中国传统社会注重家庭、家族伦理所致。中国的社会格局不像西方社会那样，是一捆一捆扎清楚的柴，是"团体格局"；而是好像一块石头丢在水中水面泛起的圈圈推出去的波纹，或一个个蜘蛛网，这是一种以自己为中心，以血缘为纽带，层层外推的同心圆波纹，即"差序格局"。在这种乡土社会的差序格局中，自然形成礼治秩序和长老统治，其背后，无论是家，还是国，根本的纽带是"血缘"。

8. 治理结构不同导致家族企业与非家族企业的企业文化不同

以家族为核心的伦理道德观念确立起来一种信任关系，对于降低经营风险起到了重要的作用。家庭、家族及其扩展的地缘、朋友关系已经形成了一个大家熟悉的制度环境，在这个环境中，每个人的秉性、爱好都彼此熟悉，降低管理磨合成本。传统家族制度中的等级制度和"遵上"、"忠信"、"服从"观念，家族成员彼此高度的认同感和一体感，并且自然而然地在个体、私营企业中形成了这种家长制权威，并且相应采取"人治"的管理方法，有利于组织和领导；运用于企业的经营管理过程中，减少企业内耗，增强企业凝聚力，降低了管理控制难度和成本。①

中国传统社会稳定的力量，这种亲密的血缘关系限制着若干社会活动，最主要的是冲突和竞争。但是，这种血缘关系一旦与商业结合，又成为难以与血缘之外的人合作的障碍。由此可见，温州家庭工业的最初崛起是依赖于血缘关系的凝聚作用，并由此一层层由里向外推进，形成"一村一品"、"一镇一业"的块状经济，这种块状经济是家族企业的扩大化，是"血缘性的地缘"。而今天，温州家族企业难以发展成为规范的集团型公司，也是由于无法超越以血缘内核的差序格局所致。

中国企业的家族经营有其更深层的原因。虽然新中国成立以来家文化、家族组织受到强烈冲击，但是，中国的现实表明："家族主义"或"泛家族主义"倾向在中国的各种组织或单位中都惊人地相似，并普遍地存在着②。在体制转轨时期，家文化与家族企业的勃然复兴应是不足为怪的。虽然现代化会削弱旧传统的某些层面，然而在社会变迁的过程中，旧传统的某些层面有时会被再度提出和强调，以解决文化断层的危机和建立新的集体认同。从资本的来源来说，传统私营企业的出资人通常有着血缘和亲属关系，其创始人共同出资，是当之无愧的老板。对企业的控制权不同，对于传统私营企业来说，整个企业的决策权、控制权理所当然地被掌握于该家族手中，相应地，其风险的承担和受益的主体也是家族成员。曾有一位海外华人家族公司的领导人认为，如果家属的成员本身具有很高的管理素质，再加上家属内部的团结，家属企业有什么理由不能生存与发展。③

9. 治理结构不同导致家族企业与非家族企业的传承模式不同

我国近代民族资本家、火柴大王刘鸿生在他年老的时候发出了这样的哀叹：

---

① 杨国枢．家族化历程、泛家族主义及组织管理［M］．台北：远流出版公司，1998．
② 樊江春．中国微观组织中的"家族主义"［J］．新华文摘，1992（5）．
③ 甘德安．私营企业主向现代企业家转换之路［J］．经济管理，1997（2）．

我还没有在中国看见有过了三代仍然兴旺的资本家。[①] 悉心研究中国的历史，我们会发现刘鸿生的感慨具有历史的必然性，"富不过三代"是绝大多数中国家族企业的客观规律。制约的因素有很多，中国家族企业治理结构的特殊性就是中国诸子平分的产权制度，这使得第一辈积累的资本在传承到第二代时被迅速地瓜分了。此外，在中国这一封闭的封建专制经济环境中，经济的增长非常的缓慢，缺乏快速致富的渠道，资本的积累非常有限。加上纨绔子弟的挥霍，富贵的延续时间相当之短，贫富交替，财富难以积累。从辛亥革命自 1978 年改革开放，由于政局的动荡和政策左右摇摆，中国私人资本始终没有连续的积累，这种间断性再一次使家族资本传承失败。由于中国家族企业治理结构的特殊性，导致中国家族企业传承既不同于日本，也不同于西方发达国家。我们借助复杂性科学，主要是借助分岔与分形理论得出中国家族企业传承的特征是：一是"富不过三代"是家族企业传承的整体规律。我国历史上没有统计资料可以说明"富过三代"的统计数据，也就是说中国"富过三代"的比率极低，但流传的"富不过三代"的案例比比皆是。改革开放 30 年来虽然家族企业发展了，也有成功传承的案例，但深入分析就会发现这些传承成功的案例还不是纯两代传承，更多的是两代人共同创业的案例。我们借助李天岩与约克的论文观点指出：即使在一维系统中，只要出现周期 3，则该系统呈现完全的混沌状态。如果从混沌经济学的观点看，在纷繁复杂的经济系统中具有内在的随机性，通过混沌经济学的整体把握，"富不过三代"是逻辑的必然；二是家族企业传承无法远期预测；三是家族企业传承是多因素、非线性相互作用的产物；四是代际传承在混沌行为中还是存在一定的秩序性；五是代际传承应该是家族企业的危机时期，应该采取危机事件管理方式进行管理；六是创业企业家作为稀缺资源影响家族企业的代际传承；七是分形管理是代际传承的有效手段。[②]

三、不同公司治理模式的不同的企业行为

（一）公司治理模式差异导致不同管理模式

由于不同公司治理模式下企业契约中所有者对经营者的绩效要求与时间结

① 上海社科院经济研究所. 刘鸿生企业史料（下册）[M]. 上海人民出版社，1981.
② 甘德安，杨正东. 基于混沌理论分岔与分形视角的家族企业传承探索性研究 [A]. 第五届创业与家族企业国际会议论文 [C]. 浙江大学，2009.

构不同，受其影响和作用，导致经营者将采取完全不同的方式处理个人效用与企业目标。基于这种考虑，我们可以从企业契约对经营者的绩效要求和时间结构两个维度①，将企业经营者的行为模式分为四种类型：交易型、关系型、平衡型和权变型。②

1. 不同治理模式导致企业的不同管理模式

公司治理规定了整个企业运作的基本网络框架，公司管理则是在这个既定的框架下驾驭企业奔向目标。缺乏良好治理模式的公司，即使有"很好"的管理体系，就像一座地基不牢固的大厦；当然，没有公司管理体系的畅通，单纯的治理模式也只能是一个美好的蓝图，而缺乏实际的内容。罗伯特·特里克（Robert I. Tricker）教授认为管理是运营公司，而治理则是确保这种运营处于正确的轨道之上③。肯尼思·戴顿（Kenneth N. Dayton）专门就此进行了详细分析，认为公司治理与公司管理既有联系也有区别，是一枚硬币的正反两面，谁也不能脱离谁而存在④。吴淑琨对两者进行了比较，见表4-1。⑤

表4-1　　　　　　　　　　公司治理与公司管理的异同分析

类别	公司治理	公司管理
目的	实现相关利益主体间的制衡	实现公司的目标
所涉及的主体	所有者、债权人、经营者、雇员、顾客	所有者、债权人、经营者、雇员、顾客
在公司发展中的地位	规定公司的基本框架，以确保管理处于正确的轨道	规定公司具体的发展路径及手段

---

① 绩效要求维度是指在企业契约中对于作为维持双方契约关系的绩效描述的清晰程度；时间结构维度是指在企业契约中对于作为维持双方契约关系的持久性程度。

② 交易型：绩效要求具体清晰、契约关系不稳定、低归属感；关系型：绩效要求不具体清晰、契约关系稳定、高归属感；平衡型：绩效要求具体清晰、契约关系稳定、高归属感；权变型：绩效要求不具体清晰、契约关系不稳定、低归属感。

③ Tricker R I. Corporate Governanc [M]. Gower Publishing Company Limited, 1984, P. 6.

④ Dayton K N. Corporate Governance: the other Side of the Coin [J]. Boston: Harvard Business Review, 1984（1）.

⑤ 吴淑琨. 公司治理和公司管理的系统化思考 [J]. 南京大学学报（哲学·人文科学·社会科学），2001（3）.

续表

类别	公司治理	公司管理
职能	监督、确定责任体系和指导	计划、组织、指挥、控制和协调
层级结构	企业的治理结构	企业内部的组织结构
实施的基础	主要的契约关系	行政权威关系
法律地位	主要由法律、法规决定	主要由经营者决定
政府的作用	政府发挥重要作用	政府基本上不直接干预
资本结构	体现债权人和股东的相对地位	反映企业的资本状况和管理水平
股本结构	体现各股东的相对地位	反映企业所有者的构成、及对管理的影响

2. 公司治理与公司管理的匹配性

在业主制占主导地位的时期，由于企业规模较小，劳动分工层次较浅，使得对管理的要求较低，而业主的所有者和经营者二位一体的形式，这种所有权与管理权合一结构决定了这种企业制度对利用市场机制需求度不高，唯一对企业（业主）构成威胁的就是产品市场，如果企业生产的产品不被市场接受，就可能会导致企业的破产。但是这显然不是构成整个业主制企业治理的主要方面。业主制企业治理结构的特征是，业主是企业非人力资本的唯一持有者，拥有包括剩余索取权、剩余控制权以及经营管理等企业的全部重大权力。显然，这种权力的高度合一使业主具有充分的动力努力经营、管理和监控企业，可以避免企业决策层的偷懒和搭便车行为。而且，由于涉及的产品品种单一，雇员人数较少，业主可以对雇员进行过程和结果的直接监控，两者间的信息不对称情况可以较好地解决。此外，企业是被业主以自然人的身份拥有的，业主对企业的债务承担无限责任，从治理结构上看，业主的责、权、利无疑具有高效的一致性，就其针对小规模的企业来说，是有效率的。但是，自然人本位和无限责任使业主制企业的经营寿命受到极大的限制。由于业主制企业规模相对较小，品种较为单一，面对的市场领域也较窄，从而使得业主自然地就会采取完全集权式的管理。在组织结构上，一般只有业主和员工两个层次，由业主直接指挥生产、组织销售，并对员工进行直接监督、确定报酬和解聘。其管理工作的着重点主要在于如何提高企业的生产效率，这与古典企业理论将企业视为投入产出系统是相一致的。

股份制企业的治理结构主要体现在股东会、董事会（监事会）及以总经理为代表的高层管理人员之间的相互制衡关系。股东的分散化，使股东难以直接经营企业。管理作为一种稀缺资源，体现为职业经理阶层的兴起，并逐渐占据主导地位，进而导致投资者与经营者之间的潜在利益冲突愈加明显，董事会和监事会作为监控高层管理人员的机制也就显得更为重要。其管理模式是，在战略导向上，股份制企业更为关注多方相关利益者。在组织结构上，主要经历了控股型（H 型）、职能型（U 型）、事业部型（M 型）及混合型，实现了企业内部管理层级制的制度创新。在具体管理措施上，从纵向上划分为计划、组织、指挥、控制、协调五大功能；在横向上又分为战略、人事、财务、生产、营销、广告、公关等专项职能，从而形成一个相互交叉，相辅相成的网络。

（二）治理模式差异导致企业经营者不同经营行为

研究表明，企业经营者行为与公司所有权和治理结构存在着强烈的相关性。公司治理结构不同，经营者就会表现出不同的行为方式①。

基于对公司治理两个基本问题——"公司是谁的?"和"支配公司的又是谁?"认识的不同，产生了不同的公司治理模式，而这些有差异的治理模式又会对参与到其中的企业经营者行为产生巨大影响，使之表现出带有一定倾向性和共通性的行为特征。

1. 英美治理模式下（股东至上）企业经营者行为

建立在股东主权理论基础之上的英美公司认为公司是股东的，经营者应该为了股东利益最大化而努力工作。虽然，按照"谁拥有，谁支配"的法则，股东理所当然的是公司的支配者，但是公司的现实活动却并不尽然，由于股东的过度分散，经营者经过"经理革命"已掌握了公司的控制权，成为事实上的公司支配者。经营者掌握公司控制权，一方面是"两权分离"企业发展趋势的必然结果；另一方面也是作为理性人与非理性人的统一的经营者为追求私人目标与职务目标的动机所驱使。

---

① 黄泰岩，郑江淮. 企业家行为的制度分析 [J]. 中国工业经济，1998（2）.

由于英美公司是建立在股权高度分散与流动基础之上的"市场控制主导型"治理模式，银行作为纯粹的资金提供者难以在外部治理中发挥作用；公司的个人中小股东出于个人利益的考虑（理性的冷漠、"免费搭车"问题、公平问题），对公司行使监控权表现比较消极；而机构投资者的出现尽管为解决公司控制和监督问题提供了可能，然而大部分机构投资者并不愿意陷入到公司的经营管理中去，很少干预和影响公司经营者的人选。因此，对公司经营者的监督和压力主要来自证券市场的股票交易活动。在企业契约中，所有者对经营者的绩效要求具体且清晰，并且用以判断经营者业绩优劣的标准主要是股息红利和股票价格的高低，这种高度分散的股权结构以及企业契约中的绩效要求强化了经营者的短期行为，迫使其狂热追求公司短期利润，置公司长期利益与发展不顾。一旦经营者实现不了契约中的绩效要求，所有者将毫不犹豫地抛弃经营者，另寻其他合适人选。故而经营者对公司的归属感较低，双方契约关系非常不稳定，经营者关注企业短期绩效更甚于长期绩效。基于上述分析，我们认为英美治理模式下的经营者行为是"交易型"的。

2. 德日治理模式下（利益相关者共同治理）的企业经营者行为

建立在利益相关者理论基础之上的德日公司认为公司是股东、经营者和职工的，由于三者之间的相互依存关系是刚性的，谁都无权单独打破，三者之间的利益变动由市场来界定，由各自在增强企业竞争力中的影响力来决定。因此，只有三者关系的有机结合和高效率的运作才是扩大各自利益的关键。德日治理模式被称为银行控制主导型，其本质特征表现为：商业银行是公司的主要股东；法人持股或法人相互持股；严密的股东监控机制。[①]

德日两国的商业银行不仅是公司股票的主要持有者，同时也是公司的主要放款人，既有动力又有能力对公司经营活动进行监控，又是一个稳定的股东。他们对公司进行的是长期投资，所有者与经营者之间签订的契约是一项长期契约。在该模式下，企业契约中所有者对经营者的绩效要求具体且清晰，对经营者采取的激励措施主要是鼓励经营者在经营决策中做出长期投资的积极性。基于上述分析，我们认为德日治理模式下的经营者行为是"平衡型"的。

---

① 李维安．中国公司治理原则与国际比较［M］．北京：中国财政经济出版社，2001．

3. 东南亚家族治理模式下的企业经营者行为

受到国情和企业成长与发展环境的影响,在韩国等东南亚国家中家族式企业的基础上,并受到现代市场经济活动和企业组织形式的影响,繁衍出典型的家族治理模式,其主要特征表现为:企业所有权或股权主要控制在由血缘、亲缘和姻缘为纽带组成的家族成员手中;企业日常经营管理权基本上也掌握在家族成员手中;企业权力过分集中,决策集权化、家长化;经营者受到经济利益和家族亲情的双重激励约束;外部监控弱化,受政府的主导和制约比较大。

显然,家族治理模式对于公司内部控制是有效的,表现在公司凝聚力强、公司稳定性高以及公司决策迅速等。当然,其负面效应也是有目共睹的,如用人方面的任人唯亲、公司领导权在传递过程中可能导致公司分裂、解散和破产的风险以及家族制企业公开化、社会化程度低给公司进一步发展带来的制约等。由于建立在血缘、亲缘和姻缘关系基础上的家族成员把家族内的伦理和情感带进并融入了企业,因此,家族治理模式下的企业契约中所有者对经营者的绩效要求通常是不具体的(或者说没有必要具体),但是,双方的契约关系稳定,且经营者对企业具有强烈的归属感。基于上述分析,我们认为家族治理模式下的经营者行为是"关系型"的。[①]

通过上述对英美治理模式、德日治理模式及家族治理模式下经营者行为的分析与比较,其结果表明不同治理结构导致不同的企业行为。这也是中国家族企业治理结构的特征决定了中国家族企业经营行为。

第二节 家族企业与环境复杂性理论

一、传统企业环境理论的反思

回顾百年来关于企业环境理论的研究,成就骄人,但仍感到存在着一些缺陷。在对企业环境作定义或在分析企业与环境的关系时,总是围绕外部环境概

---

① 徐虹,林钟高.不同公司治理模式下的企业经营者行为研究〔J〕.安徽工业大学学报(社会科学版),2006(7).

念讨论。这种外部环境观导致的结果：一是把企业置于环境系统之外，环境成了企业的对立面，即所谓环境的"敌对性"特征。这就不利于全面认识和把握企业与环境的互动的、友好合作的关系。二是把环境作为外生变量，作为企业选择或决策的前提。这自然会产生前述的环境"不可控论"、"无能为力论"和"被动适应论"的观点，不利于企业充分发挥主动性和创造性。

注重环境适应性研究，对环境控制的研究不足既然环境是企业以外的力量，是外生的、不可控的，因此，迄今对企业环境研究的主流是如何适应环境。前述的"决定论"、"适应论"、"战略选择论"，其实暗含的前提仍然是"不可控论"。无论是"决定论"、"适应论"，还是"战略选择论"，虽然分析的视角不同，但就企业与环境双方的作用或重要程度来说，环境还是被视作是第一位的、无法改变的，企业是第二位的，因此，企业与环境的关系往往被认为是单向传递的，或影响力是主从关系，即环境影响企业。如，持"适应论"观点的权变理论学派认为企业要不断适应环境；持"选择论"观点的战略选择学派虽然强调了"当权者"决策的作用，但主要观点是根据既定环境作出选择；而持"决定论"观点的种群生态学派更认为是环境选择企业。三者的基本区别在于，在环境一定的情况下，企业的生存与发展是完全被动地由环境决定，还是可以采取措施去适应环境的问题。以资源依赖学派为代表的学者提出了环境对组织产生影响，组织也会影响环境；组织可力图减少对环境的依赖并操纵或控制环境。从目前来看，对企业如何改善与控制环境的问题依然研究不足。无论是在理论文献中，还是在企业界，尚未占主流。这可能会进一步强化"不可控论"之类的某些观点。

"物质世界不同层次上各类系统的产生、演化、发展和衰亡的过程，均是在与其相关的环境整体的相互作用中得以实现的。"[1] 因此，从考察和研究企业与环境的关系入手来认识在环境的作用和影响下企业是如何存在和发展的，对研究企业这一复杂适应系统的持续发展具有重要意义。人们对企业与环境之间关系的认识经历了一个较长的过程。最早，人们将企业看成是一个高度结构化的、机械的、封闭的系统，很少考虑甚至不考虑外界环境的变化与影响[2]。

---

[1] 湛垦华. 系统科学的哲学问题 [M]. 西安：陕西人民出版社，1995：120.
[2] 陈国权. 组织与环境的关系及组织学习 [J]. 管理科学学报，2001（10）.

人们形成这种看法，一方面是受认识能力的限制；另一方面也是由于当时的市场环境造成的。西方工业革命后，社会化机器生产刚刚出现，人们对商品需求量大，形成了典型的卖方市场。后来随着市场环境和顾客需求的变化，人们对企业与环境之间的关系的认识也不断改变。企业组织理论在近 60 年中有很大的发展，主要原因之一就是，组织机械论中机械、封闭的思维方式越来越无法满足组织实践的需要。人们发现，仅仅考虑目标、效率和结构等技术指标，并不能使企业保持长期的发展和成功。于是，有人开始以研究生物学的方式研究组织，将组织看成是一个生命体。在此研究过程中，逐步形成了一套与生物学平行的组织理论。

二、基于复杂性科学视角的环境演化分析

(一) 企业环境的演化思想

演化思想较早地存在于经典经济理论研究中。其后，演化思想被经济与管理学者们广泛采用。如，弗里德曼（Milton Friedman, 1953）在其经典论文《实证主义经济学方法论》中，求助于"自然选择"论证了两个传统经济学观点：市场竞争倾向于保证最有效率的企业生存下来；最有效率企业的行为保证其利润最大化，无论他们是否有意这样做。伯恩斯和斯陶克（Burns, Stalker, 1961）认为组织结构应与环境特性相匹配，强调有机的企业组织结构更能适应多变的外部环境，而机械式缺乏灵活性的组织结构更适合稳定的环境。其后，桑普森、劳伦斯和劳斯奇（Thompson, Lawrence, Lorsch, 1967）根据"适者生存"理论提出企业组织结构设计要与变化的外部环境相适应，并通过案例研究论证了环境力量对组织结构形成的中心作用。从生物进化规律来看，物种之所以不断演化，源于物种自身的变异性。某一物种之所以能够生存下来，是因为该物种与其生存环境相互适应。企业组织的演化规律与此相似。

企业演化理论为以 Porter 为首的修正学派关于环境管制与竞争力，环境管理与竞争力的"双赢"假设提供了可检验的理论基础，企业的特殊能力是解释环境管制，环境管理激发创新的解释变量；成功的创新要求企业拥有相匹配的、适宜的资源和能力。创新需要组织资源的支持，如人力资源、财务资源、能力资源以及前期积累的知识等，而且创新不可能在封闭的状态下进行，需要

外部的契机和资源；创新必须是环境和市场导向型的，这样才能更好地识别外部市场环境变化所造成的风险，才能抓住市场机会，获得竞争优势。企业能力是联系和解释环境管制与竞争力、环境管理与竞争力关系的纽带。企业演化理论基于组织能力的企业动态演化模型，超越了修正学派的案例分析的方法，它建立了环境管制，环境管理与企业技术创新的关联模型，强调组织能力对企业技术创新的作用，为有效地分析它们之间的关系和企业技术创新提供了框架和思路。[1]

　　企业竞争力不仅受到外部环境的影响，同时也受制于内部的资源。解决环境管理与竞争力的关系必须综合考虑分析企业的外部环境和内部资源，也就是必须要打开企业"黑箱"，结合企业外部环境与企业内部资源要素来探讨企业竞争力与企业发展。演化经济学，企业演化理论能够为环境管制与竞争力、环境管理与竞争力的关系提供分析的理论框架。

（二）　企业演化机制的特点

企业演化机制与生物演化机制相比有如下几个特点：

1. 企业演化起因于企业环境的改变

　　虽然企业环境的变化离不开组成环境企业的活动，但归根到底企业演化是发生在环境变化的框架内的。尽管企业精英的伟绩常常被视为导致演化发生的动因，但演化发生的导火索与演化发生的根本原因是有区别的。我们只要仔细思考，就可以发现企业精英的成功总是要受到历史条件的限制，否则将一事无成。一旦企业所处环境满足一定的条件，某一阶段某一地区不出现成功的 A 企业，也一定会出现成功的 B 企业，总是时势造英雄，历史的车轮从来不会因为没有某人、某企业的存在而停滞不前。因此，企业环境的改变是导致企业演化的决定性原因，营造适合企业发育的外部环境才是企业演化过程中最为重要的问题。

2. 在机制传动上，企业演化经历的是从外到内再回复到外的作用过程

　　任何某一阶段的演化一般都先有一定的企业环境作为变化的外部基础，然后才有企业的创新以及有意识的企业学习和模仿，这些行为是在企业已有规则

---

①　陈浩. 企业环境管理的理论与实证研究［D］. 暨南大学，2006.

的基础上进行的，而又改变了内部某一部分规则。许多被市场选择和强化的创新，由于其先进和合理而具有强大的生命力，被一些企业接受并逐渐成为一种固定的模式而对环境产生影响，最终促使新的企业惯例的诞生。在企业演化中，企业显示了主动学习、主动创新的精神，这些主动性本质上是人的主观能动性的突出体现。

3. 在企业演化过程中，环境所起的作用与生物演化中的不同

生物遗传物质的改变总体上是由自身变化规律决定的，环境作为选择者，使得适应环境者得以保留，不适应者被淘汰。这里，环境是生物演化的选择者和评判者。而在企业演化过程中，市场不仅仅承担选择和评判的功能，它对企业演化所起的作用首先是引诱和刺激，然后再通过环境的比较、选择、同化和解释等多种角色的作用，完成企业演化的全过程。而演化后的企业又会对环境产生巨大的影响。在这里，环境是企业演化的诱导者、决定者和承担者。

总结起来，企业演化方面的研究，主要集中在企业演化条件、企业演化动因、企业演化过程和企业演化结果。

第一，企业演化的外部条件与动因。达尔文主义者认为，适应外部环境是企业得以演化的条件和动力，外部环境通过自然选择方式推动企业演化过程的实现。

大部分学者认为资源获取是企业生存与发展的关键，外部环境中影响企业资源获取能力的关键要素是技术的变化。如纳尔逊、温特、图斯曼等人认为技术是影响环境变化的关键力量。技术（尤其是技术标准）变迁和技术创新对企业的生死存亡产生了决定性影响，企业要保持对外部环境的适应以及自身的不断发展，就需要不断进行"技术搜寻"以保持组织的创新能力。技术创新分为渐进创新与重大创新两类，渐进创新影响企业竞争格局，而重大创新则会改变企业的行业地位及演化路径。①

还有一些学者（Starbuck，1983；Horwitch，1982；Nobel，1984）认为外部环境影响是竞争、法规、政治和技术等综合作用的结果，并对它们之间相互关系与互动做了研究。但是相对于环境技术论的充分研究，环境综合因素论没有说清这些因素是如何随时间变化而变化的，以及它们是如何决定外部环境条

① 甘德安. 知识经济与技术创新［M］. 武汉：武汉出版社，2000，43 - 45.

件的。

伯纳特和海森（Barnett and Hansen，1996）提出了企业竞争演化的"红皇后"假说。该假说认为竞争是推动企业演化的重要因素，企业如果想要保持长期良好的演化态势，就必须积极参与竞争。由于竞争对手是不断进步的，外部环境是不断变化的，每个企业都必须不断前进才能保证自己相对竞争地位的稳定或不落后。虽然企业可以通过特色化、资源垄断战略来避免竞争，但这样一来就失去了参与"红皇后"演化的机会，从而从长期来讲对企业发展非常不利；而经常在竞争中接受洗礼的企业其失败率则会大大降低。因此，竞争会促进企业更好地演化，企业应该勇敢地选择和面对竞争，而不是规避竞争。

第二，企业演化的内部条件与动因。与达尔文主义的自然选择观有所不同，拉马克主义提出了"用进废退"和"获得性遗传"的演化思想，认为企业演化取决于企业自身的适应能力。因为企业会有意识地改变自己以适应环境变化，因此，企业变异并不是无方向和随机的。企业演化依赖其自身能力情况，企业变异后获得的功能可以遗传下来。

企业演化决定于企业外部环境与企业自身变异两个基本要素。具体通过四个基本规则发生作用：一是变异规则，企业在自身能力与适应性上出现变化。二是选择，外部环境对某些企业变异有利，而对另外一些不利。三是遗传，某些有利的变异被企业及种群继承并传承下去。四是竞争，企业均面临生存竞争，可以更好地适应外部环境的企业或种群在竞争中处于上风。达尔文主义者倾向于外部环境对企业的自然选择过程，从而推动企业或种群的演化；而拉马克主义倾向于企业自身变异导致企业能力提高，从而推动企业自身演化。这两种观点并不矛盾，而是互补的，它们各自侧重于企业演化一个方面：达尔文主义侧重于演化的外部条件与动因；拉马克主义侧重于演化的内部条件与动因。

第三，企业演化过程与结果。关于组织演化过程，学者们似乎倾向于"间断均衡"的过程特征，即长时间的渐变伴随着短期的突变。

20 世纪 30 年代，熊彼特以创新为视角对经济演化过程进行了研究。他认为，创新是经济变化过程的实质，经济发展本质上是一种动态演化的过程。他提出了"产业突变"的概念，并认为经济发展的质变既可以是渐进的，也可以是非连续的，创造性毁灭过程是资本主义的基本事实。

1950 年，阿尔钦发表了经典论文《不确定性、演化和经济理论》。他运用

"自然选择"的生物学理论，论证了经济演化过程可以产生新古典经济学的结果，并强调了环境不确定性对企业发展的重要影响，用"演化"的竞争力量重新解释了企业利润最大化行为。伊查克·爱迪思从生命现象得到启发，认为如同所有生物和社会系统一样，组织也有其产生、成长、成熟、衰退和死亡的过程。① 1996 年，图斯曼提出组织演化三种方式：持续增长、间断突变和根本变革。对于管理者而言，应使组织文化与战略既适应当前所处环境，又能保证组织具有应对将来环境突变的能力。而突变的产生可能由于企业自身业绩与技术或竞争环境的改变。企业试图用过去渐变时采用的战略与行为来应付突变的环境注定要失败。环境突变使企业组织类型及内部结构呈现多样化发展的趋势，应对多样化将是企业管理面临的又一重大挑战。2000 年，艾森哈特等研究了企业协同演化过程，认为协同演化是新经济时代企业应该采用的非常重要的战略过程。协同演化过程更易发生在结成联盟的企业网络内部。2001 年，他又提出边缘竞争概念，认为对于面临高速且不可预测的持续变化的外部环境的企业来说，就像行走在稳定与混乱的边缘，传统稳定条件下的企业战略模式常常失灵甚至濒临剧溃，企业应该在内部形成适应"混沌"的机制，以便在高速变化的环境下可以灵活不断地调整自己以保持持续竞争优势。边缘竞争的总体目标是使混沌与秩序在企业内部恰当共存，以便保证企业内部创新变异的余量，建立一系列不同方向的竞争力来彻底改造企业优势组合。企业战略应该简单，因为简单意味着灵活性与适应性。在外部环境日益复杂、动态、无序、信息丰富的情况下，企业战略难以如同在稳定条件下那样精微细致，它要考虑到对复杂多变环境的动态适应性和反应的灵活性，以及实施上的有效性。

归纳起来，企业演化过程与物种进化一样呈现出多样性、遗传性和自然选择性三大特征。多样性是指当企业组织进入演化创新过程时，至少会具备一个重要的能够引发它创新的特质，该特质将明显地区别于其他企业组织；遗传性是指在企业组织内存在某种类似生物基因特征的组织复制机制。在复制过程中，它会同时进行遗传的优化选择，以保证组织能自低向高单向进化；自然选择则强调企业组织在演化竞争中所具有的自适应系统的有效性。一些组织生存而另一些组织消亡，是因为环境对不同组织形式自然选择的结果。自然选择导

---

① ［美］伊查克·爱迪斯. 企业生命周期［M］. 北京：中国社会科学出版社，1997.

致了组织变异，组织变异的结果产生了演化变迁，在相互选择的过程中组织与环境之间建立起新的和谐与平衡。一旦这种平衡被打破，新的选择过程就会重新开始。

企业组织演化并不是局部适应性变化，而是一种组织形式对另一种组织形式的替代。替代过程有时表现为强制性演化，有时表现为渐进性演化。但无论采取哪一种演化方式，都是环境对组织提出变迁要求的结果。

（三）基于复杂适应系统的企业环境观

1. 复杂适应系统的环境观是适应环境观

复杂适应组织的生存与发展离不开环境的支持。反之，复杂适应组织也是构成环境的组织部分。因此，复杂适应系统要适应环境要求，环境也会适应组织的，两者之间是互动的过程。我们把此观点称为"复杂适应系统的环境观"。根据复杂适应系统的环境观的理解，评价复杂适应组织变革的有效性的一个重要前提条件就是复杂适应组织与环境之间是相适配的。这也是复杂适应组织生存和发展的关键所在。这里所谓的"适应"强调的是一种"互动"和"相互适应"。这就从根本上摆脱了权变环境观中关于组织适应环境时的被动地位。

复杂适应系统理论认为，复杂适应系统中的主体具有主动性、适应性，并且主体与环境是相互作用的。通过不断地调整自身的状态，或者与环境中或其他主体发生相互作用，系统中的主体可以增强对环境的适应性，从而获得更多的利益或者更大的生存机会。主体与环境及其他主体之间的相互作用，不断改变着它们的自身，同时也改变着环境。这种主体和环境（包括主体之间）之间的相互影响和相互作用是系统演化的主要动力①。

复杂适应组织是一个自组织系统。其最大特征是"内设了学习算法"——能够逐渐学会采取合理行动的方式②。适应环境观根据复杂适应组织的特征从两个层面来分析组织与环境之间的相互作用。从微观方面看，主体的适应能力表现在主体能够根据行为的效果修改自己的行为规则，以便更好地在

---

① 蔡怀平，邢立宁，陈英武．学习型组织的复杂性研究［J］．科学与科学技术管理，2004（12）．
② 金吾伦．复杂性组织管理的涵义、特点和形式［J］．系统辩证学报，2001（4）．

客观环境中生存①。即复杂适应性组织能够主动作用于环境，使环境变化得对自己有利，或创造机会和引导向着适应环境并有利于自己生存的发展趋势②。从宏观方面看，由这样的主体组成的系统，将在主体之间及主体与环境的相互作用中发展，表现出宏观系统中的分化、涌现等种种复杂的深化过程③。

2. 复杂适应系统环境观是主体环境观

复杂适应系统环境观还认为，复杂适应组织是由相互作用的适应性的"行为主体"构成的复杂系统。从"主体"的角度出发来考察，组织与其环境之间的关系就会呈现出一些新的特征。通常人们是根据大多数复杂系统中"行为主体"所共有的特征来解释主体。霍兰把构成系统的基本单元称为具有适应性的主体（adaptive agent），即构成系统的基本单元是相互作用的主体。"主体"这一概念把个体的主动性提高到系统进化的基本动因的位置，从而成为研究与考察宏观演化现象的出发点。活的主体就是指主体具有适应性，正是主体的适应性造就了系统的复杂性，从而使"适应性主体"获得了复杂适应系统的基础地位④。适应性主体能够识别不同的外部环境，对环境中出现的问题进行分析和判断，并且能够独立自主地采取行动，以应对环境及其变化。

复杂适应系统环境观重要特征是强调主体作用，即它的基本思想就是把环境也视为主体。这样，环境与组织及其构成主体之间的关系也就变成了主体与主体之间的关系，被视为主体的环境也因此具有了适应主体所具有的一些特征：（1）能够自主地采取行动；（2）能够辨别环境并对问题作出判断；（3）能与其他主体相互作用和适应。根据主体环境观，发生变革的复杂适应组织系统的构成主体与环境主体之间的相互作用和相互适应构成了整个组织环境大系统的基础和系统进化的主要动力。

3. 复杂适应系统环境观是参与环境观

传统的组织理论认为，组织与环境之间存在着清晰的边界。因此，组织与环境之间的区分是明显的。随着研究的深入，这种过于僵化的组织环境观不断受到新的组织理论的挑战。当代组织理论研究表明，组织的边界会随着时间、空间的变化而变化，并且随着组织发展过程的演进而日益变得模糊和分散化。组织的资源、设备、人员等所有构成要素以及组织的目标、计划、控制及管理

---

①③ 于丽娟，韩伯棠. 用复杂适应系统理论分析企业竞争力 [J]. 改革与战略，2003（5）.

② 刘洪，姚方. 管理复杂适应组织的策略 [J]. 系统辩证学报，2004（2），42 - 43.

④ 韩毅，陈士俊. 哲学视野中的"适应性主体" [J]. 内蒙古社会科学，2005（6）.

模式等制度性成分均来源于环境。相关研究也表明,环境因素正不断地被纳入到组织的结构中去,或者被组织所吸收。因此,环境要素已经成为组织的一部分,组织与其环境之间呈现出一种相互渗透、融合的势态,并由此而成为更大系统的组成部分。这表明环境不应该被视为组织的"外部"因素。相反,它应该被视为组织的一部分。

总之,复杂适应系统理论认为,在复杂适应系统环境观强调主体(视环境为 Agent)的基础上,可以进一步将环境看作是构成组织系统的一个要素主体。这样环境与组织相互渗透,环境已经融入到组织系统中来,并成为组织系统的一部分。例如,复杂适应组织是由许多行为主体构成,并成为该组织的环境。倘若将环境视为主体,那么由于组织与环境之间的边界日益模糊,被视为主体的环境可以看成是组织系统的构成单元(主体)。这体现复杂适应系统的环境关的"参与特征"。根据参与特征,在复杂适应组织变革的过程中,环境作为组织的外部条件已被内部化了,组织与环境之间的联系更加紧密而难以分割。

复杂适应系统环境观重视主体,那么环境就应当具有构成复杂系统的行为主体所具有的适应性特征。因此,环境主体对组织主体(如企业)也存在适应性,从而企业的主动性进一步得以确立。根据适应环境观,在复杂适应组织发生变革的过程中,组织主体与环境主体之间将呈现出一种主动的、反复交互的适应过程。正是这种交互适应性构成了复杂适应系统理论的思想基础,即适应性造就复杂性。

4. 复杂适应系统环境观是网络观

随着组织与环境之间主动性的相互作用的增强,组织与环境之间的关系变成了一种主体与主体之间的网络关系。复杂适应系统理论从两个维度来对此加以分析。首先,从宏观的维度看,这种新的环境观关注的焦点在于主体与主体之间的关系。这些主体可能处于同一组织系统内,也可能来自不同的组织,或者一部分来自组织,另一部分来自环境。传统的组织环境观强调组织与组织之间的目标差异和利益上的对立冲突。复杂适应组织理论则强调企业主体之间的关系是互利共生的、共同进化的网络关系。由于主体与主体之间通常形成一个密不可分的交织的网络结构,因此,任何一个组织的产生和发展都不可避免地同其他组织或环境的发展联系在一起。其次,从微观角度来看,由于组织的内部不同部门或个人可以看作是行为主体,从而这些不同的部门或个人主体之间也形成一个网络结构。不同的部门及个人主体之间因为共同的组织目标而相互结成网络，从而激发了每个部门或个人的工作积极性，可以极大地提高企业的整体经营绩效。

三、系统与环境的交互作用是企业与环境协同演化的基础

企业作为开放系统是具有发展潜力的系统。在其整个生命周期中，企业无时无刻不与所在环境进行各种交流，并随环境的变化而变化。系统只有与环境发生物质、能量和信息的交换，才能存在和发展。根据热力学第二定律表明，如果把高度有序、功能强大的系统与环境完全隔绝开来，使其成为孤立系统，那么随着时间的推移，系统的有序会自动降低，最后达到完全无序的热力学平衡态，此时，系统的功能完全丧失。只有系统与环境发生物质、能量和信息交换，才有可能使系统的有序结构和功能保持下来并且不断提高[1]。在生物进化过程中，生物体从环境吸收进"负熵流"才能健康地生存和发展。同样，由于"流"的特性是复杂适应系统的最重要的特征，复杂适应系统的进化同样和"负熵流"有着密切的关系，这种物质运动形式是系统进化的动力源，也是系统活力和适应能力大小的一个重要指标。在复杂适应系统的演化过程中，必然要与外界环境进行物质与能量的交换，引起系统的整体熵的变化。如果"熵增"大于吸收的"负熵"，那么系统就会退化。从系统角度而言，设企业的状态函数的熵为 S，变化率为 dS，则 $dS = d_eS + d_iS$，我们知道，d_iS 和 d_eS 分别指企业内部状态变化和企业与环境相互作用产生的熵变化。由熵增原理知 $d_iS > 0$，所以 $dS > d_eS$。因 $dS = d_eS + d_iS$，若 $d_eS = 0$，则 $dS = d_iS$，即企业为封闭系统。这表示企业在不受外部环境影响下日益趋向熵最大即破产状态。可见，封闭意味着增熵、落后和死亡。当 $dS < 0$ 时，企业熵为负，并企业熵不断减少，有序程度不断增加，企业在变化中取得发展必须与环境相互作用。企业只有在开放系统中不断吸取负熵，才能克服内部熵增，才能进化。企业作为复杂适应系统，其与环境的交互作用体现在企业与环境之间存在着各种交换。它需要从环境中摄取相应的物质、能量、信息和人才，以满足企业自身生存和发展的需要；它需要向环境输出它的产品和服务，以满足顾客的需要。企业从环

---

① 马建华，管华. 系统科学及其在地理学中的应用 [M]. 北京：科学出版社，2003.

境中引入物质、能量、信息和人才，就是从环境中引入负熵，使得系统总熵降低，这就意味着企业系统有序度的提高，企业就可以自发地组织起来，形成更高级的有序结构，也就是企业可以进入新的稳定态的前提条件。[①] 假设企业有足够的能力从环境中摄取能够带来负熵的物质、能量、信息和人才；假设环境中有足够的物质、能量、信息和人才提供企业选用，企业在其与环境的负熵差的作用下，通过改进标识，重组系统与环境使其协同进化提供负熵、提供动力。[②]

四、企业与环境协同演化导致企业的组织智能

在 CAS 中，所有个体都处于一个共同的大环境中，但各自又根据它周围的局部小环境并行地、独立地进行着适应性学习和演化。个体的这种适应性和学习能力是智能的一种表现形式。把企业看作复杂适应系统时，更强调系统各部分相互作用的重要性。正是这种相互作用活动使企业能够学习和适应，能涌现出企业的智能性，特别是以信息为内容的高密度、丰富化的交流活动可以促进个体的学习，并为企业提供了一个改进自身学习能力的良好途径，这种方式克服了机械模式中的信息流障碍，为企业通过信息流通涌现出智能的行为创造了条件，从而实现了价值的创造过程。企业中的员工在个体智能的指引下，发现企业外部的复杂环境的信息，通过选择采取行动形成个体行为，同时通过个体的学习来提高个体的智能[③]。企业系统内的个体能够适应环境变化而调整自身行为，所以具有适应性，而且由于他们不完全由系统内部条件决定和不可完全预测性使他们的行为具有显著的涌现性。企业中的个体智能通过涌现形成团队或部门的智能，团队和部门的智能共同作用涌现出组织的智能。组织中个体的行为在自组织的作用下涌现出团队行为，同时共同作用涌现出组织的行为，组织的行为又改变了组织所处的复杂环境，组织智能持续影响着组织行为，决定了组织在复杂环境下采取的行动。所以说，涌现行为是复杂适应系统集体智慧的表现，是组织与环境协同进化能力的表现，见图 4 − 1。

---

① 李子和，陈省平，郭汝丽. 高新区高新技术群落的优化效应 [J]. 科技进步与对策，1999 (2).
② 曾珍香，张兵. 基于复杂适应系统的企业可持续发展模型研究 [A]. 管理科学与系统科学研究新进展论文集 [C]. 徐州：中国矿业大学出版社，2003，583 − 587.
③ 周业铮. 基于复杂性科学的智能有机型组织范式研究 [D]. 南京理工大学，2004.

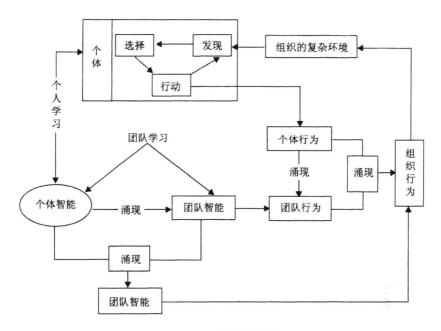

图4-1 企业智能转换

资料来源：陈小燕. 基于CAS理论的企业与环境协同进化研究 [D]. 河北工业大学，2005.

应该注意复杂适应系统中主体的涌现行为具有的特征：首先，作为整体的特征不等于各部分之和，即非线性特征，而且涌现的特征完全不同于组成成分的特征。其次，涌现行为不可通过单独分析组成部分的行为进行推断或预测。

将复杂适应系统理论引入到企业之后，其运作机制也应该有相应的变化，它是由构建企业的目标，建设企业文化和设定工作过程等方面决定的。适宜的"运作机制"将能实现企业成员之间的自由协作并允许新的企业模式涌现。如何在"运作机制"中确定适宜的约束程度将视情况而定。在某些企业中，工作过程较为机械化和程序化，并且注重成员的安全生产、安全操作等防范意识，那么应该制定较为严格的企业规范；而在某些突出创造性思维（如广告设计）的企业中，则适宜建立较为宽松的约束机制。总之，在企业发展过程中要不断地进行观察和控制，以期形成最佳的"运作机制"，保证企业内部成员之间有效地进行沟通与协作，最终实现企业的整体功能。

第三节 基于复杂适应系统的家族企业文化体系建设

一、家族企业文化系统具有复杂性与自组织的演化特征

（一）家族企业文化系统具有复杂性

家族企业作为一个复杂适应系统，自然具有一般复杂系统和适应系统所具有的特性，其特征有：一是整体性。整体性是一切系统的本质特征，家族企业文化作为企业员工的共有文化，具有极强的整体性。对外是企业的旗帜、象征和标志；对内是企业的灵魂、精神支柱和凝聚的力量。二是开放复合性和动态性。整个系统是由精神文化、制度文化、行为文化、物质文化四个子系统相互作用、相互联系而成的，而且是输入、输出都极其复杂的复合系统。系统具有动态的内部结构，即由人流、物流、信息流、能量流组成，在这些动态的构成部分中，既存在着相互依赖、相互制约的对应关系，也存在着相互适应的对应关系，系统处于"动态平衡"之中。另外，系统与外部的自然环境、经济环境、社会环境等均存在着不同程度的物质、能量和信息交换。从而，家族企业文化系统又是与外部环境之间相互作用、相互联系的开放系统。三是复杂自适应性。家族企业文化系统具有明显的复杂自适应性。首先，组成系统的个体或元素的数目较多，特别是家族作为明显不同于企业的元素加入到企业，而且这些元素相互间非线性的影响，产生预期不到的新现象。其次，系统是由为自身利益奋斗的、自适应能力很强的"活"的个体组成，能够通过自我的能动作用，调节或改变自己的思想状态和行为规则，主动地适应周围环境的变化，正如霍兰所说，适应性导致复杂性，使得家族企业文化更具特色。最后，由于个体具有在市场经济的学习、记忆和选择等能力，而且这些能力能够"固化"到企业文化中去，并使之得以保留和传承。①

周坤提出的企业文化包括表层文化—视觉识别系统；浅层文化—行为听觉识别系统；中层文化—现代企业管理制度；及深层文化—理念识别系统的四层

---

① 张晓辉，王莉.基于熵理论的民营企业文化系统分析［J］.社会科学战线，2007（3）.

次说应该是印证我们的复杂性文化观的，见图 4-2。

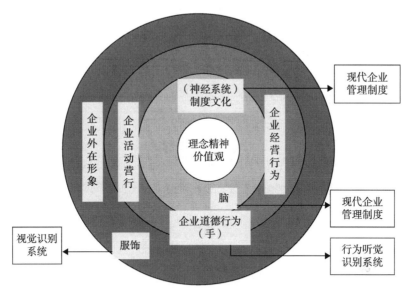

图 4-2　企业文化的四个层次

资料来源：周坤. 家族企业治理［M］. 北京：北京大学出版社，2006，115.

（二）企业文化系统是一个复杂的自组织演化系统

企业文化系统具有自组织性和开放性，是一个知识创造和利用的复杂自组织系统，其演化是一个自创生、自生长、自适应、自复制等的自组织过程，是一种有序的企业文化结构自发形成、维持和演化的过程，即在没有特定的外部干预下由文化系统内部组分相互作用而自行从无序到有序、从低序到高序、从一种有序到另一种有序的演化过程。[①] 从自组织理论看企业文化系统的演化机制，有以下特征：

1. 企业文化系统的竞争与协同

哈肯指出，种种系统都以其集体行为，一方面通过竞争，另一方面通过合作，间接决定自己的命运。企业文化系统的演化，也就是企业文化建设，是系统内各要素的相互依赖和相互转化的过程表现，它是一项人与物、精神、制度与物质相结合的系统工程，涉及到上至领导层下至普通职员、从产品的生产到市场实现的全员和全程，需要强调物质文化、精神文化、制度文化和行为文化

① 张艺军. 企业文化演化的复杂性研究［J］. 科技创业，2008（11）.

及其各要素相互协作、相互制约，整体演化。任何要素的合作不积极、竞争不充分，都可能导致企业文化整体演化的延迟、偏向甚至失败。因此，现代企业文化建设应更多地强调企业间的协调与沟通机制，要调动各方面的积极性，让企业全体员工都积极参与到其中，不仅要强调精神层面的优化提升，也需要充分保持物质层面、制度层面和行为层面的协调共进，促使企业文化系统整体走向更高层次的有序。

2. 企业文化系统的分叉与选择

系统中的非线性作用虽然规定了多种可能的途径，但究竟哪一种途径成为现实，却是由随机涨落选择的。由于企业文化对企业的强烈依赖性和对环境状态的高度敏感，不同的企业文化创新或构建途径，会因不同的企业、不同的时候和不同的空间而产生不同的效果，当系统的涨落使系统失稳，将企业文化系统推到临界上，系统行为便显得难以确定，系统演化的结果便会产生多种可能性，即分叉。但企业文化的控制主体——企业，又是一个追求利益最大化的理性组织，通过对企业文化本身和其他企业组织的文化信息的评价，结合外部环境——社会文化的取向和状况以及自身的生存发展要求，便会做出理性选择，决策出是否采用、何时采用和如何采用企业文化的创新和构建形式，通过系统内人为的调整与整合，最终使得某种适合企业发展的比较优势大的特定企业文化创新行为的可能性转变为现实性，即选择。分叉与选择是企业文化系统演化不可避免的道路，这便要求企业充分发挥其理性主体的作用，结合当前和未来企业的发展要求以及外部环境变化的状况，对企业文化的现实发展道路做出明智选择，有目的地将企业文化涨落中的有利因素进行激励放大，以主导企业文化向健康、合理的方向发展。

3. 企业文化系统的控制与反馈

控制是一种典型的他组织作用，但如果运用自组织原理赋予系统特定的自组织能力，就可以造出各种特定自组织能力的控制系统。企业文化系统是企业系统的一个子系统，需要服务于企业整体的发展进步，运用自组织控制机制，维持企业文化系统的有序运行，引导系统朝预定的目标发展显得尤为重要。建立自组织控制机制，首先要建立自学习机制，要通过在企业内强调、鼓励、引导企业广大员工持续不断地学习，使企业成为一个学习型的组织，使企业的素质达到与环境相适应、与期望相统一的水平。其次要建立一种自探索机制，即企业和员工要勇于探索敢于创新。只有这样，才能监测到企业文化系统的自身变化和环境变化，监测到企业文化与企业发展是否相适应、相协调，当企业文化整体或局部与预期相偏离，或受到"损伤"时，系统便有能力进行自修复反馈是实施控制的必要环节。当企业文化的运行和演化状况有所偏差，或不适应环境变化时，便会将信息返送到企业文化系统的始端，进而促使系统内部组织耦合方式和结构参数调整，修正终端输出，使系统始终保持与企业目标与预期相一致，与环境变化相适应。企业文化系统是一个开放的动态系统，控制与反馈便是企业文化系统动态演化的保证，通过自学习、自适应、自修复，形成一种正反馈，促使系统与环境进入适应——不适应——更好地适应，系统演化进入无序——有序——更有序的良性循环。

4. 企业文化系统的涨落与失稳

企业文化具有动态性，它总是与企业的发展一起发展的，从企业创立起，其文化的创新与建设便持续不断地进行着。在众多的活动中，有些是渐进型的积累，如员工生活条件的改变、环境的变动、企业家的意图的变更、员工的新点子提出、组织结构的调整、企业目标或战略的变化、某个规章制度的更新，等等。对于企业文化系统来说，这些形形色色的活动就是"微涨落"，微涨落能否被放大为巨涨落是企业文化系统能否与环境相适应、与企业发展相适应，实现文化系统由低层次有序向高层次有序跃迁的决定因素。当微涨落被企业、全体员工和环境所认可从而放大为巨涨落之时，便是企业文化系统的失稳之时，同时也是企业文化系统适应新的形势，重新建立起更高级的稳定结构之际。因此，现代企业文化建设首先需要有这种"微涨落"，需要在企业内鼓励文化创新行为的出现，在企业外发现创新的生长点，结合企业的发展状况，建立起一种文化创新机制，通过各种途径，持续寻找企业文化系统演化的真正诱因，见图4-3。

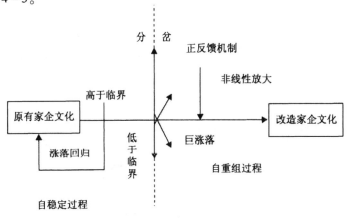

图4-3 涨落放大机制

5. 企业文化的自组织涌现现象

企业文化的复杂性决定了企业文化并不是其成员文化或者知识之和，也不是经过正式协商就可明确规定的。约翰·H·霍兰指出，在复杂适应系统中，即使系统元素的结构、功能、行为规则等都很简单，由于元素间的非线性作用也可能产生较为复杂的整体结构、性质和行为。因此，他把系统的这种从简单的局部产生复杂的整体的现象称为涌现，即"涌现是从小原因中产生的大结果"①。所以，家族企业文化的形成就不会是传统线性思维下的企业文化，而是由非线性因素、元素层次加上结构因素而直接飞跃到整体层次的产物。层次是从元素到系统整体的根本的质变过程，其中呈现出来的部分质变序列中的各个阶梯，可能这些与我们企业中通常的管理层级设定并不相符或一致。② 用系统观点看世界，最重要的是把握对象的整体涌现性③。改革开放30年来家族企业占据中国民营企业总数的90%，这正是涌现的结果，民营家族企业的文化也自然不同于非家族企业的企业文化。从复杂适应系统看，正好说明家族企业是在一定的政策环境下，简单要素组合的非线性的相互作用而涌现的产物。

（三）家族企业文化系统具备演化特征

1. 家族企业文化起到惯例作用

纳尔逊和温特创建了一个典型的经济演化模型，在这个模型中，它把组织行为看作是一种由规则支配的行为并构成演化理论的"首要原则"，组织中个人互动的结果形成了特定的组织文化，并以组织惯例的形式被传承下来。在这里，惯例起到了与生物进化中基因相似的作用。④ 企业惯例以类似于生物体基因的形式来指导企业成员去处理事情。企业成员可能有意或无意地去遵循这种惯例，惯例体现了组织行为的持续性，即为经济体提供了"自然选择"得以

---

① 约翰·H·霍兰. 涌现——从混沌到有序［M］. 上海：上海科学技术出版社，2006，115-123.

② 辛安娜，李志强. 企业文化建设的复杂性分析［J］. 经济师，2004（1）.

③ 苗东升. 论系统思维（六）：重在把握系统的整体涌现性［J］. 系统科学学报，2006，14（1）.

④ 理查德·R·纳尔逊，悉尼·G·温特. 经济变迁的演化理论［M］. 北京：商务印书馆，1997.

发挥作用的稳定的遗传基因。由此可见，纳尔逊和温特把企业文化作为一种惯例，作为基因的类比物，具备了演化分析的首要条件。

2. 家族企业文化系统内新奇事物的创生

新奇事物的创生是演化的一般特征，在经济学领域，新奇就是新发现的行动的可能性。家族企业文化系统内新奇事物的创生，是要解决与回答家族企业文化演化动力的问题。演化性是系统的基本属性，然而就演化动力问题到底是达尔文主义还是自组织理论一直是演化范式面临的首要问题，目前占主流的观点是两者的折衷。霍奇逊认为，自组织是演化过程重要的组成部分，但并不能替代自然选择。福斯特认为，一个统一的"新熊彼特"模型必须处理经济的自组织和经济的竞争选择。分析系统演化的动因，其终极动因在于相互作用。首先是系统内部元素之间、子系统之间、层次之间的相互作用，关键是非线性的相互作用，包括吸引与排斥，合作与竞争等，这是系统演化的内部动因。其次是系统与环境之间的相互作用，即演化的外部动因。[①]

3. 家族企业文化具有耗散特性

家族企业文化作为一种管理模式，其管理过程受若干不确定性，又相互影响的变量要素控制，从而稳定地表现管理效率递减这种趋势。从组织结构看，家族企业多采取高度集权的家长制管理模式，在其产生、成长、膨胀、老化的过程中，各家族成员之间摩擦系数加大，管理熵逐渐增加，管理效率递减，从而使家族企业文化对企业的管理作用有一个效率递减的过程。从信息渠道，文化的传播需要信息渠道的通畅。在血缘关系、缘分关系、家族利益的驱使下，家族企业的信息渠道相应延长、节点增多，使信息在传播过程中耗损、扭曲，最后使信息的有效性、及时性下降，管理熵增加，管理效率递减。从环境变化看，家族企业外部环境的变化会使企业原有的价值观念、管理政策与策略老化、过时而无效，使组织结构不能适应环境变化，从而导致管理熵增。从人的因素，家族企业文化管理的效率在很大程度上取决于企业家与执行者的素质和对企业本身以及对工作的重视。家族企业文化系统产生的熵可以表示：$S = \sum_{i=1}^{n} k_i s_i$，

---

① 康慧，王兆宾，李志强．企业文化演化及其动力机制初探［J］．理论探索，2006（2）．

其中 i 为影响系统熵值的组织结构、信息渠道、环境变化、人的因素等。k_i 为家族企业在特定阶段时各因素的权重，s_i 为各种影响因素所产生的熵值。①

4. 家族企业文化具有混沌吸引子的特征

家族企业文化系统并不是一个线性系统，是一个复杂的非线性系统，具有混沌特征。其由混乱到有序的变革，利用混沌理论来分析如图 4 - 4 所示。

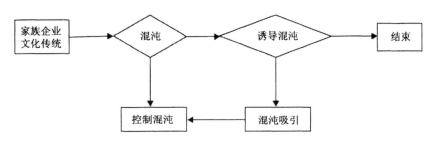

图 4 - 4　家族企业文化与混沌吸引子

混沌吸引子结构的一个重要特点：宏观控制，微观搞活。整个吸引子在宏观整体上是稳定的，但在微观上吸引子内的轨道可无限地相互接近，但又是呈指数分离的状态，存在着无穷的随机性，具有相当大的自由度和灵活性。宏观上的有序和稳定正是来自微观上的无序和不稳定；反之亦然。作为混沌吸引子的家族企业文化系统在宏观上是一个稳定的整体，对市场经济环境下的风浪有较强的抗干扰能力，但从组织微观的个人上看，他们都是具有相当自由度的，充满朝气、活力和创造欲望，他们以组织的目标作为行动指南。

企业致力于企业文化的建设，使员工感受到组织内部相当宽松和谐的心理环境和文化氛围，能把整个企业的价值观融合到自己的价值观当中；同时在工作任务的分配上领导只给员工一个最低的工作量限额和完成的大致时间，并尽可能从物力、财力、信息等方面支持员工的工作，而对工作方式、方法、手段、程序等不作具体硬性的规定，尽可能地给职工以自主性，这样才能发挥他们的聪明才智和创造力，使他们有满意感，能最大限度地为组织创造价值。这些东西一旦形成，企业发展也就拥有了一种"吸引子"，一切工作就会有意识

---

① 周丹，李亚静，张弛. 基于耗散结构理论的家族企业文化建设［J］. 西南民族大学学报（人文社科版），2007（6）.

或无意识地围绕其运转起来，形成一种向前发展的力量。这些东西也不是一成不变的，随着环境条件的变化，管理者需要对这些东西做出适当的调整，形成新的"吸引子"。

因此，家族企业要生存发展，除了要同社会进行物质、能量、信息、人才的交流，还要对整个家族企业文化系统进行混沌监控，找到不动点，然后对其进行反复微调，并随时间适当调整微扰量，利用对参数所允许的最大扰动量，迫使所有轨道向不动点移动，最终使所需的周期轨道稳定。从而培养自己组织的混沌吸引子，限制混沌的有害发展方向，引导混沌的有益方面发展，合理利用有益混沌，使系统 $d_eS < 0$，即给系统带来负熵，使整个系统的有序性的增加大于无序性的增加，形成新的远离平衡态的开放系统。

企业文化演化可以被看作是混沌吸引子的运动轨迹，逐渐形成有序的企业文化系统。即家族企业文化系统方程可表达为 $X = f(s_1, s_2, K, S_n)$。假设各因素出现的概率为 $p_i(i = 1, 2, K, n)$，则家族企业文化系统的熵定义为：$H(x) = -\sum_1^n p_i \log_2 s_i$。即家族企业文化系统与其影响因素出现概率的排列次序无关，其值等于其各个因素的熵之和。系统的信息熵越大，其有序程度低；反之，系统的信息熵越小，系统的有序程度高。其中 s_i 可以表示家族企业文化的观念、文化的继承、干部的管理等。通过调整参数进行控制，从而培养自己组织的混沌吸引子趋于稳定，给系统带来负熵，构建开放的家族企业文化。

二、家族企业文化系统具有熵变特征

（一）家族企业文化系统熵产生的原因

家族企业文化系统是一个能量持续运动并不断转化的系统，而且人类社会的一切社会经济活动都具有不可逆性，所以家族企业文化系统的资源的运动也是不可逆的过程。在这个过程中，必然产生熵，而且由于系统的庞大与复杂，其熵变表现得更突出、激烈。家族企业文化系统的资源主要包括物资资源、人力资源、社会资源等。将系统所拥有的资源总和称为系统资源的总供给，把单位资源所能实现的 GDP 产出称为资源的产出能力，把系统资源的总供给与单位系统资源产出能力之积定义为家族企业文化系统能量，同时将系统中所贮存的能量的无效耗散部分称为家族企业文化系统的系统熵，以此来表示系统的无序程度。

家族企业文化系统资源在系统内运动，会产生能量耗散。在内部，根据不同环境，资源的流动像热流体一样会形成多种形态的传递方式，产生相应的能量耗损。若各种资源在各自的范围内严格按照自己的运行方式有序地流动，就形成层流，此时，资源之间的摩擦最小，内部能量耗散就最少；若资源不按其运行范围和方式无序地流动，就形成湍流，此时，资源之间的摩擦最大，内部耗散的能量也就最多；介于二者之间的较无序流动就是过渡形态。在外部，资源在流动过程中会和外界环境发生摩擦而产生无效的能量耗损。家族企业文化系统之外的一切与它相关联的事物构成的集合，称为该系统的环境。我们将家族企业文化系统的外部环境分为政治环境、法律环境、经济环境、人文环境、教育环境、科技环境。系统资源和环境间的能量耗损是不可避免的，只能通过优化环境的方式达到降低无效能量的目的。各种资源在家族企业文化系统内流动并传递能量的过程中，由于资源流向混乱、流动层次无序以及与外界环境摩擦而产生的能量耗损就形成熵，而其内部的混乱和无序状态是因资源在传递与转化能量的过程中，出现无效能量耗损而致使熵增并累积所致。

（二）家族企业文化系统的熵变

家族企业文化系统运行过程中，既有正向熵变，也有负向熵变，只不过在系统演化发展中，两者所处的地位主次不同，因而发挥的作用的主次也不同。家族企业文化系统的正向熵变主要表现为，系统要素之间相互摩擦、子系统之间相互冲突，系统与外部环境不能协调发展，使系统功能错位或失调。负向熵变不断削减系统的总熵值，使其不断下降，同时促进系统整体功能不断增强，使系统生机勃勃，充满生命力。负向熵变主要表现为，在系统内部，负向熵变促使系统各种要素相互联系、各种系统关系相互融洽、系统结构与系统功能相互协调；在系统外部，负向熵变有利于系统与外界环境相互适应、相互交流，从而促进系统整体效应不断提高、有序度增强。[①]

（三）家族企业文化系统的熵流

家族企业文化系统，一方面受到自然资源耗散与环境承载力的制约，不可

---

① 张晓辉，王莉. 基于熵理论的民营企业文化系统分析 [J]. 社会科学战线，2007 (3).

抗拒地自发熵增，趋向平衡无序；另一方面，由于系统本身的基本特征，在文化势差和科技进步的驱动下，形成耗散结构，从无序到有序又从新的无序到新的有序。在这两个矛盾的过程中，存在着熵流。由于系统的复杂性，各个子系统之间同样存在着熵流。系统的正熵流源于系统的内部和外部，系统具有不可逆性，不可避免地产生正熵。其中，系统内部正熵降低了系统的免疫能力，而系统从外部吸收来的正熵流则增强了系统的外部威胁。家族企业文化系统负熵流也同样源于系统的内部和外部，内部负熵增高了系统免疫能力，系统从外部吸收的负熵流弱化了外部威胁，增加了系统变化机会。某时刻的系统表现是集系统内部、外部作用与历史积淀影响下的正熵与负熵的即时表现。

因此，家族企业文化系统必须不断与外界环境进行物质流、能量流、信息流的交换，从系统内排出正熵或从外界吸收更多的负熵流以克服内部的熵增，才能使有序度不断提高。也就是说，系统通过与外界环境不断作用而使系统维持耗散结构的状态，从而使系统具有自组织性、保持系统活力，充分发挥系统功能。①

三、家族企业文化系统变革具有二律背反特征

文化是具有适应性的，文化适应实际上就是文化对环境的变化所做出的一种文化应变或文化变迁。从以上论述中，我们可以看出企业文化在适应的过程中会出现两种倾向：变迁性和习惯性。变迁的机制可表述为：文化是一个开放系统，无论是企业的组织结构、规模、管理方式还是企业的外部环境都处于不断的发展变化之中。在一定范围内这种发展变化无需引起企业文化的发展变化，但是超过了一定的限度，它就从促进企业发展的因素变成阻碍企业发展的因素。此外，企业文化内的各个方面是相互联系的，其某个方面响应环境的变化而发生了变化，其他方面早晚也要发生相应的变化。这是企业文化发展的自身要求，也进行企业文化改革的必要性。②

习惯是在一定条件下完成某项活动的需要或自动化的行为模式。习惯一经养成，若遭到破坏会产生不愉快或不安的感觉。企业文化的习惯性还延伸两个性质：稳定性和惰性。文化的稳定性也可以体现出文化的保守性。因为文化在

---

① 张晓辉，王莉. 基于熵理论的民营企业文化系统分析［J］. 社会科学战线，2007（3）.
② 柯丁斌. 家族企业文化改革的二律背反［J］. 经济纵横，2006（5）.

适应的过程中不可避免地出现专化，即向现在环境做适应性反应的单方面发展。企业文化的稳定性使生活和工作在这种企业文化中的人感到安全和适应，而一旦他们离开了这样的文化环境就会产生不愉快或不安的感觉。但是，正是这种安全感使他们抵制有关这一企业文化的任何变革。这样就会产生一种因循守旧、反对改革的惰性。因此，企业文化的习惯性往往成为企业文化改革的阻力。

（一）负熵是家族企业文化改革的动力源

企业文化的优质和劣质往往是针对一定的条件、时间和地点而言的。一种企业文化在一定的条件下、在一定的时间和地点可能是一种优质文化；但在另一种条件下、另一个时间和地点则可能是劣质文化。以下就从企业文化的精神面和制度面对我国家族企业文化进行诊断。家族文化特别强调亲情和血缘关系。这一点可以从家族文化的概念中很明显的得出。所谓家族文化是指以婚姻和血缘关系结成的社会关系以及由此产生的种种机制、行为、观念和心态。在家族企业中，只有家人才值得信赖，即所谓"同姓则同德，同德则同心，同心则同志"，同时又对异姓、异族强烈排斥，所谓"异姓则异德，异德则异类"。家族成员之间的这种信任在很大程度上是有利于家族企业发展的。这种信任关系能够使企业产生凝聚力和向心力。但是这种信任关系是一家族的血缘关系为背景的，离开了家族血缘关系，非血缘关系的社会成员之间的信任就非常低。由于这种家族意识，家族企业主多半不愿意接受外来股东或管理人员，这必然使得家族企业的规模显得比较小。

家族文化还特别重视家族利益。企业对家族来说不仅是营利的工具，还是家族生活中不可缺少的一个组成部分。对家庭的责任感是许多家族企业主创业的首要动因。中国的家族文化鼓励财富的积累和传承，中国传统有"前人栽树，后人乘凉"之说，创造财富不仅可以为儿孙打造基业，又可以光宗耀祖。这种财富的积累对家族企业尤其是对于"二次创业"的家族企业来说，是一种资本的积累，是其发展的基础。但是也正是由于这个因素决定了我国绝大多数的家族企业的承接方式为"子承父业"，而不能有效地从社会中挑选更优秀的人才来接管。而且对于相当一部分家族企业主来说，自己亲手创立的企业被别人接管往往被看成是事业失败的表现。

(二) 正熵是企业文化改革的阻力因素

文化是一把双刃剑，它一方面提供我们交流的平台；一方面又包含着因为积累而留下来的许多惰性。同样，我国家族企业文化既有其有益文化因子的一面，又有其惰性的一面。文化的变革就是对旧文化的强力反叛、否定和破坏，这本身也是文化发展的需要。尽管随着家族企业的成长，企业文化的改革越来越成为必要，但却又不得不考虑改革过程中存在的阻力。从企业文化变革与组织结构变革的关系来看。第一，组织有其固有的机制来保持其稳定性，但在进行企业文化变革时，组织的惯性就潜在地成为了一种阻力，来维持其原有的稳定性。这种结构惯性是企业系统运行的特征之一，因此，企业文化变革往往需要组织结构变革。第二，由于企业内部各级子系统之间存在着相互依赖性，在对一个子系统实施变革是不可能不影响到其他的子系统。如果某组织只改变其企业文化，而不同時变组织结构与之配套，企业文化变革就不大可能被接受。但是家族企业在我国是有其存在的合理性和生命力的，这也是我国家族企业大量存在的重要原因。而且我国家族企业的成长不是简单的要求家族交出股份和领导权就"万事大吉"，"两权分离"的条件现在还不具备，即使作为组织形态的家族制被解构，但作为一种精神状态的家族制也仍然存在[①]。

---

① 刘志迎. 企业文化通论 [M]. 合肥：合肥工业大学出版社，2004.

复杂性的企业家理论

回顾国内外关于企业家的各种理论的同时，借助复杂性科学中的混沌吸引子理论对这些理论进行反思。并且借助混沌吸引子理论重新解释企业家理论，希望构造一个基于复杂性科学的混沌吸引子的企业家理论，把混沌吸引子的企业家理论运用到家族企业家身上，指出他们所具有的特殊性及演化规律。

第一节　企业家理论的回顾及其局限性分析

一、企业家理论的回顾

关于企业家的理论，国内外学者从不同的角度给予总结与梳理。是从历史顺序，把企业家理论分成三个阶段。一是古典阶段企业家理论；二是新古典阶段企业家理论；三是新自由主义阶段企业家理论。古典阶段企业家理论包括：魁奈（Francois Quesnay，1694 - 1774）等重农主义经济学派的企业家理论、萨伊的企业家理论。

（一）从经济发展的阶段看企业家理论

1. 古典阶段企业家理论

首先，魁奈（1694～1774）等重农主义经济学家沿袭了康替龙（1755）的企业家理论，认为企业家是简单的监督管理者。而萨伊（1803）则指出企业家概念包括企业家职能和企业家精神两项内涵。他对企业家阶层的诠释是：结合一切生产手段并为产品价值寻求价值的代理人，是预见特定产品的需求以及生产手段，发现顾客、克服困难，将一切生产要素结合起来的经济行为者。企业家是将劳动、资本、土地等要素组合起来进行生产的人，是生产过程的中心枢纽，是生产要素和生产环节的协调者。①

2. 新古典经济企业家理论

主要研究侧重于企业家的特质，即企业家的性质。主要代表人物有马歇尔、熊彼特、奈特及柯兹纳等人。其一是马歇尔提出了在修正不均衡，使不均衡走向均衡这一动态过程中企业家承担着重大作用的观点。他赋予企业家中间商人、风险承担者、领导协调者、创新者等多种角色。马歇尔指出：企业家们属于敢于冒险和承担风险的有高度技能的职业阶层。其二是熊彼特。熊彼特提出了企业家即创新者，强调创新是企业家的判别准则。企业家通过"创新"显示个人成功的欲望，即是一种非物质的精神力量支持着企业家的活动，熊彼特把它称为"企业家精神"。关于风险的承担问题，熊彼特认为承担风险的是资本家，而企业家并不是风险承担者。熊彼特以企业家为中心，构筑了西方主流经济学之外，独立于资本主义经济运行方式和历史进程的动态理论体系。其三是奈特的企业家理论。奈特在《风险、不确定性和利润》（1921 年）一书中，根据不确定性和企业家精神来论述企业家阶层的功能角色。他认为，面对市场环境的不确定性，企业家承担的职责就是通过决策，减少这种不确定性尤其是难以预测的不确定性。奈特的企业家理论的核心内容是在不确定性下，使管理权限和保证责任不可分割的联系起来。其四是柯兹纳的企业家理论。柯兹纳基于对市场过程的分析，提出企业家的主要贡献在于从市场过程中发现获利机会。柯兹纳发展了马歇尔和康替龙的理论，从市场过程内在角度成功地阐述了企业家的形象。②

3. 新自由主义阶段企业家理论

新自由主义经济学阶段对企业家的问题研究侧重于企业家的作用。有些经济学家认为企业家行为受自身所处的组织环境的影响，有权选择自己的组织，主要代表人物有卡森、鲍莫尔等。还有些经济学家则从制度经济学的角度来研究企业家理论，主要代表人物有科斯、诺斯、阿尔钦与德姆塞茨等人。卡森运

---

① 张艳，陈维政．论西方企业家理论的演变和发展［J］．国外经济，2007（8）．
② 甘德安．成长中的中国企业家［M］．武汉：华中科技大学出版社，1997，20－35.

用企业家市场均衡模型来研究了企业家角色功能，在信息的主观性、内生性偏好和有限理性三个基本假设的基础上，综合了前人的企业家理论，把企业家的行为分析综合到一个供给——需求分析框架之中，构造了一个企业家市场均衡模型，从交易成本入手，得出了企业家对市场过程的参与可以降低交易成本的结论。科斯认为企业家是决定企业制度形成的重要力量。他在《企业的性质》中，从降低交易费用这一全新的视角阐述了企业家在企业制度形成中的作用问题。在科斯看来，通过一个组织（企业），让某个权威（企业家）支配生产要素，能够以较之市场交易更低的成本实现同样的交易时，企业就产生了。科斯同时论述了企业边界的存在和确定，认为企业边界的位置处于通过市场实现交易与通过企业组织实现交易成本相等的地方。从他的理论，可以看出企业的边界也是企业家的边界，企业家在降低交易费用方面发挥巨大的作用，但这种作用受到企业家有限理性边界的限制。诺斯则认为：企业家和他们的组织会对（可观察的）价格比率的变化直接做出反应，通过将资源用于新的获利机会或间接地通过估计成本和收益以将资源用于改变规则或规则的实施。企业家在制度变迁中的作用在于运用自己的才能去发展通过重新配置资源获取更多收益的机会，并通过组织去改变制度框架的规则或准则。在诺斯看来，制度变迁绝大部分是渐进的，长期的制度变迁是企业家短期决策的结果。阿尔钦和德姆塞茨（1972）在他们的企业理论中重点由使用市场的交易费用，转移到解释企业内部结构的激励问题上。他们认为企业实质是一种团队生产方式，每个人的边际贡献难以精确的分离与观测。为了克服因此而产生的偷懒问题，必须让部分成员专门从事监督其他成员的工作，为了保证其监督的积极性，剩余索取权必须交予监督者。这可以作为对企业特别是古典企业中不对称的产权安排的有力解释。但其重要缺陷是把企业家的功能仅仅归结为"监督"，而真正重要的职能，经营决策则被抽象掉了。彭罗斯从企业组织的角度考察了企业家的角色和功能。她认为：企业家承担了推动市场与企业组织两者联动机构的作用；企业家应具有预见未来变化和发展潜在生产机会的能力；企业中未被利用的能力以及潜在能力构成了企业扩展的动因，企业家利用这些能力，促进企业的扩展；企业家是主动地承担风险，而不是被动地承担风险。他讨论了企业家在企业的生产性和交易性两方面活动的实质作用，在企业家内在规定性研究上做出了重要贡献。

（二）关于企业家能力与行为理论

1. 分类研究

史蒂文森将有关企业家的研究划分为三类①。企业家的行动会导致什么事情发生（what）；他们为什么要这样做（why）；他们如何做（how）。第一类研究者关注的是企业家行动的结果，而不是企业家或他们的行动，这种观点主要由经济学家所持有，如熊彼特、柯斯纳或卡森等。第二类则以"心理学或社会学的方法"为主。如表克莱兰摩尔，主要研究作为个人的企业家，他们的背景、环境、目标价值和动机作为个体的企业家行动的原因成为研究者兴趣所在。个体企业家以及环境与企业家行为的关系成为研究的重点。第三类关注的是企业家如何行动。在这种情况下，研究者分析企业家管理的特征，企业家如何实现他们的目标而不管他们追求这些目标的原因。企业家可以从实践的观点来理解——企业家做什么，或者如何能够成为一个成功的企业家。这类研究介于原因和结果之间的企业家的管理行为。

2. 从工作类型看

根据研究工作的需要，国内的学者按照不同的划分标准对企业家理论的研究提出了不同的分类模式。如根据企业家在企业中的作用主要体现在其能力和行为两个方面，而且二者之间并不具有必然的联系，很难把他们放在同一个框架下，而只能分开研究的特点，企业家的理论研究可归结为两种模式②：一是职能研究模式。侧重于从企业家的内涵出发，对企业家的职能、角色进行界定，其特点是将企业家的能力作为内生变量来处理。主要研究什么是企业家，其职能是什么，企业家必须具备什么条件，企业家与一般经营者或管理者的区别是什么。主要代表人物有：奈特、熊彼特、柯斯纳、卡森、莱本斯坦、张维迎等。二是实体研究模式。侧重于从外延上规定企业家在企业中的角色定位，其特点是将企业家的能力作为外生变量来处理。这一模式的研究有时或一般不使用企业家这一名称，而是使用经营者、经理、CEO 等名称，其关注的重点也不是企业家的特征，而是将企业家置于一个特定的环境中，研究其行为特征。主要包括：企业家的激励、监督和约束机制，背景是所有权与控制权的分

---

① Stevenson H. H. & Jarillo J C. A paradigm of entrepreneurship: entrepreneurial management [J]. Strategic Management Journal, 1990 (1): 17 - 27.

② 李垣. 转型时期企业家机制论 [M]. 北京：中国人民大学出版社，2002.

离。主要代表人物有：哈特、詹森、法马、德姆塞茨、李垣等。

根据研究的需要，我们对企业家理论按研究内容的形态划分为静态研究和动态研究两大类。为了说明企业家应该干什么，必须具备哪些条件，揭示企业家的客观状况，静态研究又可分为职能的研究和素质的研究两类，在这些研究中，企业家是一个抽象的、静态的人。动态研究分为激励理论与行为理论两种，主要研究企业家可能如何做，怎么让他做，在这些研究中，企业家是具有主观意识的、能动的、动态的人。

职能模式的研究重点是说明企业家的职能是什么，是对企业家的定位。包括对企业家的三种基本研究模式：经营模式、创新模式和决策模式。经营模式的观点是：企业家是经营者，只有具有经营才能的人，才能称为企业家。企业家是继土地、劳动、资本之后的第四生产要素，企业家是经营自有资本或借贷资本的经理人。其代表人物有康替龙、魁奈、萨伊。创新模式的主要观点是：企业家与一般的管理经营者有本质的不同，只有具有创新精神的人才可以称为企业家。企业家是个动态的概念，而非固定的职业。促进经济发展的企业家之创新力量是"看不见的资源"或"无形资产"①。正是企业家的"创造性破坏"产生了动态性的经济运动与经济发展。其代表人物是沃克与熊彼特。决策模式的代表人物有哈耶克、柯斯纳和西蒙，他们认为企业家就是决策者。②

素质研究的理论包括资本模式、人力资本模式两种，是对什么样的人才可以成为企业家一类问题的回答。资本模式的研究强调企业家是一定"财产"的所有者，资本与财富或财产是同义词，而企业家的特质是人格化的资本。马克思就持有这样的观点。③

而张维迎教授"财富往往成为判断一个人是否具备企业家能力的信号"的观点，是资本模式研究的深化。为了寻求我国企业家的所有权与主体地位，张维迎、杨瑞龙、周业安等还从"资本雇佣劳动"这个古典经济学命题出发，明确了企业家之所以成为企业家的前提条件④。人力资本模式研究的代表人物马歇尔等认为，企业家是其特殊禀赋——人力资本的所有者，这种人力资本具

---

① 张胜荣. 看不见的资源与现代企业制度 [J]. 经济研究, 1995（10）.

② 徐志坚. 创新利润与企业家无形资产 [J]. 经济研究, 1997（8）.

③ 卡尔·马克思. 资本论（第二卷）[M]. 北京：人民出版社, 1972, 12.

④ 张维迎. 企业的企业家理论——契约理论 [M]. 北京：三联书店, 1995. 杨瑞龙, 周业安. 一个关于企业所有权安排的规范性分析框架及其理论含义——简评张维迎、周其仁及崔之元的一些观点 [J]. 经济研究, 1997（1）.

有报酬递增的特性，充分肯定了企业家的特殊地位与贡献。国内学者对企业家的本质进行了更深层次的挖掘，认为企业家的人力资本是一种异质型人力资本①，是企业家效率性人力资本、动力性人力资本、交易性人力资本的集合体②。

企业家激励理论是从所有者的角度出发，研究如何激发企业家的创造性与创新意识，提高企业绩效，解决的是企业家创新的动力问题。信息经济学认为，企业家与所有者的信息不对称、激励不相容和责任不对等，会使企业家产生"道德风险"或"逆向选择"，必须设立必要的激励合同激发企业家生产性努力，减少机会主义行为③，甚至把容忍作为控制的手段之一④。随着所有权与管理权的分离，论述两权分离的委托代理理论迅速发展，获得了一批关于委托—代理模式下，不同产权结构——外部治理结构下，不同内部组织制度——内部治理结构下，企业家的契约关系、激励和监督方式等成果。张维迎也利用委托代理理论对公有制体制下，所有者与企业家的委托代理关系虚置时的企业家行为的优化进行了研究。⑤ 李垣等认为，企业改革的突破口既不是产权或治理结构，也不是市场环境，而是系统的企业家机制的建立。"资本家是由模糊的资本概念支撑"⑥，不能只从资本市场看，所有者是委托人而企业家是代理人，还应从劳动市场看，企业家是"专用性"、"独特性"人力资本的所有者，是不能从企业的外部机制决定的问题，此时所有者是代理人。因此需要建立双重委托—代理关系的企业家机制，防止人力资本所有者或物质资本所有者单独或排他性地拥有企业家职能的无效率。⑦

行为理论是研究企业家如何在企业内部实施领导和管理职能的内容，有领导模式研究与选择模式之分。领导模式研究侧重于考察企业家管理的运行体制和结构。不同的企业，需要采取不同的企业领导模式。罗伯特·坦南鲍姆和沃伦·施密特（Robert Tannenbaum，Warren H. Schmidt）以高度专权、严密控制为一个极端，以高度放手、间接控制为另一个极端，以领导者运用职权的程度和下属享有自主权的程度为基本特征变量，将领导模式看作一个连续分布的变

① 丁栋虹. 制度变迁中企业家成长模式研究 [M]. 南京：南京大学出版社，1999.
② 程承坪. 企业家人力资本开发 [M]. 北京：经济管理出版社，2002.
③ 李垣，孙恺. 企业家激励机制对分配性行为的治理分析 [J]. 管理科学学报，2000（3）.
④ 祝足，黄培清，郑伟军. 容忍作为控制手段及其他 [J]. 经济研究，1998（8）.
⑤ 张胜荣. 看不见的资源与现代企业制度 [J]. 经济研究，1995（10）.
⑥ 周其仁. 控制权回报和企业家控制的企业 [J]. 经济研究，1997（5）.
⑦ 李垣. 转型时期企业家机制论 [M]. 北京：中国人民大学出版社，2002.

化带，在这个变化带中，由领导者、下属、环境三方面共同决定了七种典型的领导模式①。罗伯特·豪斯和特伦斯·米切尔（Robert J. House, Terence R. Mitchell）在 1974 年秋发表了著名论文《关于领导方式的目标——途径理论》，从权变因素与领导方式的恰当配合考虑，提出指示型的、支持型的、参与型的、成就导向型的四种企业家领导模式。经验学派的代表德鲁克（Peter F. Drucker）按照中心是工作和任务、成果、关系，列举了职能制结构、任务小组结构、联邦分权制即事业部制结构、模拟分权制结构、系统结构五种领导模式。领导模式是对企业家的宏观决策方式进行的研究，告诉我们有多少种模式可供选择，但没有告诉我们具体的微观决策过程。选择模式理论研究的侧重点是企业家通过何种变量，如何确定权重，在什么条件下做出什么样的决策的，是对企业家决策选择机理的分析与推证。综上所述，我们将企业家的研究理论分类如图 5 - 1，为进一步的研究明确研究方向和思路。

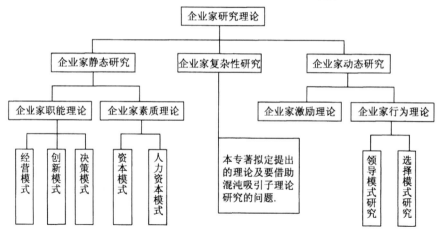

图 5 - 1　企业家理论研究分类

（三）资本与劳动雇佣关系的企业家理论

周其仁（1996）认为，在企业的合约当中，人力资本与非人力资本是不可或缺的内容。但是，是资本雇佣劳动还是劳动雇佣资本？是非人力资本雇佣人力资本还是人力资本雇佣非人力资本。在 20 世纪 90 年代中期曾是一个热点

---

① 孙耀君. 西方管理学名著提要［M］. 南昌：江西人民出版社，1995.

问题。张维迎（1995）认为，非人力资本所有者（资本家）拥有当企业家的优先权，因为，"富裕的人做企业家的选择比之于贫穷的人做企业家的选择，在显示经营能力方面更具信息量"，① 而方竹兰（1997）认为，企业家是依靠其人力资本投入在企业合约中获得必要产权，而不定要有非人力资本为依托。因为，企业家的人力资本是更为稀缺的资源，它在企业及社会富创造中具有决定性作用。② 还有专家认为，在企业中，人力资本与非人力资本除了各自扮演不同的角色外，它们之间还存在着相互转化和交换的关系。首先，人力资本所有者（如企业家）所拥有的人力资本的一部分是由非人力资本转化而来的。企业家作为管理企业的关键指挥者，他所具有的知识、经验和决策才能是在以往的学习、工作及社会活动中逐步积累的。其次，人力资本与非人力资本在共同组成企业时，各自的所有者也有着一种交换关系，并且这种交换关系通过显性或隐性契约加以不同程度的规定。最后，非人力资本所有者在与人力资本所有者达成某种契约以组成企业时，事实上也在使用着自身的人力资本。③

作者认为，家族企业创业、成长与传承的过程就是创业企业家人力资本不断转化为非人力资本的过程，也是创业企业家自有人力资本不断增殖的过程，还是创业企业家人力资本与市场非人力资本非线性相互作用的过程并增殖的过程。而家族企业"富不过三代"的魔咒，从人力资本与非人力资本的关系看，也就是第一代创业企业家的人力资本在创业的过程中人力资本增殖与人力资本向非人力资本，比如货币资本转化、增殖的过程；而子承父业的过程中"富不过三代"现象，不过是继承人缺乏人力资本而导致非人力资本，比如货币资本、实物资本丧失的过程。所以，"富不过三代"不过是人力资本与非人力资本非线性良性互动机制的丧失。

（四）从不同学科看企业家理论

国外企业家理论十分丰富，但是由于人们从不同的角度进行研究，因而并没有统一的企业理论。从研究的角度进行区分，国外企业家理论分别从经济学、心理学、社会学、管理学角度进行了研究。④

---

① 张维迎. 企业的企业家：契约理论［M］. 上海：上海人民出版社，1995.

②③ 李垣. 拥有人力资本是成为企业家的关键［J］. 数量经济技术经济研究，1999（3）.

④ 宋克勤. 国外企业家理论［J］. 首都经济贸易大学学报，2001（4）.

1. 企业家理论的经济学研究

企业家理论是源于经济学家为构建一般性的经济理论体系的需要而形成，因而经济学中的企业家理论对实践难有直接的指导意义。尽管这样，简要回顾企业家理论的发展折射出企业家角色的演变轨迹，对我们的分析仍有一定的参考价值：企业起步时，企业家的角色表现为投机商（Richard Cantillon，1755）、协调决策者（Jean Baptiste Say，1832）；随着企业发展、竞争加剧和产权分解，企业家逐步充当起创新者（Paul A. Samuelson，1915）、判断性决策者（Casson. Mark，1982）和企业控制者的角色。在此过程中，市场成熟度、企业成长以及竞争状况，对企业家角色的转换起到关键的作用。[①]

经济学阐述企业家性质方面前面已经做了许多论述，下面，我们仅就前面我们没有涉及的论题再深入进行一些分析。企业家的经济学理论主要研究企业家在经济发展中的职能和作用方面。

1979 年伯克（Birch）的研究表明在美国小企业在工作创造和经济发展中起首要作用。因为他的研究结果，使经济理论对企业家及其创办的小企业的看法改变了。在某种程度上，企业家的创业职能日益加强，其趋势是越来越注重企业家作为创业者的一面，甚至企业家就是创业者。[②] 斯蒂文森（Stevenson，1990）等人对企业家定义几乎就是对创业者的定义："创业是企业家不管是独立地还是在一个组织内部追踪和捕获机会的过程。"他们指出，有三个方面对于企业家创业是特别重要的，即察觉机会、追逐机会的意愿及获得成功的信息和可能性。1997 年，由巴布森学院（Babson College）和伦敦经济学院（London Business School）开始组织了一个世界性研究项目：全球企业家精神监测。他们集中世界上最好的研究企业家精神的学者，来研究企业家精神与一个国家经济增长之间的复杂关系。他们定义的企业家精神是"依靠个人、团队或一个现有企业，来建立一个新企业或创业的企图，例如自我就业、一个新的业务组织、或一个现有企业的扩张"。到 1999 年，研究者撰写了首期研究报告，其主要结论有：（1）1999 年成年人开办一个新企业的企图各国之间有很

---

① 郭劲丹．企业家角色的新认识：连续统一体［J］．统计与决策 2008（13）.

② 朱仁宏，李新春，曾楚宏．企业家的消失与回归：论企业家角色［J］．中山大学学报（社会科学版），2007（2）.

大不同，从低（芬兰1/67，1.4%）到高（美国1/12，8.4%）；（2）企业家活动的水平与所研究的10个国家的GDP的最新增长有正相关关系；（3）基于企业家活动的水平，1999年研究的10个国家可分为3组：即高、中、低。企业家活动水平高的国家包括美国、加拿大、以色列，平均6.9%；中等的有意大利、英国，平均3.4%；低的有丹麦、芬兰、法国、德国、日本，平均1.8%；（4）在大多数企业家活动积极的国家，企业家活动是经济和个人生活的组成部分和可接受的社会特征。但在剩下的国家中，通过创业体现的企业家精神仍然是片面的和文化上的反常现象。在这些国家，许多民族的、文化的、政治的和经济上的制度及惯例要经过几十年的变革，才能加入企业家经济的"精英国家"。上述观点表明，不确定性、承担风险、企业家与资本家及管理者的分离、创新、对机会的洞察力，以及企业家及企业家精神对经济发展的作用是经济学理论对企业家与企业家精神进行研究的关键因素。

甘德安（1998）曾经指出，发展中国家最为短缺的不是资本与资源，而是创业企业家，他们是中华民族的英雄。[①]

2. 企业家理论的心理学研究

企业家的心理学理论主要研究企业家行为的心理因素，认为企业家拥有可以解释其行为的共同个性特征。其基本假设是，企业家在某些方面与常人不同，这种不同可以在企业家的个性方面进行解释。

心理学家们做了大量工作来确认企业家拥有的某些个性或特征。做出突出贡献的是麦克莱兰（David McClelland，1961）。他的假设是："一个普遍拥有高水平成就需要的社会将产生更有活力的企业家，这些企业家接下来产生更快的经济发展。"麦克莱兰将成就需要定义为"希望做好的欲望，主要不是为了社会承认或声望，而是为了内在的个人自我实现的感觉"。根据麦克莱兰的理论，企业家是成就需要和经济增长的中间变量，依靠增加一个社会的成就需要的水平，将会刺激企业家精神和经济发展。麦克莱兰通过实验得出结论认为企业家成就需要得分高。他认为成就需要得分高的人具有下列特征：希望承担决策的个人责任，喜欢具有中度风险的决策，对决策结果感兴趣，不喜欢日常工作或重复性工作。

---

① 甘德安. 市场经济是企业家经济［J］. 中国社会科学院研究生院学报，1998（4）.

控制域（Locus of Control）是心理学理论判断企业家的一个尺度，是指人们相信他们控制自己人生的程度。罗特（Rotter，1966）设计了一个"内部—外部"尺度来确定企业家的控制域。他宣称内部控制域与高度成就需要相一致，而企业家倾向于尺度的"内部"端。"内部"端的人们被视为感觉自己对生活中的事件过程具有某种影响的个人，他们与"外部"端的人相反，后者感到由外部力量诸如运气和命运主宰自己的生活。对于"内部"端的人来说，个人命运来自内部，因此，他们更倾向于自我依赖、独立需要和自治。拥有内部控制域的人具有企业家的三个特征：自信、创造性和责任感。

在企业家研究中经常分析的心理因素与企业家行为的动机有关。这种对动机的重视趋于强调企业家追求的特定目标。除了利润最大化之外，企业家追求的目标还有安全、权力、独立、自尊和为社会服务。

企业家的心理学理论是值得重视的，不仅因为它的多样性，而且因为它缺少各种企业家个性的统一。其主要观点是，企业家精神是一个个性变量，企业家显示出比社会中的其他人拥有更大的成就动机、成就价值、风险承担性和自信。他们也拥有内部控制域而不是外部控制域。

3. 企业家的社会学研究

把企业家角色放在社会学中考察的意义既是对经济学人的理性假设的突破，也是对管理学中企业家角色内涵的丰富。企业家是一种角色，定位在企业管理的最高决策者位置上。这包含两层意思：一是企业家作为一种职业称呼，以处于企业最高决策层为重要前提，需要有一定的职位或职务载体，不管在现实中是否有其他称呼。二是企业家是一种角色。流行的理论观点认为企业家是一种个人的能力、素质和行为特征，或者一种泛泛的社会化职能既创新，而非特定的分工职位或社会角色。[①]

企业家的社会学理论强调环境或情景因素对企业家行为的重要性。社会学理论认为，个人的行为差别在很大程度上来自于在成长过程中经历的学习经验的种类不同。某些行为模式通过直接经验得到，另一些行为模式则是通过观察性学习，即通过观察其他人的行为和注意这种行为的后果。[②] 社会文化因素和

---

① 郭劲丹. 企业家角色的新认识：连续统一体［J］. 统计与决策，2008（13）.
② 宋克勤. 国外企业家理论［J］. 首都经济贸易大学学报，2001（4）.

家庭背景是影响企业家行为的两个重要环境因素。社会文化因素是指企业家行为在其中发展的特定社会文化体系的价值观系统。社会学理论认为，一个赞赏企业家行为、对企业怀有积极的态度、对企业家赋予较高的社会地位的价值观系统刺激企业家行为。企业家精神更有可能在这种社会文化环境中繁荣兴旺。

4. 企业家理论管理学研究

管理学与经济学最大的分歧就是人性假设。管理学家 PeterF. Drucker（1909 - 2005）在《Innovation and Entrepreneurship》中认为，企业家是革新者，是为谋取利润并为此承担风险的人，是能开拓新的市场引导新的需求，创造新的顾客的人。

Israel M. Kirzner（1973）提出了"企业家的发现"概念，认为企业家不是经济人，他们的行为不是被动、理性和机械的。相反，他们以创造性的态度活跃地面对一个始终不平衡的市场。Derek J. Morris 也认为，企业家精神领域具有七个观察角度，即财富的创造、企业的创造、革新的创造、变革的创造、工作机会的创造、价值的创造，以及成长性的创造。可见，在管理学视角，企业家精神已超越 Joseph Alois Schumpeter 的"自发性"和"个体性"的范畴，成为一种对经营模式和机会的思考方式，更关注企业的生长和发展过程。[①]

根据管理学观点，企业家行为可以培育的主要目的是确定所涉及的特别管理职能，向现有的和有希望的企业家提供培训。在企业家创办一个小企业的初期阶段不总是需要高超的管理能力。最初的目标是创造和开发创新性产品和服务。但是，当企业发展到快速增长阶段，管理能力至关重要。在这一阶段，很多企业家失去了对公司的控制。管理增长与管理创业活动不同，企业家常常在将一个松散的、管理不正规的企业转向一个正规管理的企业的过程中失败。这需要在公司的组织结构和关键的人力资源管理上进行调整。没有这个变革，企业家发现很难在成长阶段存活下来。

雷（Ray，1993）确定了企业家为了扩张企业所必需的技能：（1）确认新产品或服务机会的能力，拥有高度的创新和创造性思考的能力；（2）评价机会和批判性思考的能力，充分的评价对辨认一个好机会是重要的；（3）说服性的沟通技巧，包括口头与书面沟通、面对面的沟通与电话沟通；（4）谈判

---

① 郭劲丹. 企业家角色的新认识：连续统一体［J］. 统计与决策，2008（13）.

技巧，当与供应商、经销商、顾客、银行、代理机构打交道时，不可避免地涉及到谈判技巧；（5）人际关系技巧，没有好的人际关系技能，企业家很难成功；（6）倾听和信息获取技能，即倾听和发现其他人的兴趣和需要的能力；（7）解决问题的技能。

内亚威利（Gnyawali）和福格尔（Fogel）（1994）强调成长型企业家培训项目的重要性。他们认为，除非企业家拥有很好的技术和商业技能，他们不可能克服在其企业发展的不同阶段遇到的各种困难。其他企业家培训需求的研究强调开发特别满足企业家需要的，由可信的熟悉企业家环境的教师进行传授的培训项目的重要性。[①]

（五）从经济与社会角色看企业家理论

20世纪后期，对企业家理论作出重要贡献的学者是德鲁克，德鲁克首次尝试把企业家概念从纯粹经济领域界定中解脱出来，为以后社会企业家理论的产生提供了思想上的启蒙。哈佛大学企业家理论研究的首席学者史蒂文森在继承德鲁克理论的同时对企业家概念追加了另一要素，即企业家具有不受资源限制的应变力。虽然德鲁克和史蒂文森贡献了构成社会企业家理论的本质要素，但是首次提出社会企业家概念从而突破性地把企业家理论拓展到社会领域的学者是 William Drayton。Drayton 彻底实现了企业家理论从经济领域拓展到社会领域，Drayton 也成为社会企业家理论的鼻祖。Drayton 认为企业家不应当只关注企业利润或经济的发展，而更应当关怀社会的发展，能够以企业家精神为依托推动整个社会走上新的发展轨迹。随后许多学者继续对它进行研究，得出了学术界公认的现代社会企业家理论。[②]

社会企业家的理论内涵包括：社会企业家具有推动整个社会的变革与发展作为一项风险事业的能力，使用经济方法来实施对社会的风险运作的能力，具有创新与推动变革的品质，具有社会价值的创造与维持精神，具有捕捉及追求新机会的能力及不受现有资源限制的应变力。[③] 我们可以把经济企业家与社会企业家进行比较，见表 5 – 1。

---

① 宋克勤. 国外企业家理论［J］. 首都经济贸易大学学报，2001（4）.
② 中国企业管理研究会. 中国企业社会责任报告［R］. 北京：中国财政经济出版社，2006：14 – 17.
③ 亓学太. 当代西方社会企业家理论的演进与创新［J］. 中共长春市委党校学报，2007（6）.

表 5 – 1 经济企业家与社会企业家进行比较

企业家理论		社会企业家理论		
理论要素与属性	提出者	理论要素与属性	提出者	提出形式
基于经济领域	Richard Cantillon	基于经济领域	William Drayton	拓展
经济价值的创造	萨伊	社会价值的创造	J. Gregory Dees	继承与延伸
生产或市场的创新	熊彼特	社会的创新及变革	J. Gregory Dees	继承与延伸
市场机制与经济理性的手段	斯密传统学派	市场机制与经济理性的手段	—	继承
经济结果即利润的测量标准	萨伊 – 熊彼特	社会结果的测量标准	William Drayton	继承与延伸
理性的经济人	斯密传统学派	理性的道德人	William Drayton	创新与超越
经济责任	Cantillon	社会责任与使命	William Drayton	创新与超越
经济理性与道德责任的对立	古典经济学范式	经济理性与道德责任的融合	William Drayton	创新与超越
—	—	机会	德鲁克	创新
—	—	资源的应变力	Howard Stevenson	创新

资料来源：亓学太．当代西方社会企业家理论的演进与创新［J］．中共长春市委党校学报，2007（6）．

二、传统企业家理论的反思

1. 各种企业家理论存在的问题

马歇尔这种赋予企业家多重角色的折衷观点使其理论失去了鲜明性，但其思想博大渊深，极大地影响了后人对企业家理论的研究方向。[1] 熊彼特的理论完全抛开了资本的作用，将企业家与风险分割开来；把企业家置于企业组织之外去追求个人功绩，没有涉及到企业家在组织中所起的作用。只有保证合同收入才能掌握决策权，这种逻辑在企业组织中最为典型的表现就是股东与内部人

---

① 甘德安．成长中的中国企业家［M］．武汉：华中科技大学出版社，1997：30 – 31.

的关系，但他没有对其进行系统的分析。柯兹纳的企业家理论局限于把不均衡视为始终存在于投入与产出的过程中，并未把企业看作是生产资源的集合，也没有考虑资本运营的风险作用。卡森关于企业家一般规定性的探索，抓住了以往经济理论对企业家研究的不同要素。熊彼特的企业家"创新者"角色的创新行为，柯兹纳的企业家"中间商"角色的套利行为都可视为卡森企业家"判断性决策者"决策行为的特例，这使得他的企业家概念更具有一般性。但是，同时也造成了他的企业家概念的偏颇，即只注重企业家在企业中的交易性，而忽视了其生产性。企业家理论的演变与发展主要经历了古典阶段、新古典阶段和新自由主义阶段。我们看到的企业家理论是个动态的、发展的概念。众多的学者应用交易费用理论、契约理论、委托代理理论对企业家的职能、特征和能力从不同侧面给予了描述，并概括企业家一定的经济性质和本质特征，但是还没有得到一个统一的标准。

2. 经济学的企业家理论还是古典经济学、新制度经济学的延伸

理论上从 18 世纪中叶开始，经济学家没有停止过把和企业家有关的理论纳入经济理论框架的努力。[①] 在新古典经济学中为了均衡思想，最终放弃了企业家要素。不论古典经济学、新古典经济学、新制度经济学的企业家理论都是传统决定论的翻版。在古典经济学中，企业家被看作是"资本家"，而类似地，在新古典经济学中企业家被看作是"能力"或"生产要素"，这是一脉相承的。斯密没有把"企业家"与"资本家"加以区分是因为在他生活的那个时代拥有"资本"才是生产的前提，他非常强调资本的所有权是企业家才能发挥作用的基础[②]。而在新古典经济时代，企业家被看作"要素"主要是与"均衡"思想有关。古典经济学和新古典经济学都是建立在均衡思想之上的。明确提出"均衡"思想的是瓦尔拉斯，为了均衡理论的需要，他才抛弃所有有关企业家的相关内容[③]。那么为什么瓦尔拉斯要做出这种舍弃呢？我们认为

---

① 黄友松，刘东海. 企业家理论认识的现实困惑与超越 [J]. 经济与管理，2006 (1).

② Hebert R F, Link A N. The Entrepreneur: Mainstream Views and Radical Critiques [M]. New York: Praeger Publishers, 1988.

③ Hebert R F, Link A N. The Entrepreneur: Mainstream Views and Radical Critiques [M]. New York: Praeger Publishers, 1988.

他意识到"企业家"与他要发扬的"均衡"方法是不相容的，因为一般均衡理有一个重要前提假设是"理性"，在"理性"假设下，意味着主体具有"完全预期"的能力和对世界的"完备知识"，这意味着已经没有"不确定性"，也不需要企业家去创新，因为企业家创新的过程和结果已为人所知，利润不可能产生。"企业家"被简化为生产要素之后，新古典经济学把研究"既定"资源的配置作为根本任务也就顺理成章了。①

从 20 世纪 30 年代起，企业家角色便从作为主流理论的现代微观经济理论中彻底消失了。巴瑞托发现，"在主流理论对市场制度的解释中，企业家不再扮演基础性的角色……人们贬低或者完全忽视了关于创新、承担不确定性、协调和套利的硕果累累的理论"②。很明显，在主流理论的精确模型和企业家角色之间不存在边际调整的可能，也没有令人愉快的中间道路，从而导致企业家从主流理论体系中消失了。③

进入 20 世纪下半期，主流经济理论中发展出一个以交易成本理论、团队生产理论和产权理论为基础的现代企业理论。现代企业理论，尤其是其中的团队生产理论和产权理论，以企业家承担风险为解决问题的突破口，分析了不完全或非对称信息、有限理性的决策者以及寡头垄断的产业结构造成的种种后果。不过，按巴瑞托的观点，修改后的假设并不必然带来企业家活动，因为许多理论虽然作了些调整，但仍然使用主流微观经济理论的均衡导向；少部分理论虽然集中研究新技术、新需求的有目的性的发展，但与分析过企业家心智与动机的熊彼特和奈特相比，这些理论在分析从事创新的个人和企业时显得更为生硬④。

3. 从确定性与不确定性看企业家理论

奈特的企业家理论提出了企业家是风险的承担者，但没有深入下去。在奥地利经济学看来，企业家不是生产要素，也不是个体或组织，而是一种面对不

---

① 朱海就. 对"企业家"概念的理解为什么有分歧 [J]. 商业经济与管理，2009（3）.

② Barreto H. The Entrepreneur in Microeconomic Theory：Disappearance and Explanation [M]．London and New York：Rout ledge，1989.

③ 朱仁宏，李新春，曾楚宏. 企业家的消失与回归：论企业家角色 [J]. 中山大学学报（社会科学版），2007（2）.

④ Barreto H. The Entrepreneur in Microeconomic Theory：Disappearance and Explanation [M]．London and New York：Rout ledge，1989.

确定性的主观行为。这种从主观意义上理解的企业家与他们所采取的过程方法是一致的。

首先，企业家的唯一特征是面对不确定性。奈特与奥地利学派经济学认为企业家的唯一特征是面对不确定性，如米塞斯（Mises，L. V）说"企业家"这个术语的含义是"唯一地从每一个行为中固有的不确定方面来看的行动的人"①。米塞斯把"不确定性"扩展到整个市场活动，认为资本家、土地所有者和劳动者都看作是企业家，因为他们都要应对"不确定性"，企业家的行为就是对未来进行"判断"，进行"有目的的选择"，这也是一种"投机"活动，"人们行为的结果总是不确定的……在任何真实的和活生生的经济中，任何人都是企业家和投机者"②。企业家是面对不确定的人，在一个想象中的、停滞的均衡世界中，没有不确定性，也就没有企业家活动的空间的。在任何一个真实的市场中，不确定性都是无法消除的，不确定性意味着利润机会，而利润机会会提醒潜在的企业家采取行动。

其次，企业家要面对不确定性的三种主观行为：判断、警觉与预期。米塞斯认为，在不确定的市场中，利润来自于正确的判断和预期，而不是物质资本的产出，企业家对市场利润的追逐是市场经济的驱动力，企业家必须对消费者的需求进行预测，"利润或亏损完全决定于企业家能不能按照消费者的需求进行生产"③。米塞斯认为市场是个开放的过程，这和他对企业家"判断"的认识是一致的。在他看来，企业家对未来的"判断"并不意味着市场趋向均衡与否，判断有可能是正确的，也有可能是错误的，因此，市场的发展会有很多可能性，不能用"均衡"或"非均衡"来衡量市场过程的特征，而企业家一直是在市场的"过程"中活动，企业家的活动不存在起点和终点的循环。

熊彼特的企业家是打破均衡，而柯兹纳认为企业家的活动是使市场"趋向均衡"，这是他很著名的观点。为什么呢？可以做一个比喻，如果是一个均衡的市场，那么所有的机会都已经被发现，市场实现了充分的协调，但是在一

---

① Mises L V. Human action: A Treatise on economics [M]. New Haven, CT: Yale University Press, 1949.

② Mises L V. Human action: A Treatise on economics [M]. New Haven, CT: Yale University Press, 1949.

③ Kirzner I M. Competition and Entrepreneur [M]. Chicago: The University of Chicago Press, 1973.

个真实市场中，由于"知识的局限性"和"非完全预期"，人们在市场中容易犯"错误"，完全的协调不可能实现，我们可以把没有实现的协调比喻为"鸿沟"，发现"鸿沟"也就是发现"利润机会"。由于企业家的"警觉"，他们不仅能发现"错误"，获得利润，而且也能从错误中学习，纠正错误，从而缩小或减少"鸿沟"，这一过程也意味着市场协调程度的增强，也即"均衡趋势"的产生。但是"均衡"只是一种"趋势"，不可能"达到"，因为"鸿沟不可能被完全消除"。

以拉赫曼为代表的奥地利经济学家强调的是企业家的"预期"。拉赫曼强调"无知"和"不确定性"，他把奥地利经济学的"主观主义"发挥到极致，他的理论是建立在"人的预期随着时间的流逝是会发生变化的"这个观点基础上的，在他看来，"预期"决定"计划"，而"计划"又决定"行动"。他认为"不确定性"不仅是来自外部环境，如不可预期的事件随时有可能发生，更重要的是，"不确定性"来自于"预期"本身。在方法论上，他的"预期"对类似于新古典经济学的"偏好"，在新古典经济学中"偏好"是稳定的，因此"连续性"假设可以成立，而在拉赫曼看来，不同人有不同的"预期"，人们的"预期"不可能准确地预测未来，这不仅是因为世界是瞬息万变的，还因为"预期"本身也是变化的。他拒绝了知识的"连续性"以及市场的"稳定性"假设，也不承认有"均衡"趋势。

拉赫曼强调的是企业家的"预期"，但是企业家的"预期"与一般人的预期不同，企业家的"预期"包含了更多的"想象"，企业家不是对"已有机会"进行选择，而是根据他自己的"想象"实施他的行为，"利润机会"隐藏在企业家自己的"想象"中，而不是被外部事件所决定。如布坎南等所指出的，如果企业家的"想象"是"创造性"的想象，那么相应地，"市场过程"应是一个"创造性的过程"。①

第二节　基于复杂性科学视角的企业家角色

不论是新古典，还是新制度经济学对企业家的解释与界定都不能令人满

---

① Buchanan J M, Vanberg V J. The Market as a Creative Process [J]. Economics and Philosophy, 1991 (7).

意。这说明新古典、新制度经济学的线性思维、决定论哲学观不能很好地解释与解决经济社会的实际问题。我们必须借助新的工具，这就是复杂性科学，特别是混沌理论。

一、企业家具有在混沌管理中实现创新的能力

抓住企业家就抓住了企业的灵魂，那么抓住混沌吸引子就抓住了企业家的本质。如果，我们把企业看成是一个复杂系统的话，企业家本质上就是一个混沌吸引子。企业家角色的复合就是作为混沌吸引子性质的混合。企业家角色系列中既有企业家的角色，也有管理者的角色；既是创新者，也是管理者；既是秩序的破坏者，也是秩序的保护者。这正是企业家作为混沌吸引子的特征。混沌吸引子既有不确定，不规则、混乱的一面，也有整体规则、寻求秩序的一面。所以，我们的企业家理论总不能说清楚，企业家到底是创新的角色还是管理的角色，从混沌吸引子的角度看，企业家既是创新者，也是管理者，在整体秩序维持的情况下追求创新与破坏，通过创新使企业在新的条件下具有秩序。

美国学者威廉·鲍莫尔指出，资本主义增长奇迹在于其自由市场创新机器，创新是资本主义的发动机。从混沌理论来看，混沌与企业管理的结合最重要的是抓住混沌的边界。① 企业的创新空间就是这样一种状态，它既稳定又不稳定。一方面，企业的负反馈系统以实现企业的当前意图为目的，努力地完成其基本任务，维持着企业的存在和稳定性；另一方面，企业家以个人或某个群体的意图为目的，企图改变或颠覆现存的维护系统以增强企业的适应性，破坏着企业的稳定性。企业创新就是在这两种正负反馈系统的相互斗争中，由企业家创造性地改变其合法系统的过程。

根据复杂性科学研究对企业及其创新的洞察，创新具有复杂性特征：一是创新主体的复杂性。企业的创新成长过程是一个由多种要素构成的复杂系统，在这个系统中，不仅包含家族、企业家、自身企业，还包括相关企业、科研机构、地方政府、用户等，这些多极创新主体之间的相互作用构成了纵横交错的关系，形成了一个复杂的网络。二是创新环境的复杂性。企业的创新成长不能

---

① 吴积亲. 混沌理论与创新探讨［J］. 绥化学院学报，2007（2）.

脱离社会环境而孤立进行，而是依存于一个由市场环境、资金环境、资源环境、科技环境、政策环境、文化环境等构成的不确定的、复杂的系统。三是技术本身的复杂性。雷克鲁夫特和卡什认为，"技术复杂性是指一项技术不能被一个技术专家单独理解和设计，也无法相近表述且跨时空交流"。[①] 技术的复杂性一方面体现在产品集成的要素之间所产生的复杂关系以及外部环境的不确定性；另一方面体现在产品开发和工艺过程中不同环节和阶段的相互作用所体现出的复杂性。家族企业的创新风险大，风险承担能力差，这就需要企业家愿冒风险将资金用于技术创新。四是创新过程的复杂性。创新过程复杂包括原始创新、集成创新与消化吸收再创新。[②] 无论是哪一种创新形式都是各个创新主体通过一定的联结和运行方式，相互渗透、相互作用的过程，是与外界环境交互作用的过程。因此创新过程不是线性的直线模型，而是非线性复杂的网络模型。

运用复杂性科学理论实现家族企业的创新成长。一是注重随机涨落因素。根据复杂科学的理论，随机涨落因素是企业技术创新的诱因，没有随机涨落就没有创新系统的发展。家族企业在创新成长过程中会遇到许多涨落因素，因此要注重这些因素，从而达到创新的目的。二是运用企业家的吸引子作用。德鲁克认为在灵机一动基础上形成的技术创新，恐怕比各种原因引发的创新总和还要多。企业家必须是真正的战略家，有运筹帷幄、决胜千里的胆识，善于捕捉创新的机会。

企业家实现创新职能的手段之一就是通过 R&D 投入与产出的非线性作用发挥作用，就是对 R&D 投入与产出进行决策。据相关学者研究，可以将企业 R&D 投入与产出之间非线性关系概括为几点：一是企业 R&D 投入与产出之间确定的非线性关系不仅可能导致简单确定的企业系统行为，更可能产生复杂的企业系统行为，比如 R&D 投入与销售收入的非线性不确定性变化。二是确定的决策模式即可以产生相同的企业系统行为，也仅仅因为环境的细微变化，导致企业内的蝴蝶效应。三是企业家决策过程对外部环境变化反应快慢不当，都容易引起企业系统行为的混沌变化。四是在一定的管理模式和环境条件下，企

① Kauffman S A. The origins of order: self - organization and selection in evolution [M]. New York: Oxford University Press, 1993.

② 阎忠吉，姜春林. 区域自主创新的自组织机制分析 [J]. 工业技术经济，2007 (2).

业系统行为仍然具有突变性，使得任何基于趋势的预测都是不可靠的。五是企业家决策可以看作非线性系统的初始条件，他的决策使企业具有敏感依赖性，使得相近的初始条件并不能产生相近的行为，有时甚至是性质上完全不同的行为，因而长期的较为精确的预测是困难的。六是管理的战略参数（比如，R&D 投入占销售收入的比例）与企业系统动态行为之间的非线性关系的研究，为通过战略参数的调整而获得预期的系统行为或避免危险的系统行为，提供了决策依据。七是企业系统具有的内随机性，可以用来解释诸如企业突然"破产倒闭"这样一类的奇异现象，而不必从企业外部寻找原因。[①]

二、企业家在混沌环境中具有捕捉机会的能力

许多经济学家都认可企业家作为创新者的角色。为了实现成本最小化，企业家必须创新，发掘各种新思想，创造各种新技术。熊彼特赋予企业家以创新者角色，认为企业家是资本主义经济发展的发动机，企业家的创新行为是商业周期和经济发展的根本原因。所谓创新就是建立一种新的生产函数，把一种从未有过的有关生产要素和生产条件的新组合引入生产系统。这种新组合或创新包括：引入新产品、引入新技术、开辟新市场、控制原材料的新供应来源、实现企业的新组织形式。

如果企业家能够利用新的信息，以较低的价格购买资源并对它们进行重组，那么就可以创造更多的利润[②]。另外，熊彼特认为，创业机会的发现还取决于企业家所独有的创业精神。企业家与只想赚钱的普通商人或投机者不同，个人致富只是他们的部分目的，而最重要的创业动机则是其"体现个人价值"的心理，即"创业精神"。[③] 具体而言，创业精神主要包括以下特征：建立私人王国、对胜利的渴望、创造的喜悦、坚强的意志及家族的使命[④]。

不确定的非均衡市场环境中存在机会，具有胆识、想象力和异质性知识的企业家拥有独特的警觉性，容易发现市场中存在的机会，他们或是通过扩大生

---

① 刘洪. 企业 R&D 投入与产出之间的非线性关系分析［J］. 科研管理，1997 (9).
② 方世建，秦正云. 创业过程中的企业家机会发现研究［J］. 外国经济与管理，2006 (12).
③ 方世建，秦正云. 创业过程中的企业家机会发现研究［J］. 外国经济与管理，2006 (12).
④ 甘德安等. 中国家族企业研究［M］. 北京：中国社会科学出版社，2002.

产供应，或是通过套利等活动来利用市场机会，使资源得到更好的配置。企业家和普通人一样，都是在自由、不确定的世界里从事商业活动，但又与普通人不同，他们总是自发地关注他人忽略的环境特征。① 警觉的企业家时刻注意着市场，通过发现创业机会并采取行动来获取利润。由于认知上存在偏差并可能出错，因此先入市场的企业家可能会遗漏一些创业机会，后来的企业家因为知识的增加就会敏锐地发现这样的创业机会。可以说，正是企业家对机会的警觉和发现促使非均衡的市场过程逐渐趋向于均衡。②

根据柯兹纳的分析，创业机会的主要特征是：（1）潜伏在当下的市场环境中，或由市场环境变化所创造；（2）并不是即刻就会被完全发现和利用；（3）不可能被所有的企业家发现，即使他们具备同样的市场信息；（4）有时候只被特定的企业家发现，因为市场信息是分散的，而且局部化的隐性知识并不能直接交流；（5）在被发现之前，发现的概率是未知的；（6）不是机械的最优化搜索的结果，尽管它们或许被作为协调其他企业家所犯错误的结果而发现；（7）不是纯粹靠运气发现的，而是通过激发无处不在的警觉品质来发现的。柯兹纳认为，尽管营利机会有时是偶然发现的，但并不是依靠运气。某些人之所以比另外一些人对营利机会更加敏感，是因为他们占有不同的知识③。

行为学派认为有利可图的营利机会是内生的，而不是像柯兹纳所认为的那样存在于现有市场环境中并且等待着被发现。Harper 认为，行为学派心目中的企业家有自己的心智结构（mental constructs），并且依此而行动。④ 心智结构主要包括财富的心理意义、风险承受力与成败归因倾向、公平观念、幸福观念、慈善观念和自我成就观等等，它是企业家对世界的主观看法以及对自我的评价。法国大艺术家罗丹曾说，世间不是没有美，而是缺少发现美的眼睛，这相当于说，美感是个人内生的，因人而异，对美的审视和评判体现着一个人的内在心智结构。个人经验是影响心智结构形成的一个重要因素，同时已经形成的心智结构会对以前的个人经验进行修正，并作为个人对现实世界的解释框

① Acs Z J, Audretsch D B. Handbook of entrepreneurship research: an interdisciplinary survey and introduction [M]. Holland: Kluwer Academic Publishers, 2004, 81-102.

② Kirzner I M. Perception, opportunity and profits [M]. Chicago: University of Chicago Press, 1979.

③ 方世建，秦正云. 创业过程中的企业家机会发现研究 [J]. 外国经济与管理，2006（12）.

④ Harper D. Entrepreneurship and the market process: an enquiry into the growth of knowledge [M]. London: Routledge, 1996.

架。在此框架中，一系列可能的经验推断方法和认知偏见构成了企业家发现机会的认知基础。[①]

在市场经济的环境中，企业作为市场的替代物，关键是要吸引市场各类资源到企业，那么企业家就起到吸引子的作用。企业家个人的魅力、承担风险的能力、创造利润的能力与创造企业愿景以吸引人才加入企业的能力，都是企业家作为混沌吸引子特征的显形。当然，由于市场的不确定性，利润创造的不确定性，企业家的决策与创新是否赢得利润是不确定的，具有混沌特征。如果企业家具有足够的吸引力，企业就具有稳定的系统，如果，企业家的创新与决策不适应市场的需要，生产的产品与服务没有消费者，企业就处于不稳定的状态，这时，其他企业的企业家就可能成为新的吸引子，吸引资源、人才到新的企业发展。

三、企业家具有吸纳外部负熵促进企业成长的能力

家族企业与外界在信息、物质、能量、人力方面都不同程度的发生交流。它既不是孤立系统，也不是封闭系统。家族企业是一个开放系统。家族企业不仅是开放的，且它们的存在是靠着从外界交往的物质、能量和信息流来维持的，如果切断了它与外界联系的纽带，则无异于切断它们的"生命线"。在开放系统中，如果流过的外力和流量是线性关系，其方向将是熵值最小原理。然而，若流过的外力和流是非线性关系，而非线性方程的解不是唯一的，那么，其熵值变化就可能是正的、也可能是负的或者是不变的。家族企业因其人力、财力、技术、制度各方面之间都不是一种简单的线性关系，而是一种非线性关系。在这种远离平衡态的非线性结构中，其熵变就不是唯一的，既可能为正，也可能为负或是不变的。家族企业成长（比如并购）的动因，就是企业家作为混沌吸引子，不断从外部吸引负熵，其目的是家族企业永续不断地向前发展，远离平衡态，并使之成长（并购）前后的熵变为负。因此，家族企业在选择被并购方时，总是选取能量多而能质低的企业，输出的是含能量大而且能

① Harper D. Foundations of entrepreneurship and economic development ［M］. London and New York：Routledge, 2003.

质高的产品和能量小而且能质低的废弃物，在此过程中，系统同外界市场之间有一个熵流，表示系统同外界市场发生交换时的熵变，它的作用是使系统的熵值变小。以熵值变化来描述家族企业，那么家族企业有可能熵值变化为正无穷大，最后就破产；家族企业的熵值变化也可能为负，不断地壮大发展；家族企业的熵值变化也可能为零，维持原有的状况。而我们经营和并购一个家族企业的目的，是希望家族企业的熵值变化为负，家族企业不断地发展、壮大、有序。①

四、企业家在混沌复杂系统中实现主动性

家族企业成长具有混沌特性。企业是有人参与的复杂系统，复杂性适应系统已经证明，企业系统是一个非线性动力系统②。创业过程是资源匮乏前提下的机会驱动过程，同时也是蕴涵大量不确定因素的动态行为过程③。创业企业的成长过程受到大量随机因素的作用，从而会造成企业发展的不确定性和不可预测性。Bygrave 等利用混沌理论解释了创业行为。④ 混沌理论认为：（1）系统的运行状态对初始条件特别敏感，这一点和家族企业的成长特质非常相像，很多偶然性因素会对家族企业的未来产生巨大影响；（2）家族企业初始的战略方针、行为以及资源配置等都会影响到家族企业的成功与否；（3）在存在激烈竞争与动荡变化的产业中，家族企业管理团队思维和行为的内在随机性使得家族企业对外部环境更具有敏感性⑤。Schutjens 等认为，企业家的管理经验、企业研发投入和市场成长率等三大要素对企业成败具有决定性作用。⑥

我们可以把企业看成一个复杂适应系统。复杂适应系统核心思想就是系统

---

① 周爱香，彭兰香. 熵变：企业并购的动因分析［J］. 财会通讯·学术版，2006（1）.

② 范如国，黄本笑. 企业制度系统的复杂性：混沌与分形［J］. 科研管理，2002（4）.

③ 宋兵. 高科技创业企业的动态系统分析［D］. 武汉理工大学，2004.

④ Bygrave W D, Hofer C W. Theorizing about entrepreneurship［J］. Entrepreneurship Theory & Practice, 1992, 16（2）：13 – 22.

⑤ 徐浩鸣. 混沌学与协同学在我国制造业产业组织的应用［D］. 哈尔滨工程大学，2002.

⑥ Schutjens V A J M, Wever E. Determinants of new firm success［J］. Papers in Regional Science, 2000（79）.

主体是主动的、活的实体。复杂适应系统理论正把系统的成员看作是具有自身目的与主动性的、积极的"活的"主体。更重要的是，复杂适应系统理论认为，正是这种主动性以及它与环境的反复的、相互的作用，才是系统发展和进化的基本动因。从复杂适应系统看企业家。企业家应具有的基本特点：一是主观能动性，企业家作为自由活动的有思维的主体，会通过一系列的行动去达到自己的目标。比如通过教育和培训，努力获得知识和工作技能，以适应社会、企业发展目标和环境的变化。二是动态性，企业家作为生物的有机体，有一定的生命周期，劳动能力也会随时间而变化，因此，企业家具有一定的时效性和动态性。三是资本性，由于企业家在获得知识、技能、体能这些构成人力资本要素的过程中进行了投资与一些额外的支出，从而使得劳动力具有价值，成为人力资本。四是社会性，企业家生活在社会上，承担着社会的责任。[①]

不同的吸引子，也有不同的企业家。企业家不同角色隐含不同的吸引子。企业家的目标就是企业的目标，企业文化就是企业家的文化，所以企业家就是企业的吸引子。企业家是社会网络的结点，社会网络的结点就是企业吸引子，企业家起到吸引子的作用。企业家是靠信任维持的，企业家的成败在于信任的建立，所以，企业家的信任机制就是企业的吸引子。企业家的形成过程就是企业吸引子形成的过程，不同的形成过程导致不同类型的吸引子。企业家形成有不同路径，反映的是吸引子不同的形成道路或者形式。

处在变革时期的企业家，面临着极大的不确定性，企业环境、政府政策以及企业的任务都在不断地变化，企业家的能力必须适时地做出调整，"适者生存"是普适的原则。当然，企业家的特质在任何时候都应该得到体现，但不同的时期需要企业家的能力有所侧重，在发挥其他能力的同时，某一方面的特有能力可能造就了一家企业的成长和发展，这也就是为什么一些企业兴旺一时但很快就陨落的原因之一。创业初期的冒险精神成就了早期的企业家群体。民营企业诞生于改革开放之后商品短缺的大背景下，在生存的压力下，激发出巨大的创业热情，他们寻找获利机会，借用亲戚朋友东拼西凑的资金，既要承担着失败可能带来的经济风险，又要承受着无形的政治压力，在这种双重风险的重压下，敢于冲破思想观念的束缚，从小商品"倒买倒卖"或粮食贩运开始，

① 刘存柱. 混沌理论在企业人力资源管理中的应用研究［J］. 科学管理研究，2004（12）.

逐渐发展到生产各种生活必需品的家庭作坊，依靠原始的经营方式、劳动密集型的产业，生产技术含量低的产品以赚取利润，从而攫取了平生的"第一桶金"，为成为企业家积累了财富。于是，中国最早的民营企业家雏形就此产生，也具有了基本的企业家精神。正如马歇尔所认为的，企业家精神是一种心理特征，包括"果断、机智、谨慎和坚定"以及"自力更生、坚强、敏捷并富有进取心"。他们往往依靠刻苦耐劳的品质、已有的生产技艺和超前的意识，组织生产，收集市场信息，抢占市场，雇用员工，处理财务问题等，凡事均要亲力亲为。当家庭企业在发展中壮大，而体制和主流意识形态的限制没有松动时，于是，家庭企业的存在形式进行了调整。大量家庭企业由于不具有公开经营的合法性，这些约束和限制因素使得家族企业不得不戴上一顶"红帽子"，寻求"政治庇护"，规避意识形态刚性带来的"政治风险"。这种形式，正是在当时特定的政治文化背景下创业者的理性选择。

显然，在市场行为受到政治、法律限制，计划经济处于绝对主导地位的环境下，创业者为获得创业利润，投入维持生计的自有资金进行生产，无疑使自有资产处于高风险状态。只有创业者才有信心和能力承担风险，才能建立家族企业。因此，在家族企业发展初期，企业家能力结构中居主要地位的是承担风险和不确定性的能力。

经营管理能力与社会资本的融合造就了民营企业家队伍。商品的日益丰富，市场化程度的不断提高，物质资本的迅速增长，私有产权意识的逐步树立，需要质量好、功能多、样式新、成本低的产品满足市场。若实现企业的目标，企业组织结构、内部管理都要发生根本的改变，家庭作坊让位于规模更大的现代工厂，依靠规模收益递增原理实现企业长期平均成本的降低，以应对日益激烈的市场竞争。改变过去家长式的管理模式，企业家开始学着进行分权，于是调整和完善企业组织结构，建立各项规章制度成为必然，一些实用的人才被引进，岗位职责得到初步规范，权责利逐步明确，一些具体的科学管理方法被逐步引入和推广，一些常规性管理权力被授予企业家所信任和依仗的人，创业者则把更多的精力投入企业的战略谋划，优化本企业发展的外部环境。

莫斯卡则发现，精英的产生机制可能有两种：一种是渐变机制，即来自一部分下层社会的人的地位不断上升，从而导致现有精英的新陈代谢，这类似于帕累托的精英循环；另一种是突生机制，即无论是在被统治阶级中还是在统治阶级中，都存在着自己的精英，两种精英在争夺权力的斗争中会发生相互替代，这类似于精英复制。① 中国家族企业家既有通过从社会底层逐步演化起来的企业家，也有借助国家社会环境的突变而出现的企业家。这两种企业家产生方式都体现了复杂适应系统的特征。

企业家管理系统具有内在随机性、初值敏感性等特征，而这些特征正是混沌系统动力学特性的外在表现。企业家管理系统内部充满了非线性的关系，作为基本组织单元的个体——劳动者之间以及劳动者与管理者之间存在着复杂的相互关系，比如员工的招聘、培训、升迁以及绩效评估等等。总的说来，企业家管理系统就是一个由自由个体通过一定的固定规则和复杂关系构成的一个耗散结构系统。系统具有自组织和内在随机的特性，以及对初值敏感性。从混沌学的观点来看，企业家管理系统属于混沌系统，因为它具有混沌系统的一个重要特征：对初值的敏感依赖性。混沌系统存在着各种复杂的动力学现象，如：平衡点、周期解、拟周期解及混沌吸引子。微小的初值变化就会造成系统状态的巨大变化，这也就是所谓的"蝴蝶效应"。这种情况在企业家管理系统中则大量存在着，比如系统的组织结构、管理体制及控制方式都没有大的改变，而一个微不足道的失误就会导致巨大的损失以至于企业的破产；比如 20 世纪鼎盛一时的家族企业三株公司，就是因为没有处理好一个微不足道的新闻报道而轰然到下。这是因为在系统的动力学区域内，某些行为（分岔参数）存在着分岔点，分岔点前后系统会出现完全不同的状态。因此对于企业家管理者来说，找到并控制这些关键因子（分岔参数）是非常重要的一项任务。实际的操作过程中，对于有经验的企业家管理者来说，凭经验与直觉就可以确定某些关键因子。例如员工对待工作的态度、企业的薪酬标准以及员工职业生涯规划等。

五、企业家在混沌系统中实现风险承担者职能

企业家在组织技术创新和进行经营管理过程中，要承担风险和不确定性。

---

① 陈光金．中国私营企业主阶层形成的主体机制的演变［J］．学习与探索，2005（1）．

关于企业家在经济中作为风险和不确定性承担者的角色，许多经济学家进行了研究。巴略特进行了概括。他认为，企业家作为不确定性承担者，可分为三类研究。第一类以康替龙为代表，认为企业家是投机者；第二类以海威为代表，认为企业家是所有者；第三类以奈特为代表，认为企业家是决策者。康替龙的企业家理论认为，由于不确定性的存在，企业家不仅仅是套利者（低价购进、高价卖出），而且在进行交易过程中，以确定的价格购进，以不确定的价格卖出，因此也是投机者。企业家的这种功能，使市场趋向均衡。海威认为企业家在经济中是作为有责任的所有者角色，其核心作用是作重大决策如选择生产一个什么产品、保证生产要素的固定报酬，自己得到不确定的剩余，即承担所有风险和损失。奈特赋予企业家在不确定环境下有责任的决策者的作用。奈特认为决策后果不可预测，决策是企业家在不确定性环境中的关键功能。可见，在不确定性环境中，企业家使可能的生产、交易和分配得以进行。企业家作为风险承担者，是经济系统的基本要素。① 对于中国的家族企业家来说，他们最直接的做法是通过接近和发展与政府（官员）的特殊关系而取得资源、得到保护或免除不必要的麻烦。企业家通过建立与政府官员的特殊关系来取得对本企业的好处，因为政策的不确定性是目前最重要的影响企业的非市场环境因素，它每时每刻可能给企业经营带来不可预见的风险。如有的学者已经指出的，转型经济为企业经营带来了许多不确定性，其中包括政治不确定性和行政管理的不确定性，包括政策变化带来的不确定性以及政府和执法部门工作的不透明性和不规范性带来的不确定性。因此，企业家要在经营过程中增强其社会资本。

六、企业家在复杂适应系统中实现整合与聚集功能

企业家在市场经济中处于中心地位。首先，企业家是以企业为舞台，专门从事企业的生产和经营管理的企业领导阶层；其次，企业家在生产力诸要素中，是作为一个重要的要素而独立存在的。古典经济学将土地、劳动和资本看作对生产起积极作用的基本要素。新古典经济学的创始人马歇尔在这三个要素

---

① 鲁传一，李子奈. 对企业家在经济中作用的辩证思考［J］. 清华大学学报（哲学社会科学版），2003（2）.

之外，又提出了第四个要素"企业家才能"。现代经济理论一般认为生产力有四个要素：劳动、资本、技术和管理。技术和管理是现代经济发展和社会前进的两个车轮，技术创新表现为企业生产和经营过程中采用更先进的技术，而管理创新表现为企业在生产和经营过程中采用更先进的经营管理方式，以提高企业的资源配置效率。技术创新和管理创新是企业家的重要职能。再次，从经济运行过程来看，企业家作为市场供需平衡的调节人，是市场经济运行的轴心。

高超的经营才能、强大的创新能力和巧妙的政治策略，成就了一代成熟的企业家。目前民营企业面临着新的更多的不确定性和复杂性，尽管政治上的不确定性在减少，但经济上的不确定性，尤其是民营企业所面临的竞争日趋白热化，竞争对手发生了改变，由于"国进民退"的态势，家族企业机制灵活的竞争优势逐步消失。家族企业的壮大需要熊彼特式的企业家，实现"对生产要素的新组合"，包括引进一种新的产品或提供一种产品的新质量，采用一种新的生产方法，开辟一个新的市场，获得一种原料或半成品的新的供给来源，实行一种新的组织形式，等等。熊彼特强调，创新并不等于发明。一种发明只有应用于经济活动并成功时才能算是创新。创新者不是实验室的科学家，而是有胆识，敢于承担风险又有组织实干才能的企业家。企业家要善于改变企业的产权结构、组织形式和治理机制，努力发现和寻找使成本降低的技术，推动产品的升级换代，通过高超的经营才能，培育和形成民营企业的核心竞争力。

在实现企业创新的同时，企业家要巧妙地运用政治技巧，处理好与政府的关系。因为，中国经济本质是"妻妾经济"，国有经济是妻，民营经济是妾。民营经济的政治地位依然不够"光鲜"、民营企业的市场准入依然受到种种限制。这就像在古代的家庭之中，虽然小妾能够讨好男主人、可以承担起传宗接代的责任，但其在宗族之中的地位仍然无法与明媒正娶的妻子相比。① 中国经济这种本质特征导致中国经济运行的本质是政商博弈的过程。

我们知道，政府对经济的干预和对稀缺资源的控制仍然左右着企业的发展，政府依然掌控着关键资源（如土地等）、行政审批、对企业进行范围广泛的规制、产业政策等，并且政府行为还不规范，任意性和随意性普遍存在，依法办事的环境远未形成。政府的服务仍在相当程度上根据关系的远近亲疏而存

① 晓亮，甘德安．民营经济手册［M］．北京：现代教育出版社，2007：52.

在差别。甚至，政府产品和服务还存在买卖关系（腐败的广泛存在）。这样的环境，就使得企业在经营活动中妥善处理与政府的关系成为一个不可回避的问题。由于法律对私有财产的保护不力、过去长期的政治和意识形态歧视等原因，其生存和发展格外受到了政治因素和与当地政府关系的影响。

因此，对于家族企业来说，采取一定的政治策略处理好与政府的关系，对家族企业的生存和发展至关重要。在建立关系上投入更多的资源，才能得到从法律和正式制度中得不到的支持和保护。

七、企业家在企业自组织与他组织过程中实现吸引子作用

自组织系统无需外界指令而能自行组织、自行创生、自行演化，即自主从无序走向有序。自组织理论主要是从企业的形成和存在的条件来定义企业。自组织理论的优点是指出了企业的自主性，而其他的理论有一个假设，就是企业可人为创造。自组织系统发展的主要原因在于内部，在于内部各成员协调运作，导致空间的、时间的，或功能上的联合行动，出现有序的活的结构。对企业的控制要借助于反馈机制。自组织理论认为，反馈分正反馈和负反馈，负反馈对系统的稳定存在和发展起作用，而正反馈却使系统自复制错误，进一步偏离目标。郑维敏指出，生物的繁殖是物种求生存发展的推动力，它是一种正反馈作用，推动着物种的演化。与繁殖相似，其他系统中的自增强、自催化、自组织等等，都是正反馈作用，是促进事物演化的原因[1]。系统的自反馈由于大多数是非线性反馈，表现为相对信源信道和信宿不对称，使反馈更加复杂。企业要建立灵活高效的反馈控制机制，分清正反馈和负反馈。企业自组织理论特别重视吸引子和初始条件对控制的作用。吸引子隐藏于系统之后，耗散运动最终要收缩到吸引子上。混沌理论认为，系统对初始条件极为敏感，如果没有注意到的某个非常小的原因，会导致一个相当重要的结果。企业必须注重对关键因素的控制。

家族企业是自组织与他组织的平衡。没有企业家通过整合社会各类资源不可能自身形成企业，没有企业家的创新与创业的自组织行为不可能形成企业，

---

① 郑维敏. 正反馈［M］. 北京：清华大学出版社，1998，1.

但没有企业家的内部契约替代市场的外部短期契约不可能形成企业这个组织，但是企业形成后，没有企业家的控制、协调、指挥等他组织行为，企业也不可能成长与发展。

家族企业本质上不仅是一种自组织，也是一种组织，企业行为说到底也就是组织行为。所以，企业自组织的产生作为一个过程，有两种发展形式：第一种是由非组织向组织的有序发展过程，其本质是组织程度从相对较低（包括"无"）向相对较高演化，表现出间断性的突变。这一过程反映了企业组织层次跃升的过程，相当于家族企业的创业者在掌握了相应资源后组建企业，使新兴企业具备简单结构和功能，并将知识、技能等无形的资源转变为有形的商品，初步形成企业的过程。这是一个突变的过程，企业从无到有。第二种则是维持相同组织层次，但复杂性相对增长的过程。其标志着组织结构与功能从简单到复杂的水平汇聚，组织表现出连续性的渐变。这一过程突出表现为家族企业在发展过程中，由组织结构的完善和各部分功能的增强所带来的企业整体实力和应对内外变化能力的提高。当企业技术革新成功、市场需求增加、资金供给充裕等内外有利因素居于主导地位时，家族企业可通过管理手段利用这些涨落，放大"涨起"，强化它们对企业发展的积极作用，引导企业向着有助于经营目标实现的方向发展。当竞争对手研发成功、市场萎缩及细分、资金供给不足等内外不利因素居于主导地位时，可通过管理抑止这些涨落，形成"落伏"，消除企业发展的障碍，从而化解危机，避免企业出现大的变动。

实现"自组织"双环学习。学习是自主创新的基础和前提。通过干中学（learning by doing）、用中学（learning by using）和交互作用中学（learning by interacting），以及和系统各个要素的互动，家族企业就能够获取难以言传的、对创新起着关键作用的隐性知识，亦能够不断地调整自身的行为规则，增强适应性，不断向前发展。家族企业的创新成长是一个开放的非线性复杂系统，在其发展过程中，需要与其他系统进行物质、信息和能量的互动。自组织"双环"学习这一互动过程是在没有外在力量干预下各创新主体间相互作用而自主进行的，不仅"知道如何做"，更重要的是"知道为何这样做"，它是创造性学习，而不是简单地由创新系统外部输入的。[①] 通过自组织"双环"学习，

① 饶扬德，王学军. 复杂科学视角：企业创新机理研究［J］. 中国科技论坛，2005（6）.

家族企业能够超越区域边界，从变化的环境中寻求适用的技术，以便从外部资源中获取最前沿知识，不断地认识环境、适应环境，从而提高自主创新能力和水平。[1]

八、企业家应该发挥作为混沌吸引子的作用

Aldrich 和 Zimmer 认为企业家根植于社会网络，高科技企业间的竞争不仅是技术能力的竞争，也有信息获取能力的竞争。社会网络作为社会资源的载体，恰恰可以发挥信息的搜集和传递功能，有利于企业创新和降低风险，并告诉企业家与企业成长相关的机会等。但是网络会阻碍稀缺资源在社会各部门中的自由流动，导致寻租行为和腐败行为，要降低行政资源在企业家成长中的作用，使企业家成长的社会网络模式由"关系为导向型"转为"能力导向型"。[2]实际上，Aldrich 和 Zimmer 认为企业家根植于社会网络从复杂性科学看，企业家就是混沌吸引子。

企业家的社会网络结点，主要由亲人、朋友和同学等组成，结点间的联系呈现强联系型。结点能提供的资源是基于相互认同感和亲情的信任，因此企业家重点获取的是现实的、可靠的资源支持，但是信息的多样性不足。网络中的知识单向流动，频繁、低成本，企业家可开放式学习，不断在试错和学习中，增加、更换自己原有的认知模式，并初步形成特有的企业家精神。在企业成长阶段，原有网络不能满足企业的需求，企业家对其做出一定的调整和拓展（与亲戚、朋友、同学的联系减少，联系增多的是新结交的，可以为企业提供必要资源的人），建立基于经济关系的弱型社会网络，以满足成长阶段的需要。企业家在获取多样化的网络资源的同时，也要考虑维护社会网络所需的成本，如为了保证信息与资源的高质量，维护网络所花费的物质和时间成本等。这些都体现了企业家作为企业吸引子的作用。

开发企业家资源应该是：确定性管理与不确定性管理相结合。现代科学管理理论着重研究确定性管理，并且已经取得了很大的成就，但由于是人来管理

---

[1] 马鹤丹. 复杂性科学视角下中小企业创新成长分析 [J]. 大连海事大学学报（社会科学版），2009（8）.

[2] 钱江英. 科技型企业的企业家角色行为与成长研究 [J]. 商场现代化，2006（11）.

人，由于实际情况中会出现大量的不清楚、不确定情况，从而导致了确定性管理在很多情况下无能为力。近年来，不确定性管理开始应用于管理实践，并初见成效。但最有效的方法应该是二者的结合，即确定性与不确定性的结合。理性与感性的结合。经典的科学管理理论将人作为完全的理性对象来进行管理，不可否认对生产力发展起了重大的推动作用。但人又具有感性的一面，比如情感、心理作用以及思想等等。而这正是经典的科学管理理论所忽视的。因此需要重新思考企业家管理思想，使其更好的管理人力资本。

第六章

Family **Business Succession Theory Based** On Complexity

复杂性的家族企业传承论

本章是借助复杂性科学，特别是混沌经济学中的分岔与分形理论探究家族企业代际传承的理论机理。在明晰"富不过三代"的咒语的语意并借助迭代方程证明在控制变量的不同状态下家族企业传承的各种可能性。包括从复杂性科学角度看子承父业；探究子承父业模式的现实意义、交接过程、继任过程中存在问题及对策与建议；以及职业经理人在家族企业中的作用、存在的问题、家族企业和职业经理人之间的演化博弈分析及引进职业经理人的对策建议。

第一节　家族企业传承——子承父业的理论模型

一、家族企业富不过三代的魔咒

（一）历史的事实

我国近代民族资本家、火柴大王刘鸿生在他年老的时候发出了这样的哀叹：我还没有在中国看见有过了三代仍然兴旺的资本家。①

第一次世界大战期间，中国民族工业年增长率为 13.37%，高于官办工业，1920 年时民族工业资本为国营资本的 3.9 倍。但 1927 年国民政府成立后，国家资本主义逐步崛起。蒋介石欣赏纳粹德国的"统制经济"，宋子文心仪苏联的"计划经济"。"九一八"事变后外患加剧，国民政府逐步走向战时体制，重点发展国营企业。到 1939 年，国营工业的中心地位正式列入国策。国家资

---

① 上海社科院经济研究所．刘鸿生企业史料（下册）［M］．上海：上海人民出版社，1981.

本人侵到面粉、火柴、纺织、电力、交通等民间资本的传统领地，并迅速占据优势。到 1948 年，民营工业资本仅为战前 1936 年的 78.6%，国家及官僚资本增至战前的 2.8 倍。结果导致大批民营工厂倒闭，工人失业，物价飞涨，税收锐减，通胀失控。甘德安（2000）指出，近代中国经济发展史就是民营经济发展的历史。纵观近 100 年经济史，可以看出，凡是政府支持民营经济发展，国民经济就繁荣，而政府打压民营经济的时期，国民经济就萧条。[①]

1949 年新的共和国成立，在国民经济恢复时期，国家推行"公私兼顾，劳资两利，城乡互助，内外交流"的经济方针，促进不同所有制的企业发展。1950 年，政务院针对当时私营工商业遇到的困难，实行国家委托加工、订货和收购，优先保证有关国计民生的行业发展，使私营经济处于国家计划领导之下。同时，一批有代表性的私营工商业开始被纳入国家资本主义体制："铅笔大王"吴羹梅、"猪鬃大王"古耕虞、"航运大王"卢作孚、"味精大王"吴蕴初、"火柴大王"刘鸿生，以及纺织业的荣毅仁、刘国钧、刘靖基，化工业的李烛尘等，旗下企业先后实现了公私合营。但"五反"运动的冲击，令工商业者失去了继续经营的信心。1953 年毛泽东提出"过渡时期总路线"，决定提前发动社会主义革命。1954 年《宪法》规定：国家对资本主义工商业采取利用、限制和改造的政策。国家通过没收旧官僚资本、推行国家资本主义、统购统销、农业合作化等手段，逐步掌握经济命脉后，开始全面推行"对资改造"。1956 年底全行业公私合营完成，全国原私营工业户的 99% 公私合营；商业户中 40 万户公私合营，144 万户合作化。公方代表接管企业，资方有职无权。"文革"中全部公私合营企业被收归国有，家族的资本传承没有可能。

悉心研究中国的历史，我们会发现刘鸿生的感慨具有历史的必然性，"富不过三代"是绝大多数中国家族企业的客观规律。自春秋战国时代民营作场的兴起至辛亥革命封建专制结束，中国没有出现过像日本三井这样的传承几百年不倒的家族企业。制约的因素有很多，中国诸子平分的产权制度，使得第一辈积累的资本在传承到第二代时被迅速地瓜分了。此外，在中国这一封闭的封建专制经济环境中，经济的增长非常的缓慢，缺乏快速致富的渠道，资本的积

---

① 甘德安. 从 20 世纪中国民营经济发展，看 21 世纪中华民族发展最优战略选择［A］. 凤凰涅槃——21 世纪中国民营经济发展战略研讨会论文集［C］. 2000，42 – 45.

累非常有限。加上纨绔子弟的挥霍，富贵的延续时间相当之短，贫富交替，财富难以积累。从辛亥革命自 1978 年改革开放，由于政局的动荡和政策左右摇摆，中国私人资本始终没有连续的积累，这种间断性再一次使家族资本传承失败。

1978 年改革开放后，经过了 30 年曲折的发展，我国各类家族企业都形成了一定的规模，但岁月催人，第一代的开拓者也到了退休的年龄。如何实现家族企业领导权的顺利交接，进而推动企业的持续成长，成为我国经济社会发展亟待解决的一项重要而紧迫课题。

（二）文献

张文贤（2006）提出"国内家族企业也到了由第一代换班到第二代的时期，家族企业继任问题显得比任何时期都重要"，并认为国内家族企业继任研究最多的领域是继任过程。[①] 陈凌、应丽芬（2003）运用盖尔希克三极发展模型指出"子承父业"模式仍然是主流接班模式。万希（2007）、余向前与骆建升（2008）等通过问卷调查指出，"子承父业"是家族企业主流的传承模式[②]。潘允康与林南合撰的论文《中国的纵向家庭关系及对社会的影响》指出，台湾大型私人企业 99% 都决定由创业者的儿子接班。

由于家族企业的传承在国际上也属于比较热门的话题，国外学者的积极探索为我们提供了许多有价值的结论。外国统计资料表明，传承是家族企业难以跨越的一道"坎"。大约只有 30% 的家族企业能成功进入第二代，只有 10% 的家族企业能成功进入第三代，能进入第四代的仅有 3%。在家族企业传承与继任的理论研究方面，Bechhard 和 Dyer（1983）用双系统模式来分析家族企业的继承过程。[③] Churchill 和 Hatten（1987）通过父子两代的生命周期描述了家族企业"子承父业"的继承过程。该研究从生命自然规律角度阐述了继承过程的推动力量，但仅考虑了父子两代间的继承而忽略其他可能的继承形式。

① 张文贤，魏海燕. 国内家族企业继任研究［J］. 管理评论，2006（2）.
② 万希. 我国家族企业接班人模式的比较和分析［J］. 经济经纬，2007（1）；余向前，骆建升. 家族企业成功传承的标准及影响因素分析［J］. 江西社会科学，2008（5）.
③ Beckhard R，Dyer W G. Managing Continuity in the Family - Owned Business［J］. Organizational Dynamics，1983（2）.

Lansberg（1988）把继承过程描述为一个充满矛盾的过程，因为它给家族企业带来许多重要变化，家庭关系需要重新调整，起作用的传统方式需要改变，长期存在的管理结构和所有权结构需要更新。Handler（1990）认为，继承过程是创始人与继承人之间角色相互调整的过程。Gersick 等人（1997）在双系统模式基础上，构建了三极发展模式来分析继承过程。Cabrera-Suarez 等人（2001）在企业资源观（RBV）和企业知识观（KBV）等企业战略视角的基础上提出家族企业继任者发展的知识转移模型。Dyck 等人（2002）把继承过程形象地比喻为接力赛跑。Neubauer（2003）通过家族企业的生命周期将继承过程描述为一个动态的过程。Miller 等人（2004）提出家族企业有效继任的整合模型，并在综合 Katiuska and Miller 研究的基础上，对家族企业继任的动态循环过程进行阐释。Lambrecht（2005）对传统的企业、家庭和所有权三环模型提出质疑，认为它忽略了一个事实：有些家庭不再拥有企业所有权却还在进行日常管理。

（三）思 考

通过整理这些文献，我们感到当前家族企业传承研究还有进一步推进的余地。

1. 理论问题

国外的家族企业传承偏向于研究应该怎么样传承、如何继承，而对传承失败的研究很少。比如，前面的统计数据大约只有30%的家族企业能成功进入第二代，只有10%的家族企业能成功进入第三代，能进入第四代的仅有3%。但遗憾的是此统计数据只注意到"死"，却忽略了"生"。经济系统作为一个耗散的结构，必然会有"热寂"趋势，但经济系统也会不断地输入"负熵"，家族企业也是在不断地创生。那么传承失败的家族企业 A 究竟以何种形式回归到这种往复循环之中？是家产散尽彻底消亡、或是改制重组成另一家族企业 B？还是被家族企业 C 兼并？因此，我们不光要关注家族企业的消失，还要注意到它以何种方式消失。

2. 方法问题

现在西方提出的各种传承或继任模型一般是传承或继任的"象理论"，而不是机理理论，即在没有证明"富过三代"的前提下，研究与提出如何使家族企业传承下去的各种理论。按照两大研究范式（定量研究和定性研究）来分类，定性研究（经验型、描述型、概念型、文献型、政策建议型）在家族企业继承研究领域占绝对比重，定量研究（实证型）虽然还未成为主流，但近期有增加的趋势。由于家族企业研究领域对家族企业的定义还未有一个统一的概念，对继承领域的研究还局限在一个较小的范围，很多方面还有待深入，因而定性研究多于定量研究情有可原。而且，由于定性研究方法是在理论和文献匮乏的领域里进行理论构筑工作的有效手段，也为后续研究提供了方向。但由于缺乏严密的论证和充分的研究设计，也不能建立变量之间的统计关系，定性研究的结论往往难以推广，还需要定量研究的配合。

于是在众多学者的倡导和努力下，实证性的定量研究越来越常见。学者们采用的有相关分析、ANOVA、MANOVA、因素分析、一元回归分析、多元回归分析和结构方程模型等分析方法，其中，因素分析和各种多元回归方法最为常见。比如，Chua，Christman 和 Sharma 对 272 家加拿大家族企业的首席执行官进行了调查，通过因素分析建构了 6 个变量，结果表明继承问题是他们关心的头号问题，通过多元回归验证了其他假设。

这对该领域的研究增添了更多让人信服的成分。正如 Morris 所指出的："当前依靠逸事证据、案例研究和小规模的描述性研究，现在被采用大样本对关键变量之间的关系实证检验的定量研究所替代，是非常重要的。"[①] 但遗憾的是，这些计量模型都是线性思维，是拉普拉斯决定论的翻版，手段不过是线性加随机或者线性处理加随机。

3. 现实问题

站在中国的本土环境来看，中国的经济环境非常复杂，不确定因素相对较多，这对分析中国家族企业的代际传承问题要比西方的家族企业困难许多。

首先，中国民营企业虽然以家族企业为其主要形式[②]，但是中国民营企业却是有三种主要形式转化而来，即从个体私营经济、集体经济与国有经济三种

---

① Handler W C. Managing the family firm succession process: the next – generation family member's experience [D]. Unpublished doctoral thesis, Boston University, 1989.

② 甘德安等. 中国家族企业研究 [M]. 北京：中国社会科学出版社，2002.

渠道转化而来，所以，中国家族企业的传承就具有不同于国外家族企业的传承特征，从复杂性理论来看，这三种制度的演化所带来的适应性，将造就相当大的复杂性。

其次，民营企业发展也有三个重要发展时期，一是改革开放初期；二是邓小平南方谈话及中国选择走社会主义市场经济道路的 20 世纪 90 年代初期；三是 21 世纪初知识经济的冲击。三个时期形成的家族企业是具有不同特征的，将产生各自不同的路径依赖性。它们如何传承，不能一概而论。

最后，对于家族企业的传承形式，很多学者都聚焦在子承父业这种单一的形式上（H-heir），这说明只注意到了家族企业，而没有注意到家族。也许"富二代"并不愿意接班，因为企业只是满足"自我实现"的途径之一，专业化的管理（Special management）也是正确且必要的传承方式，[①] 但这又会引起中国家族企业的传承面临更多的不可预期。中国家族企业传承相当复杂，如何运用合适的工具和借鉴理论来分析这种复杂性就凸显了出来。为了应对这种现状的复杂和未来的不可预期性，我们想到了混沌经济学。

二、家族企业继任过程理论模型

为了充分理解家族企业权力转移过程，西方学者构建了一系列模型，而且他们在研究过程中把理论模型的构建提到一个非常重要的位置，正如 Stogdill 所说：要对一个观察到的现象或系统做出解释，必须构建一个关于这个现象或系统的结构或特征的模型，否则我们就不能说真正理解了这一现象或系统（Ashby，1970）以往关于家族企业权力转移问题的研究大致可以分为两类："标准研究"（normativestudies）和"过程研究"（process studies）。所谓标准研究，是努力提出一个成功管理继任过程的标准。过程研究则集中于对权力转移过程的研究，比较多的研究集中在标准的研究上。以下是几个比较有影响的继任模型。[②]

---

① 甘德安，张珊珊. 家族企业传承的路径选择 [J]. 科研管理，2005（26）.
② 张兵. 家族企业代际传承模式研究 [D]. 浙江大学，2004.

（一）角色相互调整模型

角色相互调整模型是亨得勒（Handler）在经过与多个家族企业继任者深度访谈的基础上提出的。Handler（1990）认为，继承过程是创始人与继承人之间角色相互调整的过程[①]。这个过程包括四个阶段的角色相互调整，其中创始人的角色转变经历了唯一的执行者、统治者、监督者到顾问四个角色，而继承人的角色转变则从无角色、助手、管理者到领导者，此过程中创始人对公司的影响力逐渐减少而继承人的影响力不断增强。[②] Handler 指出，角色调整的最后两个阶段是决定企业继承能否成功的关键，大多数继承往往在第三、第四个阶段出现问题。由于其重要的理论和实践意义，该理论一经提出，便受到广泛关注。但该理论过于强调创始人在继承过程中的作用，而忽视了继承人的作用和影响。该理论进一步认为：儿子的角色是由父亲塑造的，父亲在此过程中处于主动地位，如父亲角色是君主，儿子的角色就对应为帮助者。此外，他还从继任者的角度提出了有利于成功交接的继任者应当具备的素质。

在众多的理论中，Handler 的角色调整理论无疑是最有影响力的理论。第一次从角色这一角度，动态的解释了继任过程中父子关系的变化，具有较大的理论和实践意义。但由于此理论是基于对继任者访谈的基础上提出的，着重强调了领导者在继任中的作用，却对继任者的作用认识不足，因此，该理论有明显的缺陷。

（二）认知归类模型

马修斯、摩尔和费亚克（Matthews，Moore，Fialko）认知归类路径分析模型。Matthews 等人（1999）以 Longenecker - Schoen（1978）七阶段父子接班模型（见图6.1）为基础，运用心理学中的认知分析方法，从父辈领导人的角度，运用认知归类法对父辈和子辈接班人进行评估。

① Handlerw C. Succession in family firms: amutual role adjustment between entrepreneur and next - generation family members [J]. Entrepreneurship: Theory and Practice, 1990, 15 (1): pp. 37 - 51.
② 恩纳斯托·J·珀扎. 家族企业 [M]. 北京：中国人民大学出版社，2005，28 - 34.

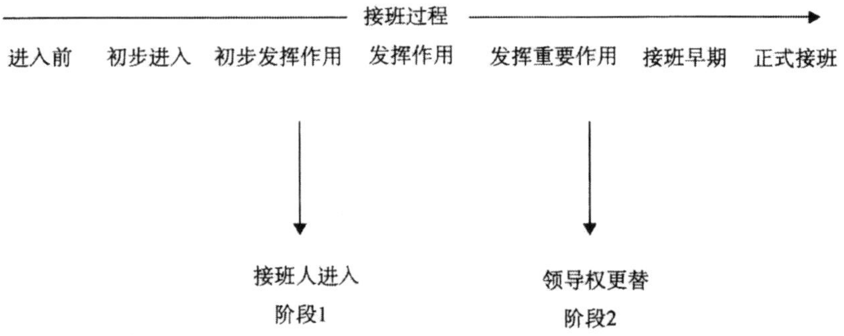

接班过程

进入前　初步进入　初步发挥作用　发挥作用　发挥重要作用　接班早期　正式接班

接班人进入　　　　　　　　领导权更替
阶段1　　　　　　　　阶段2

图 6 - 1　Longenecker & Schoen 七阶段接班模型

该模型假设在继任过程中也同样存在这种归类，并从认知角度提出了四个命题：一是领导者的自我评价归类。父辈通常即使是感受到，也不愿接受自己在体力和新知识上的局限，而潜在的对儿女的妒忌导致不愿放权，并坚持施加更多的对公司的影响力，直到死亡或衰老的威胁感增加或是有了新的兴趣培养点。二是领导者对子辈的评价。领导者对子辈的评价受其自身框架效应影响。桑南菲尔德（Sonnenfeld，1988）根据领导者对权利的控制欲望把领导者分为四类：国王、将军、大使和长官。前两者的控制欲强，视子女为竞争对手和新手，容易给传承带来负面影响。后两种类型才能有较少的冲突。将子女归为哪类要受性别角色的影响，如女儿一般易被归为孩子和学习者，很少被归为领导者。① 三是子辈的自我归类。子辈对自己的评价会受到其身份的影响，如，经理人的继承者对自己能力的看重程度较父辈对其能力的看重程度要低些，而那些企业主兼经理人的继承者，对自身能力的看重程度则和父辈差不多。此外，教育程度、能力和新技能的获得也能很大程度地影响子辈的自我评价，子辈是否能接受继任者的角色，基于其自我评价是否能胜任此项工作。四是子辈对父辈的归类。子辈对父亲的归类评价很大程度影响其自身的能力，当子辈对父辈的领导能力积极赞成时，就可能导致消极的接班，并愿意接受父辈的领导，反之，当子辈与领导者的意见相反时，就积极准备接班。

———————————

① 恩纳斯托·J·珀扎. 家族企业［M］. 北京：中国人民大学出版社，2005，28 - 35.

认知归类模型从心理学认知归类的角度阐述继任过程，有助于加深对继任过程的理解，同时，有助于理解父辈和子辈各自不同的心理归类对其行为和接班过程的影响，有较强的现实意义，但应当看到：继任还受到其他因素的影响，归类的途径也应当更多，同时，父子间的认知归类会受到其年龄周期的影响，因而也是一个动态的过程，这点从 Dunn 的焦虑理论中可以更深入的了解。[①]

（三）焦虑分析模型

Dunn（1999）在鲍恩等人（1988）提出的"鲍恩家族系统学说"的基础上，构建了基于个人、家族与企业需要的接班研究模型（图 6-2）鲍恩家族系统学说的主要精髓是提出了自我鉴别（differentiationof self）的概念。所谓自我鉴别，就是家族企业中的个人必须通过有意识地思考某个问题，并产生给定条件下的观点，并本能地表达出自己感受。按照他的理论，"自我鉴别"能力，表示了个人在家族里面能否畅所欲言的水平。因此，那些自我鉴别水平低的家族企业，很可能过分迁就第一代领导成员的感受而很少进行变革。那些自我鉴别水平较好的家族，其成员可以很清楚地了解自己在接班过程中的作用以及自己对家族企业的贡献，可以表达他们的观点，并且不畏艰险克服危机，迎接挑战，因而更容易成功地实现第二代的接班目标。

该模型认为，两代间的相互尊重和家族管理是决定家族企业接班成功与否的关键因素，而父子间的关系也是动态变化的过程。戴维斯（1982）对 89 对父子展开调查发现，不同的生命周期影响父子工作关系质量。结果表明：当父亲年龄为 60~69 岁，儿子年龄为 34~40 岁时，父子关系最为紧张。同时，不同生命周期具有不同的工作目标和个人渴望，而对家族生意不太感兴趣的个人渴望将会导致接班过程的混乱，一般发生在接班人 30 岁和 38~45 岁的过渡期。[②]

---

① 吕肖东等. 家族企业继任过程研究综述［J］. 人才开发，2005（2）.
② 苏启林，欧晓明. 西方家族企业接班模型评价［J］. 外国经济与管理，2003（7）.

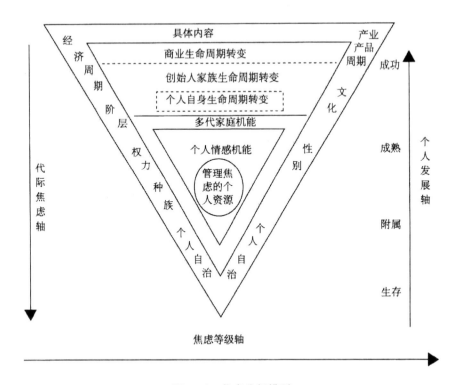

图 6 - 2 焦虑分析模型

资料来源：苏启林. 家族企业 ［M］. 北京：经济科学出版社，2005.

（四）多代传承理论

Lambrecht（2005）对传统的企业、家庭和所有权三环模型提出质疑，认为它忽略了一个事实：有些家庭不再拥有企业所有权却还在进行日常管理[1]。Lam - brecht 提出了一个新的模型：家庭成员个体、家庭和企业由内到外构成三环，时间轴贯穿其中。这三环相互作用，并非静止不变。因此，继承不是一个短期的过程，它很早就开始，而且永远没有结束。换言之，继承并非在大约25 年（一代的持续期）的不连续时间间隔里从一代向下一代的传承，而是向更多代不断的传承过程。六种基石为该过程铺平了道路，它们是：企业家精

① Lambrecht J. Multigenerational transition in family businesses: a new explanatory model ［J］. Family Business Review, 2005, 18（4）: pp. 267 - 328.

神、学习、正式的内部教育、外部经验、企业角色的正式开始、书面计划和协议。在这个传承过程中，企业中的家庭应当坚持的原则是：家庭成员个体属于家庭，而家庭属于企业。多代传承理论突破了以往研究把继承看成一个短期的过程的观点，考虑了家族企业的特殊形式——家族管理型企业，对多代继承具有较强的指导意义，但缺乏实证研究。

（五）家族企业交接班的系统模型

Bechhard 和 Dyer（1983）用双系统模式来分析家族企业的继承过程[①]，该模式认为，家族企业实际上是由两个重叠的系统构成：家庭和企业。这两个圈子各有自己的标准、成员身份准则、价值结构和组织结构，因而形成了家族企业独特的继承机制。而继承过程就是两个系统不断相互调整、相互作用，由平衡走向不平衡，再由不平衡走向平衡，并最终完成继承过程的动态过程。双系统模式开辟了从家庭和企业两个角度来理解继承过程的视角，为后续研究奠定了理论基础，但过于简单。

在双系统模式基础上，Gersick 等人（1997）构建了三极发展模式来分析继承过程[②]。该模式把家族企业表示成三个独立而又相互交叉的子系统：企业、所有权和家庭。把时间因素考虑进来，这三个子系统都有一个独立发展的进程，就形成三极发展模式：企业的所有权发展进程、家庭发展进程和企业发展进程。该模式的中心观点是，继承远远不只是老领导人的退出和新领导人的进入，继承是沿着所有三极而进行的复杂的转变过程。相对于双系统模式，三极发展模式考虑了所有权的继承，更能揭示继承过程的复杂性，也是当前被广泛接受的理论。

此外，兰德尔·S·卡洛克（Randel S. Carlock），约翰·L·沃德（John L. Ward）在《家族企业战略计划》中指出，家族企业包含企业、家庭和领导者等系统，其中企业和家庭是最基本的两大系统，并各自有其子系统，家族企业就是这两大系统相互影响和作用的结果，因而形成了家族企业独特的治理模

---

① Beckhard R, Dyer W G. Managing Continuity in the Family – Owned Business ［J］. Organizational Dynamics, 1983（2）: pp. 5 – 12.

② 克林·盖尔西克，等. 家族企业的繁衍 ［M］. 北京：经济日报出版社，1998.

式和传承机制。① 家族企业的两个系统均有其独特的文化、属性和冲突，且每个系统都很看重保持本系统的完整性和平衡性，抵制异化和分离。在一般情况下，尤其是领导人在位时，两系统均处于平衡状态，但当有引发事件如职务的提升或接班人选的选拔和确定等，系统间就会出现冲突、混乱和纠纷，且所波及的组织和个人会努力谋求更多对家族、企业的控制，从而打破这种平衡，进入一个相对混乱不易管理的阶段。这种混乱的消除依赖于两系统各自的属性及其相互作用的模式，如成员间的相互依赖性、信任度和财产利益分配状况，企业管理模式的成熟度和经济发展势头等。而继任过程就是两个系统不断相互调整、相互作用，由平衡走向不平衡，再由不平衡走向新的平衡，并最终完成继任过程的动态过程。

系统模型是从家族企业独特的治理模式角度来对继任过程做出描述的，较好的阐述了两系统间和系统内部的相互作用对继任过程的影响，打破了把继任过程研究仅限于父子两人的局面，并提出继任过程是由一个个平衡走向不平衡和不平衡走向平衡的动态过程。但此理论缺乏一个更具体而清晰的模型。

（六） 生命周期模型

Churchill 和 Hatten（1987）通过父子两代的生命周期描述了家族企业"子承父业"的继承过程，继承过程分为四个阶段：所有者管理阶段、培训和发展阶段、父子合作阶段和权力传承阶段。该研究从生命自然规律角度阐述了继承过程的推动力量，但仅考虑了父子两代间的继承而忽略其他可能的继承形式。

Neubauer（2003）通过家族企业的生命周期将继承过程描述为一个动态的过程②。家族企业由家庭、管理、产权和企业四个部分交织而成，因此继承问题是在它的历史中所面临的最复杂的问题之一。继承过程可以通过两个生命周期来分析：企业所有者的生命周期和家族企业的生命周期，每个生命周期分为开始、发展、成熟和衰退四个阶段。Neubauer 认为，如果继承能及时进行，企业将进入另一个生命周期重新繁荣发展，反之会导致不良后果直至关闭。该研

---

① 兰德尔·S·卡洛克，约翰·L·沃德. 家族企业战略计划 [M]. 北京：中信出版社，2002.

② Neubauer H. The dynamics of succession in family business in western European countries [J]. Family Business Review, 2003, 16（4），pp. 269 – 281.

究从跨学科的角度把继承看成一个动态过程，具有开拓性意义，但在实践上缺乏操作性。

（七） 接力赛跑模型

Dyck 等人（2002）把继承过程形象地比喻为接力赛跑，因此，继承过程受四个因素影响，这四个因素分别是：次序（确保继承人有适当的技能和经验来领导企业）、时机（确保领导接力棒有效地从在任者手里传给继承人）、技巧（决定继承取得成功的细节）和沟通（提供在任者和继承人之间和谐的合作和相互尊重而又清晰的沟通）①。该理论的观点是，家族企业在进行继承决策时，要根据企业所处的历史阶段和企业面临的任务选择合适的继承人，尤其要根据企业所处的环境合理地考虑权力传递的时机、技巧和沟通。接力赛跑理论为我们理解继承过程提供了一个新的理论框架，但目前缺乏实证支持。

这些研究从不同侧面让我们深入了解继承过程的复杂性，并且形成了一些逻辑严密的理论，为后续研究提供了理论依据，具有重要的实践和理论意义。但是，还缺乏对这些理论的整合研究和实证研究。②

三、从复杂性科学看家族企业的子承父业

（一） 引入新的分析工具

混沌经济学（chaos economics）是综合运用分岔和分形等非线性理论和方法，研究和揭示复杂非线性经济系统混沌规律的一门经济学分支。③

爱因斯坦认为"上帝不是在掷骰子"，只是因为知识不完备，才出现这种情况。霍金（Stephen William Hawking）则认为，概率性、统计性是世界的本质，上帝不仅在掷骰子，而且会把骰子掷到人们无法知道、根本看不到的地方。而对混沌现象的研究，给这场争论带来了握手言和的希望之光。混沌理论描述的系统，其动力学方程是完全确定的，然而这种系统的长期演化行为存在

---

① Dyck B, Mauws M. Passing the baton: the importance of sequence, timing, technique, and communication in executive succession [J]. Journal of Business Venturing, 2002 (17), pp. 143 – 162.

② 王国保，宝贡敏. 国外家族企业继承研究述评 [J]. 重庆大学学报，2007 (3).

③ 周作领，舒元. 混沌经济学——混沌与分形 [J]. 数学的实践与认识，2003 (3).

着随机性。在这里，确定性的动力学规律描述的系统出现了统计性结果，使矛盾的两个方面得到了辩证的统一。

混沌经济学除了强调整体性、动态性、与宏微并重外，特别强调确定性与随机性的统一性。混沌经济学的魅力在于：一个确定性的经济模型中可以出现类似于随机的行为过程，它把"内在的随机性"隐藏在确定性的方程中，体现了非决定性。这与具有外在随机项的非线性系统的不规则结果有着本质差别。对于混沌经济系统而言，结构是确定的，短期行为可以比较精确地预测，而长期行为却变得不规则，初始条件的微小变化会导致系统的运行轨迹出现巨大的偏差。而对于具有外在随机项的非线性经济系统，系统的演化规则每时每刻都不确定，因此，无论是长期行为还是短期行为都无法界定[①]，见表 6 – 1。

表 6 – 1　　　　　　　　　混沌经济学与非线性系统的比较

	结构	短期预测	长期预测	路径依赖
混沌	确定	确定	不定	强
随机	不定	不定	不定	弱

（二）借助混沌与分形理论研究家族企业传承的价值

我们认为混沌经济学的有些特征对家族企业传承研究具有重大的价值。

1. 混沌经济学能通过整体把握系统集体行为的结果

混沌是从有序中派生出来的无序运动，它的本质在于偶然性与必然性的有机结合。在社会系统中，混沌态是一种让人忧虑的状态，因为它对应着和原来希望截然相反的、或者无法预测的实际效果。既然自组织会引起混沌，那么，是否组织系统有从外部调节控制的系统可以避免混沌呢？结论是否定的：恰恰在强行控制的过程中自组织系统会产生混沌态。在这种混沌态中，个体行为并非是一种孤立的存在，但仅仅完备地认识个体的行为并不能使我们掌握整个经济系统的演化状态。事实上，整体内的每一个个体都受整体规律的约束，整体规律决定着整体的特征和每一个个体的特征，整体规律在整体内赋予每一个个

---

① 黄登仕，李后强．非线性经济学的理论和方法［M］．成都：四川大学出版社，1993.

体的属性要远比这些个体在整体之外单独获得的属性大得多。因此，整体不同于一个简单的集合体，个体在整体中表现出的特征不可能独立地存在于整体之外。所以，混沌经济学强调对经济现象的整体把握。

2. 经济体系可以近期预测但无法远期预测

由于经济系统内部的非线性及蝴蝶效应，加上时间的不可逆，将导致经济系统在长期上来看，不可预期，特别是系统在远离初始出发点后，经过连续的分岔，到达混沌区域。

洛伦兹在《混沌的本质》一书中指出："在某些动力系统中，两个几乎一致的状态在经历充分长时间后状态变得毫不一致，好像从长序列中随机选取的两个状态那样。这种系统被称作敏感地依赖于初始条件。"[①]

即　$X_{n+1} = 4X_n(1 - X_n)$

当初始条件 x_0 有千万分之一差别的情况，迭代系统导致的结果产生巨大的差异。在表 6-2 中列出初值分别为 $x_0 = 0.1$，$x_0 = 0.10000001$ 和 $x_0 = 0.1000001$ 时的迭代结果。

表 6-2　　　　　　　　　　　迭代对初值敏感性

n	X_n		
	$x_0 = 0.1$	$x_0 = 0.10000001$	$x_0 = 0.1000001$
1	0.36	0.360 600 00	0.360 000 03
2	0.921 6	0.921 600 03	0.921 600 36
3	0.289 013 76	0.289 013 64	0.289 012 55
	……		
50	0.277 569 06	0.435 057 39	0.973 049 59
51	0.802 094 38	0.983 129 83	0.104 139 31
52	0.634 955 92	0.086 342 25	0.373 177 25
	……		

资料来源：林鸿溢，李映雪. 分形论——奇异性探索 [M]. 北京：北京理工大学出版社，1992：138.

---

① 洛伦兹. 混沌的本质 [M]. 北京：气象出版社，1997.

3. 经济系统具有极为复杂的非线性特征

线性是简单的比例关系，而非线性是对这种关系的背离。在实际中，线性关系对现实的模拟只适用于自变量的极小的扰动范围，而非线性通过牺牲易解性来真实反映"是非曲直"、"过犹不及"、"一波三折"等复杂行为。线性关系是互不相干的独立贡献，而非线性则有相互作用。非线性是引起行为突变的原因，对线性的细小偏离，往往并不引起行为突变，而且可以从原来的线性情形出发，靠修正线性理论去描述和理解。然而，非线性大到一定程度时，系统行为可能发现突变。"非对称的供给需求"、"非对称的经济周期波动"、"非对称的信息"、人的行为的"有限理性"等正是这种非线性特征的表现。所以，具有对初始条件敏感依赖性特征的非线性系统的精确性态不可能通过线性近似方法得到，非线性系统不能被化整为零地加以求解和加总；只有用非线性工具，才能精确地描述经济系统的真实演化，况且将各个部分之间的关系处理成非线性也是维系整体主义方法论的必要前提条件之一。

4. 混沌经济学强调奇异吸引子存在，使得混沌行为具有秩序性

吸引子是一种用以刻画状态空间中的长期行为的几何形式，是耗散系统长时间演化的最终归宿。从数学上讲，吸引子描写了运动的收敛类型，它存在于相平面。简言之，吸引子是指这样的一个集合，当时间趋于无穷大时，在任何一个有界集上出发的非定常流的所有轨道都趋于它，这样的集合有很复杂的几何结构。吸引子的产生可以解释为：耗散系统在其运动与演化的过程中，相体积不断收缩的结果。收缩是由于阻尼等耗散项的存在所致。如果系统最终剩下一个周期运动，则称该系统具有极限环吸引子。二维以上的吸引子，表现为相空间相应维数的环面。只有耗散系统中的混沌才会产生奇异吸引子。

虽然确定的系统具有内在的随机性，但这种表面的随机现象后面隐藏着规律与秩序。混沌学中的奇异吸引子就是找出其中存在的规律和秩序，并将事物发展的必然性和偶然性，几率描述和决定论描述统一起来去解决实践中困扰我们的复杂性难题。

哈肯将奇异吸引子比喻为毛线团，毛线团整体上始终处于稳定、有界的球体内，但内部交互缠绕、无限制地折叠又永不重合。奇异吸引子是有界的，系统的状态在吸引区向奇异吸引子汇聚，确保了它在整体上的稳定性和收敛性。

同时奇异吸引子又局部不稳定，轨道会急剧分离，快速跃变到下一轨道，这是"奇异"所在。它的"奇"还体现在分形特征，即具有无穷嵌套的自相似结构。分形表明混沌系统在无序中存在着结构上的秩序。①

5. 混沌经济学的时间概念是时间具有不可逆性

在混沌经济学看来，系统的演化具有累进特征（积累效应），时间之矢是永远向上的。随着时间的演进，系统总是不断地具有新的性态，绝不重复，原因与结果之间的联系并非唯一确定的，是一种循环因果关系。因此，混沌经济学乃至混沌学的一个核心命题是"对初始条件的敏感依赖性"，即初始条件的细微改变，在经过一段时间序列的演化后能够导致系统的轨线极大地偏离原状态，甚至走向反动。经济系统内这种自发的不可逆性是过程的不可逆性，即时间的不可逆性。

6. 混沌经济学反映了资源的稀缺性

经济学强调任何经济现象都受制于资源的稀缺性（比如企业家精神）。认为经济活动的空间结构是有限的。因此，它在描述经济现象时常常使用诸如范围、界限、上限、下限、容量、饱和状态等具有约束含义的概念，在模型结构中也常常加上上下限和极大值的约束。如混沌经济学的经典方程"逻辑斯谛方程"和标准方法"庞加莱映像"的模型结构中均具有明显的空间约束特征。

7. 企业作为复杂系统具有分形特征

分形（Fractal）是一种研究自然界和人类社会中的"复杂"和"不规则"事物的方法。混沌主要讨论非线性动力学系统的发散、不稳定性的过程，但系统状况在相空间中总是收敛于一定的吸引子。这与分形的生成过程十分相似。如果说混沌主要在宏观上研究过程的行为特征，则分形更注重于吸引子本身结构的研究②。

分形最重要的特征就是自相似性，它是指某种结构或过程的特征从不同空间或时间尺度上看都是相似的，即结构局域性或局域结构与整体相似。换句话说，具有自相似性的系统就是分形。

企业具有如下的分形特征。一是企业的结构分形。企业中的分形是自组织

① 哈肯. 协同学引论——物理学、化学和生物学中的平衡相变和自组织［M］. 北京：原子能出版社，1984.

② 戴国强等. 经济系统的非线性：混沌与分形［J］. 财经研究，1999（9）.

的，能自我形成符合和有利于企业总目标的战略与战术，可以改变自身形成新的分形单元。即以流程为中心建立企业的组织，按企业的物流、信息流、资金流来考察企业，建立分形单元，强调团队组织和并行工作，使结构扁平化，减少管理层次，强调生产安排和控制的自主自治。二是企业的过程分形。企业的过程分形来源于其本身的结构分形。由于企业结构表现为复杂精细的层次结构，因此其生产经营的实施及运行过程也同样表现出层次结构的相似性，这种相似性使得企业呈现为复杂的过程分形，表现为企业行为在不同层次的具体运行和执行。此外，企业的实施机制还是一个"有人参与"及家族参与的复杂适应系统，由于人的有限理性和认知主观特性及家族特有的血缘、亲情、差序格局，因而使得人在企业过程的实施之中不是基于环境的完全镜像而进行，并且带有强烈的个体及家族小团体倾向，这就使得企业的过程分形还表现出复杂动态特性。三是企业的功能分形。随着结构的分形，其运行的结果就是完成各个分形单元的目标，即正常发挥每一级各个分形单元的功能，体现在企业组织的每一层次，涉及组织的每一方面。企业的结构分形与过程分形相互联系，相互协同。企业的组织结构决定着企业运行的方式，对运行实施调控。运行结构在保障组织结构功能的同时，向组织结构系统反馈信息，并不断促进组织结构的完善和优化。在满足结构分形与过程分形的条件下，才能最终决定功能分形，而功能分形才是企业组织安排的真正目的。①

从以上分析我们可以看出，根据分形理论，我们发现家族企业也是一个分形体，在家族企业内也存在着自相似、精细结构、尺度不变性等分形特征。家族企业作为一个分形体，其分形体现在系统的结构、状态上、变化过程上以及功能上，分别体现为企业的结构分形、过程分形和功能分形。

（三）从分岔与分形理论看子承父业

家族企业是一个复杂适应系统，并在一步指出家族企业具有复杂适应系统的七大特征②并用自组织模型证明了当代家族企业具有普适性和演化方向（2009）。③ 这里我们所要做的工作是在甘德安（2002，2005，2006，2009）的

---

① 李霞等．企业系统的复杂性及其分形管理 ［J］．商场现代化 2006（2）．
② 甘德安．复杂性的家族企业演化理论系列研究之一——基于复杂适应系统的家族企业生成机理 ［J］．理论月刊，2010（1）．
③ 杨正东，甘德安．家族企业普适性与演化性——基于复杂性科学的视野 ［A］．第五届创业与家族企业国际研讨会论文集 ［C］．浙江大学，2009.

研究基础上，进一步借助复杂适应系统研究家族企业的传承。特别是借助混沌经济学中的分岔与分形研究家族企业传承问题。改变传统的家族企业传承中忽视混乱出现，把混乱出现看成是失误、看成是偶然，把传承中的"富不过三代"看成是失败，而没有从逻辑机理上分析，"富不过三代"是家族企业传承的必然，我们打破这个"魔咒"需要对传承理论进行创新。

混沌是企业的一种本质行为[①]。家族企业是一个复杂适应系统，是各要素之间存在非线性的相互影响、相互制约和相互依存的一类非线性反馈系统，[②]所以，我们将在此基础上，结合前面做出的分析，运用分岔与分形的理论分析家族企业传承问题。

1. "富不过三代"是家族企业传承的整体规律

我国历史上没有统计资料可以说明"富过三代"，但流传的"富不过三代"的案例比比皆是。改革开放 30 年虽然家族企业发展了，也有成功传承的案例，但深入分析就会发现这些传承成功的案例还不是纯两代传承，更多的是两代人共同创业的案例。人们通常认为这是家族企业的三代子承父业之痒：创业者终身在打拼江山，往往苦死、累死；儿孙享天下——创业者的儿孙坐吃山空，往往玩死、乐死，老子活活气死；儿孙分天下——儿孙争夺遗产手足相残，往往吵死、打死。这些不过是对现象的描绘。[③]李天岩与约克的论文（1975）《周期 3 意味着乱七八糟》（Period three implies chaos）第一次引入了"混沌"的概念。李天岩与约克指出：即使在一维系统中，只要出现周期 3，则该系统也能呈现其他的周期，也能呈现完全的混沌状态。如果从混沌经济学的观点看，在纷繁复杂的经济系统中具有内在的随机性，通过混沌经济学的整体把握，"富不过三代"是逻辑的必然。

2. 家族企业传承无法远期预测

我们知道非线性系统具有不可预期性，所以，从机理上说家族企业发展同样具有不可预期性。还有环境的变化，产业结构的调整，技术的创新、家族的变迁都是不可长期预期的，所以家族企业百年传承具有不可预测性。虽然可以

---

① 刘式达，梁福明等. 自然科学中的混沌和分形 [M]. 北京：北京大学出版社，2003.

② 甘德安. 复杂性的家族企业演化理论系列研究之一——基于复杂适应系统的家族企业生成机理 [J]. 理论月刊，2010（1）.

③ 周坤. 家族企业治理 [M]. 北京：北京大学出版社，2006，59－60.

近期预测但无法远期预测。此外家族企业外部环境也具有混沌性。企业正置身于一个变化丛生的混沌世界，外部环境瞬息万变，顾客的需求捉摸不定，稍不留意就会功亏一篑，以稳定为目标的传统管理模式显然不能适应动态复杂的外部环境。

为了说明模型产生的周期运动可以带来随机与复杂性，我们可以利用简单的迭代模型来进行证明。

$$X_{n+1} = \mu X_n (1 - X_n)$$

通常在乘积空间 $X - \mu$ 平面上考察此非线性的模型。如图 6 – 3 所示。状态空间是纵坐标上的区间 $0 \leqslant X \leqslant 1$，控制空间是横坐标上的区间 $0 \leqslant \mu \leqslant 4$。研究发现，控制空间分为两段，$0 \leqslant \mu \leqslant \mu_\infty = 3.569945$ 是系统的周期运动期，$\mu_\infty \leqslant \mu \leqslant 4$ 是系统的混沌运动区。周期区存在许多分叉点，把周期区分为许多小段，系统在区间 (μ_0, μ_1) 内呈现稳定的一点周期运动时，$\mu = \mu_1$ 时，一点周期失去稳定性，在区间 (μ_1, μ_2) 内系统作稳定的 2 点周期运动；$\mu = \mu_2$ 时，2 点周期失稳，系统在区间 (μ_2, μ_3) 内作稳定的 4 点周期运动；时，$\mu = \mu_3$ 时，4 点周期失稳，系统在 (μ_3, μ_4) 内作稳定的 8 点周期运动。随着控制参数 μ 的增加，系统还会出现新的稳定性交换，这是出现混沌运动的前兆。

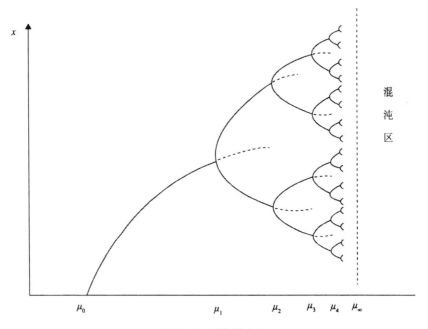

图 6 – 3　周期性分岔

资料来源：李士勇等．非线性科学与复杂性科学［M］．哈尔滨：哈尔滨工业大学出版社，2006，55.

从图 6-3 中我们可以看出，当周期超过 3 时，这个简单的系统已经出现了非常多的分岔，而当超过极限 $\mu=3.569945$ 时，系统将出现非周期的定态运动，进入混沌运动区。

对于中国家族企业的周期性传承，在传承到第三代时，会出现怎么样的复杂情况，目前还没有确定性的理论可以解释。我们认为这里的 μ 可能就是代际传承的序参数①，在代际传承中起着关键的作用。我们可以设计一个关于 μ 的函数，此函数可以借助 $\mu=f(x, y, z, \varepsilon)$ 表达，其中 x 可以刻画家族企业内部股权分散度，y 可以刻画家族企业外部在家族企业内部控股率，z 可以刻画职业经理人参与度，ε 刻画外部环境的不确定的各种不可以预测的因素，是一个随机变量。当然，这个函数的设计还是根据经济学理论构建的，必须通过家族企业的历史数据做线性或者非线性回归分析，如果做到这一点，我想，我们就找到破解"富不过三代"魔咒的钥匙，这会在我们今后的研究中深入探讨。

3. 家族企业传承是多因素、非线性相互作用的产物

家族企业传承涉及到诸多因素：传者、接者、传的相关方，接的相关方，还有环境等。特别是第二代向第三代传承的过程，即从兄弟姐妹的家族企业向堂兄弟姐妹的家族企业过渡，股权更加分散，沟通成本更加增大，家族利益分歧更大，各种因素交织扭结，形成复杂的非线性反馈系统。由于家族企业的传承是这种多因素，非线性互相作用的产物，家族利益的分歧导致家族企业决策的难度，经常是企业战略定位摇摆；决策常滞后于市场的机遇，而家族企业赖以生存的优势就是能抢先抓住市场的机会，决策滞后与战略摇摆必然导致企业难以生存，或者家族企业转手或者变卖。

4. 代际传承在混沌行为中还是存在一定的秩序性

家族企业传承的表面随机现象后面隐藏着规律与秩序。我们知道，吸引是指系统变化的趋势，在吸引过程中子系统间的联系和整体约束加强。系统演化时趋向的终极状态就是吸引子，落叶归根、人的生命归宿都像是吸引子的作用。我们把代际传承的领导人看成两个吸引子。在创业的过程中，家族企业只

---

① 序参数是由系统内部产生，对系统的运动具有主导的支配作用，这是一种极其活跃的不稳定因子，是一种变革的力量。

有一个吸引子，系统是稳定的，家族企业也是稳定的，当代际传承过程中逐步形成两个吸引子，这就可能导致系统的不稳定，家族企业传承就要失败。如果新生代是逐步进入系统，系统就会在两个吸引子中间周期摆动，最后创业企业家退出导致系统一个吸引子，结果家族企业传承是成功的。如果一个系统突然受外界干扰形成多个吸引子，系统就不会稳定，导致系统的紊乱，也就是说导致家族企业传承的失败。我们不仅可以把家族企业领导人看成吸引子，而且可以把与家族企业领导人十分相关的企业管理中的凝聚力、向心力、终极目标、共同愿景等看成奇异吸引子。那么，我们对两代领导人的更替导致不稳定就十分了然了。

在家族企业代际传承中新的领导人可以创建"奇异吸引子"来"吸附"员工，以增加企业凝聚力，保证目标和行动的一致性。管理中的奇异吸引子有保持有限范围的稳定和促进演化两种目的。当变化性、差异性在允许的范围内时，员工以奇异吸引子（即新企业领导人）为方向，激发自身的抗变形能力，自觉调试行为，确保不偏离大方向。当变化较大时，员工借助奇异吸引子积极应变的理念可以打破惯性思维，自发地、迅速地组织新的模式。

5. 代际传承应该是家族企业的危机时期，应该采取危机管理

由于混沌经济学具有时间的不可逆性，所以系统在发展的过程中必然向前演化形成分岔点，沿着不同的分岔点将会遇到对系统有利与有害的状况，因此管理手段也必须具有针对性，特别是在遇到代际传承危机时。分岔点是一个系统状态的分裂发生点，是系统新的发展方向的生成点。分岔是系统整个演变过程的一部分，它可作为系统渐进变化的一部分，也可作为系统突然变化的一部分，它还可作为系统进化方式的一部分。家族企业的代际传承是企业发展的一个分岔点。作为家族企业的复杂系统，代际传承时期，企业与家族内外部的权力、地位、名望、物质、能量、信息等会发生巨变，容易诱发危机，所以要站在危机管理的角度，借助混沌经济学的理论给予解决。为什么在家族企业代际传承中产生危机与不稳定，主要原因在于家族企业是一个非线性系统，特别在家族与企业代际传承的分岔点时，家族企业内部必然存在大量的正负反馈活动，强烈的正负反馈复合作用，使得系统出现危机与不稳定。由于代际传承的正反馈过于强烈，就会导致企业内部的混乱并有可能走向死亡。此外，代际传承导致企业出现混沌，但混沌的发生并不是作为复杂系统的所有要素同时发生混乱，很有可能是其中几个关键要素出现问题。那么，家族企业代际传承发生的混乱也可能是部分的混乱，并不是企业各个部门或环节同时发生混乱。同步锁模产生混沌的原因在于系统组成单元之间的紧密联系性和相互协同动作，因此，要打破锁模现象，就是在家族内锁定问题，就可以控制代际传承中无法控制的现象。正如美国著名危机管理专家诺曼·R·奥古斯丁（Norman R. Augustine）所说，每次危机本身既包含失败的根源，也孕育着成功的种子。一方面应承认家族企业代际传承是一次危机事件；另一方面要利用代际传承这次危机运动将企业治理结构进行优化，把企业经营管理活动引向最佳状态。当然，利用混沌理论来揭示家族企业代际传承的危机特性、演化规律并提出了预防与控制方法还有待进一步的探索。

6. 创业企业家作为稀缺资源影响家族企业的代际传承

家族企业是企业家的主观想象，是企业家的发现和创新的产物，是企业家对家族使命的体现，也是市场机会的把握。企业家是复杂适应系统重要机制之一的标识，企业是企业家的企业，企业是企业家的人格表现。但是，发展中国家最为短缺的资源是企业家及企业家精神。彼得·德鲁克也认为，企业家才是企业的基本资源，也是最稀缺、最昂贵、最易损坏的资源，而且是折旧最快、最需要经常予以补充的一种资源。日本一位管理学家曾指出："科学技术和经营管理是经济发展的两个轮子，而企业家则是这两个轮子的轴"。企业家是企业效率的创造者，是科技转化生产力的组织者，企业家是激励创造力的领导者，是生产要素中的关键要素。[①] 企业内部保持企业家的一贯性和连续性非常重要。朱素英（2007）构建的家族企业继任中企业家精神传承模型是十分有道理的。没有企业家精神的传承就没有企业的传承，也就是"富不过三代"。前面我们已经指出，家族企业创业、成长与传承的过程就是创业企业家人力资本不断转化为非人力资本的过程，也是创业企业家人力资本与市场非人力资本非线性相互作用的过程而增殖的过程。而子承父业的过程中"富不过三代"现象，不过是继承人缺乏人力资本而导致非人力资本，比如货币资本、实物资本丧失的过程。所以，"富不过三代"不过是人力资本与非人力资本非线性良

---

① 甘德安. 市场经济就是企业家经济［J］. 中国社会科学院研究生院学报，1998（4）.

性互动机制的丧失。

7. 家族企业作为复杂系统的分形特征

家族企业的结构分形。家族企业中的分形是自组织的，能自我形成符合和有利于家族企业总目标的战略与战术，可以改变自身形成新的分形单元。即以流程为中心建立家族企业的组织，按家族企业的物流、人才流、资金流来考察家族企业，建立分形单元，强调团队组织和并行工作，使结构扁平化，减少管理层次，强调生产安排和控制的自主自治；在过程和物流上，从产品结构、制造和装配过程进行考察，从系列化生产过程出发对产品结构进行优化；在资源和产品进行分类上建立加工和装配的自治单元，采用准时制造、面向过程控制、过程优化等方法；在资金流上，引入成本预算体系，对预算和成本进行管理，并由单元直接控制和负责。家族企业经营过程具有分形特征。在家族企业中，不仅存在着反映职能分工和层次关系的结构分形，而且还存在着健全、有效的实施机制。实施机制是家族企业贯彻战略规划、实现经营目标和进行生产经营活动的根本保证。

8. 分形管理是代际传承的有效手段

分形管理采用分形几何中"局部与整体相似，系统是部分按某种规律的组合"的基本思想，将家族企业中的子系统或各个部门，甚至是每个员工都视为一个分形元。每个分形元的运作模式为目标驱动方式，享有一定的决策自主权。分形元之间能够相互交流、启发并形成动态结构，当环境变化时，分形元之间进行重构，形成适应环境的新结构，从而获得动态的适应能力。所以，家族企业希望代际传承成功就应该实行分形管理，下一代接班人要按照相似性原则划分分形元，采用目标驱动机制并实现分形元之间的开放式沟通，形成分形元之间的重构能力，即代际传承后能作为企业领导人适应新环境。分形管理的自相似性应主要体现在企业分形元之间具有同构、同态的性质，体现着分形元的结构和功能、存在方式和演化过程具有共同性。通过代际传承的分形管理模式下企业自组织的动力来自家族企业内部各个分形元之间的竞争和协调，使家族企业两代之间各个分形元都具有活力。最终在代际传承中从无序走向有序。形成一个新的奇怪吸引子的自组织的核心机制，提高企业在新一代领导人领导的协同能力。家族企业代际传承的分形模式的核心是通过运用自相似和自组织理论进行企业的制度安排，这当中包括了企业治理结构的设计、人力资源的管理以及企业文化的构建等几个方面，最终使家族企业在新一代领导人主动适应不断变化的外部环境下成长。

第二节　家企传承——子承父业的路径研究

家族企业代际传承是一种企业所有权和控制权的传递，重点是企业经营控制权的传递。代际传承也是一个持续的过程，创业者要分阶段逐步将家族企业的控制权转让给下一代接班人，以利于家族企业的健康发展。在家族企业的继任模式方面，已有许多学者作了较有成效的研究。如潘晨光、方虹根据继任人的不同将家族企业的继任模式分为"血缘继承"和职业经理人继承[1]。甘德安（2002）提出了家族企业可持续发展的 SHEMP 的模式，并指出"子承父业"或许不是企业代际传承的最好选择，但是我国家族企业代际传承的现实选择。[2] 陈凌、应丽芬（2003）运用 Gersick 三极发展模型，对国内外家族企业较为普遍的"子承父业"模式进行理论分析认为，中国当前家族企业由于受社会环境、企业成长阶段、企业背景、企业规模以及产业特点和性质等因素的多重影响而会呈现出多样性结果，其中"子承父业"模式仍然是主流接班模式。[3] 郭跃进认为，关于家族企业继任问题的研究，在财产多子分承的文化中，更有研究价值的是企业控制权的传承。[4]

目前，"子承父业"是我国家族企业代际传承的主要形式，也是一种比较现实和能够接受的选择方式。[5] 万希对 119 位规模家族企业主进行问卷调查的研究表明，有 67 位家族企业主选择子女接班，占 56.3%；42 位选择内部接班，占 35.3%；仅有 10 位企业主选择外聘经理，占 8.4%。这个结论

---

① 潘晨光，方虹. 家族企业的继承问题初探［J］. 世界经济与政治论坛，2003（1）.
② 甘德安等. 中国家族企业研究［M］. 北京：中国社会科学出版社，2002，353－436.
③ 陈凌，应丽芬. 代际传承：家族企业继任管理和创新［J］. 管理世界，2003，（6）.
④ 郭跃进，徐冰. 论中国当代家族企业控制权传承的选择与决定因素［J］. 贵州财经学院学报，2005（6）.
⑤ 康秀梅，李瑞峰. 我国家族企业代际持续传承的路径与机制［J］. 内蒙古科技与经济，2009（2）.

印证了"子承父业"是主流接班模式的结论，同时也说明了在选择职业经理人上，内部培养的经理人员更为可靠，值得信任。① 此外，由于中国传统社会注重家庭、家族伦理，"家天下，家文化"的传统伦理沉淀深厚，大部分创业者感情上倾向于"子承父业"的选择方式；② 目前国内职业经理人市场不规范，法律、法规不完善，信任的缺失，这是家族企业采用"子承父业"的接班人选择方式的又一重要原因；③ 大部分企业规模不大，家族优秀管理人才仍可胜任；④ 家族企业的产权属性易使职业经理人不能真正参与企业的决策。

我们还可以从利他主义的视角探究家族企业代际传承中的路径选择。是子承父业还是引进职业经理人。在家族企业发展的初期，由于家族成员之间的利他主义是对等的，他们之间的合作也是有效的，此时家族企业实行企业家族化的管理模式。尽管家族企业可能没有正式的规章制度，甚至没有职位责权的说明，但是由于利他主义的存在且有效，子承父业给家族企业带来好处和优势。⑤ 因为，利他主义给家族企业带来有效激励、高度依赖和信任、非正式契约的约束、信息的有效传递等好处，而且两代人个人和家族集体的目标是一致的，会给家族带来巨大的利益，同时两权分离而导致的标准代理问题也就基本不存在了。这也是改革开放 30 年来中国民营企业为什么采取家族企业的形式的主要原因。⑥

如果家族中的利他主义能够一直有效，随着家族成员和家庭资源的增加，企业的生产能力就会沿着图 6 - 4 中的实线不断上升。

但是从我们对家族中利他主义特征的分析可以看到，这只是理想中的状态。尽管贝克尔（1981）说明利他主义在家庭中普遍而有效，王志明、顾海英（2004）指出利他主义给家族企业带来巨大的利益和显著的竞争优势，利他主义在家庭中和家族企业中的有效性是有条件的、是阶段性的。当新一代家

① 万希. 我国家族企业接班人模式的比较和分析 [J]. 经济经纬，2007（1）.
② 王连娟. 家族企业传承潜规则 [M]. 北京：中国人民大学出版社，2006.
③ 王涓，杜国海，等. 家族企业代际传承：主要障碍与解决机制 [J]. 企业研究，2007（7）.
④ 储小平，李怀祖. 家族企业变革剖析 [J]. 经济理论与经济管理，2002（10）.
⑤ 李建升，李巍. 分与合：家族企业的策略选择——基于利他主义的思考 [J]. 重庆大学学报（社科版），2007（5）.
⑥ 甘德安等. 中国家族企业研究 [M]. 北京：中国社会科学出版社，2002.

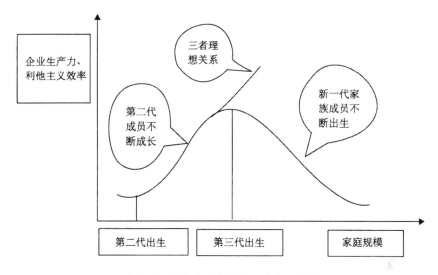

图 6 - 4 利他主义与家族企业规模关系

资料来源：李巍，李建升．利他主义与家族式中小企业管理模式研究 ［J］．江南大学学报（人文社会科学版），2007（1）．

族成员不断出生，家族规模不断扩大，利他主义的有效性就会下降，家庭和家族企业的生产能力随之下降。[①]

一、子承父业模式的现实意义

对于中国的企业环境来说，"子承父业"的模式最适合现在经济状况。毕竟，中国社会的传统文化历来注重家庭，一直秉承着"血浓于水"、"肥水不流外人田"这样的说法，"子承父业"的传统伦理更是不变的规则。而且，很多家族企业创始人的创业奋斗原始动力，就是能给自己及自己的后代留下一份丰厚的家产。成功后，让自己的后代继承产业也就是顺理成章的事情。对于家族企业的子女继承人来讲，他们的成长本身就带有着企业发展的使命。此外，与职业经理人的对比，其优势除了文化的影响外，还有许多的其他因素。一个继任者面临的重要问题是家族企业对其身份和地位的认同，对于外聘职业经理

---

① 王志明，顾海英．家族企业契约治理及其实证研究 ［J］．上海交通大学学报，2004（5）．

人来说，面对家族企业的众多不成文规定，往往会"水土不服"；相反的，家族企业子辈接班人自幼在这方面的培养却有着先天的优势。而且在现阶段，如果没有丰厚的待遇，想让职业经理人为企业辛苦打拼几乎是不可能的。而在利益分配上，职业经理人与家族企业主是对立的，相互冲突的。给予经理人更多的报酬必然会增加企业的成本，减少企业主的利益，而子辈接班人则可以更多地减低这些成本，例如，家族成员间的"利他主义"，再比如由家族规则转化成的家族企业的隐性制度，使人们的行为具有较大的可预期性，未来的不确定性也就大大减少。肯尼斯·阿罗（1989）指出，"不确定性具有经济成本"。因而，减少不确定性就是一种收益。但更重要的一点在于，目前中国缺乏一个成熟的社会信用体系。我国私有产权的法律保护制度、商业机密保护制度、职业经理人市场制度和职业操守制度等并未健全，国内很多职业经理人缺乏职业道德和职业行为，他们出于对自己的利益的考虑可能会做出有损企业利益的行为，从而给企业带来风险，因此家族企业的领导者很难相信没有血缘关系的人。[①]

随着 20 世纪 80 年代的一批民营企业创业者陆续走近暮年，中国家族企业纷纷进入领导人更新换代的"加冕时代"。如鲁伟鼎（鲁冠球之子）成为万向集团的总裁，周海红（周耀庭之子）担任红豆集团董事局第一副主席并兼任集团八个子公司中最大子公司的总经理，吴协东（吴仁宝之子）出任华西集团的总经理，徐永安（徐文荣之子）担当了横店集团的董事长，格兰仕集团董事长梁庆德之子梁昭贤任 CEO，茅忠群（茅理翔之子）成为方太厨具的总裁。

有关研究资料表明，这些已选定了接班人的家族企业中，84.5% 选择的是40 岁左右受过大学教育的家族成员。在接班人选定问题上，制定了接班资格认定政策的企业中，38% 的企业要求接班人具有在家族企业以外至少 3 年的工作经验；在家族企业所有权的继承问题上，29% 的计划将所有权平分给子女，22.3% 的倾向于给对企业贡献大的家族成员更多股份，10.1% 的计划给那些不参与企业管理的子女较少股份，6% 的不给其任何股份。

---

① 罗良忠. 我国家族企业继承管理研究 [J]. 生产力研究, 2009 (1).

目前平均年龄42.9岁的中国家族企业主，主要通过以下途径解决企业接班问题：（1）子女接受国内外大学教育；（2）子女独立创业，这在学历为大学教育水平以上的企业主中较常见；（3）在家族企业内工作，这是主要的接班方式。实收资本超过1000万元的家族企业中，53.4%的企业主有子女在其企业内工作。

这种"子承父业"的模式使得很多的企业走上了快速发展的道路，取得了良好的效果。方太集团茅理翔一直是家族制的坚持者。在接班人的选择上，茅理翔并不避讳选儿子做接班人这一事实，在他看来，中国目前尚未形成职业经理人阶层，法律也尚不健全，考虑让子女接班是必然选择，这也是东方文化的一个特色。其子茅忠群接班后，茅理翔原来的飞翔集团改名方太集团，产品由点火枪等改为专攻厨具，取得了空前成功。

二、子承父业模式的交接过程

家族事业的接班人在家族成员中产生是合情合理的事情，也是家族企业发展的自然选择。但家族企业准备将权力从一代传给下一代之际，正是其最容易受伤之时。交接班进程管理一旦出现失误，往往会导致家族失去其对公司的控制权。在家族企业可持续发展的道路上，交接班进程中蕴藏着巨大的危机，导致这种危机的原因很多，但很多时候，第一代的创业者成为其中重要的原因。这是因为，家族企业除了其高层领导多由家族成员担任外，最大的特点还在于它大多有一个大权独揽的家长式的权威经营者。一般来说，一个家族企业能够在激烈的市场竞争中站稳脚跟并取得一定的成就，很大程度上就是有赖于公司最高领导人家长式的领导。作为公司创业者的第一代的家长除了强烈的创业精神和敬业精神之外，大多还具有精明的市场头脑和超乎一般人之上的决策经营能力，从而使得企业的决策经营更多地依赖家长式领导人个人的"人治"力量，而不是公司制度本身的保证。但也正由于第一代家长超乎异常的经营能力和在企业决策经营中的大权独揽，一定程度上又延缓了企业新生代领导人及领导群的形成，并可能在家族成员之间产生潜在的矛盾和摩擦。家族企业这种系公司安危于家长式领导一人的体制，势必会因为家族掌权人的离去而发生波动，为家族企业未来的发展留下隐患，公司一旦发生新老交替，特别是当这种交替来得过于突然时，就不可避免地会造成一定时期的权威和权力真空，从而不可避免地产生"换代"危机。一些家族企业的权力交接往往夹杂着子女们的钩心斗角，一些富豪家族内部为了接班人问题，发生斗争，已是不争的事实。更重要的是，企业接班人的素质不仅影响企业的前途，而且由于他们接掌相当比例的社会资源支配权，也就直接影响到未来中国一定时期内的经济和社会发展。

接班人的培养方面，Shepherd（2000）利用沉淀成本理论，采用实验的方法研究了决定潜在的管理继承人将来对公司的价值评估和冒险性的决定因素，认为继承人获得继承权之前的行为如购买家族公司股票、在家族公司中工作、通过努力取得一定成就获得继承权等对获得继承权之后的一些决策如对公司价值的主观评价和决策的冒险性等方面会发生影响。[1] 而波斯纳（2004）认为，应该从孩子们很小的时候"在餐桌上"开始向他们灌输"努力工作的意义和培养社会责任感的价值观"，"餐桌前的讨论应以顾客的满意或者对一种新产品的自豪感为主"。此外，他认为，外部的工作经验对于接班人能力的培养十分重要。[2]

周坤把两代人传承绘制成家族企业发展路径图，见表6-3。

表6-3 家族企业发展路径表

企业家年龄	25～30	30～40	40～50	50～60	60～70	70～100
职业生涯特性	创业期	发展期	稳定期	退出期	放手期	神仙期
子女的年龄	1～5	5～15	15～25	25～35	35～45	
成长特性	启蒙期	读书期	实习期	进入期	接班期	
职业生涯侧重	启蒙教育	读书学习	工作历练	承担责任	企业传承	良性循环

资料来源：周坤. 家族企业治理 [M]. 北京：北京大学出版社，2006，89.

---

[1] Hepherd D. A. . Structuring Family Business Succession: An Analysis of the Future Leaders Decision Making [J]. Entrepreneurship: Theory & Practice, 2000, 24 (4): pp. 16－40.

[2] 波斯纳. 打造新一代继承人 [M]. 北京：中国财政经济出版社，2004.

　　家族企业传承过程实质上是一个复杂的过程，而不是一个单一的事件。这个过程涉及对继任者的寻找、选择、培养，对其他家庭成员、创始人和非家族经理人的影响，权力交接方法和时机，以及对企业的影响等问题。但对家族企业创始人来说，寻找、选择和培养第二代企业家是关键。虽然很多家族企业在创始阶段很少或者根本就不会考虑权力交接问题，但事实上他们早已经在不知不觉中埋下了伏笔。尤其针对"子承父业"这种传统的家族企业权力交接方式，家族企业的继任过程是与企业家庭的发展同步的，它贯穿于企业创始人创立企业到继任者全面接管企业的整个过程之中。兰斯贝格在其有关家族企业换代的专著中，将继任过程按照企业家庭的发展进程分为年轻企业家庭（young business families）、中年和管理进入（mid-life and managing entry）、共同共事（working together）、放手和接收（letting go and taking charge）四个阶段，并分析了每一个阶段所呈现出的不同特点（见图6-5）。①

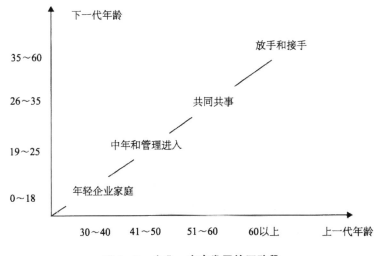

图6-5　企业—家庭发展的四阶段

　　在此，借助兰斯贝格的企业家庭发展模型，并结合相关理论，可以进一步阐述"子承父业"在家族企业权力交接中的流程，及其在每个阶段父辈与子

---

　　① Norman M. . Effective Small Business Management（英文影印版）[M]. 北京：清华大学出版社，2001.

辈应该注意的问题（见表6-4）。对应于企业家庭发展的四个阶段，可以对应得到家族企业权力交接的四个阶段：准备阶段、指导阶段、尝试阶段、完成阶段。结合这四个阶段，"子承父业"在进行家族企业权力交接的过程中，应该要注意几个方面的问题：一是准备阶段和指导阶段是必要阶段。但在这两个阶段，时间上的把握可以模糊一些，甚至可以在实施过程中重叠进行，以便增进父辈与子辈之间的沟通交流，进而让子辈了解、理解并支持父辈的事业。二是尝试阶段和完成阶段，是保证权力交接顺利完成的决定性阶段，在时机上的把握和选择要精准合理，父辈如果放权过早，子辈在企业中尚未树立足够的威信，则会导致企业产生混乱。但父辈如果放权过晚，也会给子辈的信心和情绪上带来负面影响，甚至会导致双方之间的矛盾和冲突爆发。同时，作为子辈也应该清楚认识到权力交接不仅仅是家族企业家的责任，同时更是接班人的使命。因此，子辈应主动快速进入角色，在权力交接的过程中，配合不同阶段，明确自己的职责和该阶段的主要工作，与父辈一起共同顺利实现家族企业的权力交接。①

表6-4　　　　　　　　　　　子承父业权力交接流程

企业—家庭发展阶段	家族企业权力交接实施阶段	父　辈	子　辈
年青企业家家庭	准备阶段	与父辈一起分享创业的艰辛与成功的喜悦，让子辈了解、理解并支持父辈的事业	丰富专业知识，提高管理水平，培养领导能力，做好基础性准备
中年和管理进入	指导阶段	让子辈参与企业管理实践，指导接班人熟悉家族企业经营运作管理，接受企业文化的熏陶	熟悉家族企业运作、管理流程，充分了解企业所属行业状况，初步与企业文化融合

① 杨芳，吴剑平．"子承父业"在家族企业权力交接中的优势与劣势分析 [J]．企业经济，2009（4）．

续表

企业—家庭发展阶段	家族企业权利交接实施阶段	父　辈	子　辈
共同共事	尝试阶段	让所选定子辈中的接班人管理重要部门，给予其一定的自主决策权力，允许接班人组织未来的领导团队，多与接班人交流经营管理经验	对企业经营管理中存在的问题深入的思考，提出相应解决办法，并与现任者交流沟通，做出调整和革新
放手和接收	完成阶段	实现职务交替，让接班人独立进行经营和管理决策，把关系网络和企业家精神等传承给后继者，协助新老交替可能出现的一些问题	独立进行经营和管理决策，增强危机处理意识，培养和构建企业家精神

　　交接实践中，两代人的冲突也是经常出现的形式。随着企业的成长，创始人的角色也发生着不可抗拒的演变，如果创始人漠视或抗拒这一点，就会阻碍企业的进一步发展。"傻子瓜子"就是一例。作为所有者和经营者的年氏父子似乎从来就没有摆脱过内部的恩恩怨怨。1997年，"傻子瓜子"集团宣告成立。但是，年广久因其两个儿子分别担任联合集团公司的董事长、监事长，自己却仅任"空有荣誉、没有实权"的董事局主席而心存不悦，在集团成立仅仅一个月后，借机发难，砸了牌子关了门，使"傻子瓜子"集团公司不欢而散。

　　第三种交接风险是子辈冲突。家族企业选择合适的接班人不易，子女未必适合搞企业；而多个子女难免又会为争夺接班人的位置互相倾轧，反受其害。四川希望集团的"分家"，是企业处理得较好的一例。而大多数的家族企业在处理过程中，则有许多的不愉快，对簿公堂的也不乏其例。如浙江十大发明企业家之一的祝强，企业正是红火时刻，原任公司副总经理——自认为没有功劳有苦劳的妻舅，以资产分割为由，把祝强推上了被告席。

三、家族企业继任过程中存在问题的具体分析

综观家族企业的发展史，之所以很多家族企业延续的时间短暂，"子承父业"中除了权力交接出现问题外，接班人选择不当也是重要原因。家族企业规模较小，抗风险能力较差，代际传承出现的问题更容易带来灾难性的后果，很可能成为企业由盛转衰的转折点，甚至直接导致解体或倒闭。从实践操作来看，家族企业在"子承父业"过程中，容易出现的问题主要有以下几方面。

(一) 诸子平分财产与单个子女掌控家族企业之间的矛盾

中国历史上的诸子析产制是从秦代商鞅变法开始的。当时为了加强秦国在争霸中的实力、扩大农业人手和士兵的来源，商鞅采取措施强行拆散父子兄弟同居的大家庭，推行一对夫妇组成的小家庭。其中推行的一个重要法令便是诸子平均析产方式。① 在这种制度下，家产随着每一次分家而逐渐缩小。与欧洲及日本的长子继承制不同，中国家族采取子女共同继承，家中诸子对产业有平等继承权。中国 20 世纪 70 年代末的创业者大都不止一个子女，这样一个初具规模的家族企业经多人分享，往往裂变成几个经营内容几乎完全一样的小家族企业。裂变后的小家族企业对于既有品牌的共同使用，兄弟企业之间往往竞争激烈而残酷、矛盾不断升级，最终使得原企业的市场竞争力减弱，甚至消亡或被收购②。

大多数的中国家族企业业主受传统文化影响、出于公平对待所有子女进行周全考虑，会选择在将企业控制权继任给一个子女的同时，将企业所有权平均分配给所有子女的方式。这种做法在一定程度上可以缓解子女争夺财产的矛盾，从而保证了继任前后家族企业运营的连续性和稳定性。但随着企业的发展，这种所有权诸子共有，控制权一子独享的模式的弊端日益凸现，如进行重大决策时，继承人由于所持股份有限，很难做到果断专行，极可能受到家族其他成员的影响和干扰，继而影响正确决策的制定。特别是企业业绩不佳时，继

---

① 邢铁. 我国古代的诸子平均析产问题 [J]. 中国史研究, 1995 (4).
② 家族长子继承制是家庭的财产除了分出少数一小部分给其他子女外，全部由长子所有，家族企业得以完整保全。

任者不仅要承受企业经营管理上的压力，还要面对其他家族成员的问责和干扰。此时，如果其他成员对继任者不信任，采取出售股份或干涉企业经营管理等非常手段，直至企业衰败。

（二）长子（女）继承与最有能力子女继承之间的矛盾

家族企业的继承人一般都是长子（女）。在其继承初期，由于长子（女）较早地参与父辈们的创业过程，实践上积累了丰富的工作经验，其他子女也没有显现出超强的经营管理能力，长子（女）继任容易使得信服，因而企业经营管理的连续性和稳定性有保障。但是，随着企业的发展和其他子女的不断成长，若长子（女）的能力逐渐不能应对日益复杂的企业管理现状，或者其他子女显现出超越的能力，很可能引起家族成员对权力的再次争夺，继而影响企业的发展。如实地调研中，一家企业创业者将继承权交与长子，但随着企业的发展壮大，次子对长子的经营管理风格和能力日趋不信任，二者之间矛盾愈演愈烈，最终导致了企业的分裂。

（三）继任者的权威树立问题

家族企业代际传承中不仅存在平分财产问题，同时还存在企业权威消散的原因。美国籍社会学家林南在他的"家庭资源转移理论"里提出，家庭中存在着权威（这里指的是家长权）和财产两种资源的代际转移，如果它们在家庭资源的转移上都选择了一致性的方向，保证了把权威和财产一起传给同一个继承者，则资源的代际转移比较稳定；相反，如果家庭的资源转移方式是异质性的，即财产与家长权的转移方向不一致，则会给代际传承带来潜在的忧患。中国家庭的资源转移方式就是典型异质性的，嫡长子可以得到权威，但却不能同时得到财产，反之，能得到等量财产的诸子却不能获得权威。林南认为，这种家庭资源转移上的不一致性会导致社会行为复杂化，因为资源之间的相互分离造成家族成员中个体占有的资源呈现一种抗衡性的特征，资源的抗衡性使关系互动的网络呈现出牵制性。[1] 科斯（1937）认为"权威"是市场与企业的根

---

① 翟学伟. 中国人社会行动的结构——个人主义和集体主义的终结 [J]. 南京大学学报，1998（1）.

本区别所在：市场是以非人格化的价格调节来实现的，而企业则是通过企业内部的权威关系完成的。企业是运用权威协调生产，即不同要素所有者达成一组契约，赋予某些人智慧、影响其他人的合法权利来整合资源。只有认识到"权威"传承的重要性，我们才能解释以下事实：欧美等国在资产阶级革命后就通过立法，明确了所有子女平等继承的原则，但他们的家族企业却没有像中国那样陷入继承困境，原因就在于他们较好地解决了企业权威传承的问题。

四、建议与对策

继任问题是家族企业可持续发展过程中一个极为重要的问题，企业的成败盛衰在很大程度上取决于创业家长对企业接班人的选择、培养与交接的成功与否。如果创业家长对继承人选择不当或者权力和财产分配不当，很容易出现内部分裂和派系斗争，引致不良后果。针对中小家族企业继承过程中存在的诸多问题，我们提出如下建议。

（一）建立继任规划，形成科学的接班人选择制度

缺乏规划是很多中小家族企业继承失败的主要原因。继承问题不仅仅是一个简单的决定，更是一个有机的过程，包括收集信息、评估、征询意见等步骤。如果没有规范的计划和程序，仅由创业者一人"暗箱操作"，仓促决定，极有可能导致对权力的明争暗斗，造成"继任危机"。反之，若是创业业主能及早准备、提前规划，并保持相对的透明度，使各子女公平竞争，让更多的人参与评价过程，在市场和经营管理中检验和评判继任者，则会大大减少继任过程中的矛盾和冲突，顺利实现交接班。

（二）重视接班人的培养

1. 培养继任者接受良好的教育

刘学方等借助深度访谈和问卷方法及回归分析、探索性和验证性因子分析建立了家族企业接班人胜任力的模型。提出了家族企业接班人胜任力主要包括组织承诺、诚信正直、决策判断、学习沟通、自知开拓、关系管理、科学管理和专业战略 8 个维度。根据回归分析的结果，接班人胜任力 3 个因子中，组织

承诺、诚信正直等非智力因子对家族企业的继承绩效具有更显著的相关关系。这提醒家族企业在进行接班人选拔和培养过程中，要更加重视接班人这些方面的潜质。①

福特、强生、摩托罗拉、沃尔玛、迪斯尼等公司一直有着浓厚的家族企业特色。这些企业的接班人都毕业于名牌商学院。如美国的西蒙公司是一家有着百年历史的家族企业，自从 1903 年第一代卡尔创立西蒙公司以来，到如今已经传到了第四代。西蒙家族始终"把孩子们的教育摆在第一位"。这四代家族企业领导人不仅名字都叫卡尔·西蒙，而且全都毕业于耶鲁大学。由于受过良好的教育，西蒙四代领导人都颇具才华，堪当重任。1903 年，第一代卡尔创立了西蒙公司，他把用合成材料做成的电话配线架，卖给 AT&T 的前身——西部电气公司，这一举动为西蒙日后做大做强奠定了良好的基础；第二代卡尔的创造力也很强，他在化工材料方面获得了一项专利；第三代卡尔看到当时有很多非家族的持股者，认为这种散漫的状况将会影响家族企业的未来发展，于是全力进行并完成了股权的回收，使公司又回到了西蒙家族强有力的控制之下；第四代卡尔使四兄弟能亲密无间地团结一心，达到西蒙历史上最好的业绩。

同欧美家族企业一样，中国许多著名家族企业的创始人也都很重视对下一代的培养，他们的儿女大多有着较高的学历，有些甚至被送到国外留学。如苏泊尔炊具公司的"少帅"苏显泽毕业于浙江大学；格兰仕的新掌门人梁昭贤毕业于华南理工学院；横店集团徐文荣的儿子徐永安曾留学日本；希望集团刘永行、刘永好的子女都在美国读书，其中刘永好的女儿刘畅还获得了 MBA 学位。这样的教育背景为这些接班人在继任后的良好表现打下了牢固的基础。

2. 让接班人随企业一起成长

波斯纳（2004）主张应该通过很早就"在餐桌上讨论生意"，"向子女们灌输努力工作的意义和培养社会责任感的价值观"，"讨论应以顾客的满意或者对一种新产品的自豪感为主"。这些对于培养接班人诚信正直的工作态度，对于培养他们工作的自豪感和提高他们的组织承诺有重要意义。而让接班人具有外部工作经验，可以"给未来的领导者带来跟外部世界打交道的背景，帮助他们在没有特权的环境中估量自己的能力，使他们学会如何在工作中与同事

---

① 刘学方等. 家族企业接班人胜任力建模——一个实证研究［J］. 管理世界，2006（5）.

下属、同僚以及上司相处，并出色的工作，根据自己的条件锻炼自己"，"而不必承担作为老板孩子的压力。这将建立他们的自尊，使他们在加入家族公司的时候更加自信和有效率。这时候，他们对公司的看法将更加客观、更加全面，从而更有助于他们获得成功。"①

李泽钜和李泽楷是香港首富李嘉诚的儿子。据说，他们八九岁时，李嘉诚便专设小椅子，让他们列席公司的董事会。"拿10%的股份是公正的，拿11%也可以，但如果你只拿9%，给人家留有余地的话，那么就会使财源滚滚而去了。"这些经商诀窍，就是李泽钜和李泽楷在列席董事会时学到的。除此之外，他们还学到了勤奋、谦逊和讲信用、守诺言等许多做人的道理，这为之后两兄弟的巨大成就产生了重大影响。

从调研情况看，由于多数中小家族企业在创业初期人手短缺，很多继任者较早地参与企业的经营管理，有的甚至没有完成学业，就辍学与父辈一起创业。我们多个关于家族企业课题调研的过程中均发现家族企业掌门人都是把自己的孩子安排在家族企业的董事会会议中旁听。从继任的角度来看，由于继任者参与企业管理的时间较长，这对于继任者尽快进入情况，顺利实现交接有很大帮助。但同时由于继任者没有系统地接受高等教育，对现代管理知识和管理理念学习不够、缺乏广阔的视野，对企业的未来长远发展不利。因此，在条件允许的情况下，家族企业创业人应高瞻远瞩地把接班人的培养问题提上家族企业的议事日程，有计划、有步骤地对继任者进行培养，让子女系统学习先进的现代管理科学和管理知识，鼓励他们扩大交际面，并积极提供实现其个人和事业目标的机会，力争将继任者培养为理论与实践有机结合的现代管理者和经营者，为企业的顺利交接和长远发展打下坚实基础。

3. 团队再造

企业中老辈员工是在创业者的领导下成长起来，对新生代而言就有存在着自己团队的再造的问题。方太集团在这方面有较成功的经验，对放权一事，茅理翔坦言："我开始是想不通的，并且很不习惯，什么都想插一手。但是，后来在接触了大量学术界高层人士之后，才感到自己已经到了该退出的时候。"现在看来，放权的举动是对的。这种放权增加了继任者茅忠群的压力，同时还

① 波斯纳．打造新一代继承人［M］．北京：中国财政经济出版社，2004.

促成独立自主"组阁"。现在茅忠群的"内阁"成员的平均年龄都在 33 岁左右，五个助手都是 MBA。茅理翔认为，儿子有了自己的内阁，这对方太下一步的成长相当重要。同时，也可以避免因元老级人员的突然缺位引发的可能的企业动荡。

4. 促进文化认同

新的企业领导人意味着新的权力模式。新生代企业家往往不再是企业的"家长"，这是因为他们管理的成员往往是同龄人或年龄比自己略小的人，家长的威信很难建立，更重要的是他们面对的员工群体和环境已经发生了质变。一方面员工年轻化，而年轻员工的性格特点是普遍对传统父权的心理抵制，更喜欢自由、平等的气氛；另一方面企业的环境与创业时期相比发生了很大的变化。市场经济的发展和体制改革的深入，人们的选择越来越多，人才流动的壁垒越来越低，企业员工队伍的稳定性也越来越低。新生代企业家接过企业权柄后面临的直接问题就是文化的再造问题。新的领导者很难在原先的企业文化基础上建功立业，因此必须进行企业文化的再造。

（三）处理好所有权继承与控制权继承之间的关系

罗磊通过对美国、日本和华人家族企业继任模式的比较，发现华人家族企业的继任模式倾向于诸子分户析产制。[①] 家族企业的继承实际上包含着财产传承与企业控制权传承两个方面，二者相关，但并不同一。过去有关家族企业继任问题的研究没有对二者分开进行考察，主要原因乃是将家族企业简单地看作了家族企业财产，过于强调家族企业的财产属性，相对忽视了其实际存在的企业属性。如何正确处理好财产继承与控制权继承之间的关系是家族企业创业业主进行权力交接时必须考虑的一个问题。从西方国家家族企业继任的成功经验看，将所有权与经营权全部继任给一个子女，对其他子女进行补偿，或者将所有权继承向控制权继承人倾斜，使之拥有相对控股权，再对其他子女适当进行补偿是较为可行的两种方式。资金比较宽裕、具备条件的中小家族企业可以借鉴这种方式。要注意的是，在传递权利的过程中，不要给企业的持续发展留下后患。

---

① 罗磊. 家族企业继承机制及其文化基础的国际比较 [J]. 东南亚研究，2002（5）.

第三节　家族企业与职业经理人的演化博弈分析

家族企业在做大做强后，引入职业经理人向现代企业迈进已成必然。本节通过分析我国家族企业的发展现状，建立家族企业和职业经理人之间的博弈模型并予以分析，同时对家族企业引进职业经理人提出了对策建议。

一、职业经理人在家族企业中的作用

所谓职业经理人，就是职业化的企业家，他们能自主作出经营管理决策并承担企业经营风险，职业经理阶层是特有的、稀缺的人力资源，他能够激活、且能有效组织各种自然资源和社会资源以及资本资源。如果我们从企业制度的演进历程来考察职业经理人，不难发现职业经理人在企业中的地位有一个演进的过程，是人力资本与物质资本不断博弈的结果，职业经理人的变迁是随着人力资本的专用性程度的不断提升以及企业治理模式的不断演化而进行的。①

家族企业引入职业经理人、家族企业进行职业化管理是企业做大做强的必然要求，是克服家族企业各种弊端，突破企业发展瓶颈的有效途径之一。家族企业实行职业化管理除了对企业组织和治理结构具有上述重要意义之外，还可以使企业家从日常琐事中摆脱出来，集中精力搞好企业的经营决策。詹森和麦克林指出由于所有者不是自己亲自管理，而是雇佣代理人进行经营管理，必然会存在"代理成本"，他们认为，"代理成本"是企业所有权结构的决定因素，代理成本来源于管理人员不是企业完全所有者的情况。②

职业化管理能促进企业制度规范化，大大降低管理的随意性、偏私性、模糊性，可以提高管理者与员工之间的规则共识度和行为预期，进一步提高企业内部的协调运作效率。给企业带来新的经营理念和管理经验，促进企业战略决策的科学性、民主性、可行性和理性化，增强企业的抗风险能力，保证企业快

① 邱显平. 构建经理市场体系的思考 [J]. 江西社会科学, 2001 (1).
② Jenson M. C.. Theory of the Firm: Managerial Behavior, Agency Costs and Ownership Structure [J]. Journal of Financial Economics, 1976 (3): pp. 305 – 360.

速平稳。职业化管理在有效实施协调功能后，管理层机制就成了"持久性、权利和持续成长的源泉"①，企业就可望形成可持续成长的机制②。职业化有利于化解信任危机。家族企业走向没落，很多是由内讧造成的，公益和私利矛盾加剧，理智和情感对立空前时，必然会产生信任危机，当其不可调和，就可能给企业带来致命一击。某种意义上来说，信任与权力是成反比的，也就是说你的权力越大或者人们认为你的权力越大，对你的不信任感就会越强。古代帝王对功高盖主的功臣以杀戮为主，中国成语中的"飞鸟尽，良弓藏；狡兔死，走狗烹；敌国灭，谋臣忘"，说的就是这个道理。功盖天下者不赏，声名震主者身败。韩信、岳飞等一大批仁人志士不了解这其中的奥秘，因此被杀。所以，家族企业现代化的过程中引进职业经理人的核心是加大制度建设，就可以对每一个人的权力进行明确的限定和有效的制度制衡，这种制衡使企业成员间少一点猜疑，多几分信任，增强了企业的凝聚力和向心力。

詹森和麦克林（Jenson and W. Meckling）曾给委托—代理关系下过这样一个定义：委托—代理关系是指这样的一种显明和隐含的契约，根据它，一个或多个行为主体指定、雇佣另一些行为主体为其服务，与此同时授予后者一定的决策能力，并根据其提供服务的数量和质量支付相应的报酬。授权者就是委托人，被授权者就是代理人。委托人有权决定支付代理人报酬的规则和方案。③职业经理人与家族企业之间的合作是管理分工的必然结果，但存在着天然的合作与冲突，即委托—代理矛盾。这些冲突既可能是推动企业发展的动力，也可能成为阻碍企业发展的陷阱。怎么能够使得在家族企业与职业经理人的合作中，职业经理人有足够的动力为家族企业服务？怎样消除中国家族企业在引进职业经理人的过程中存在的种种碰撞和摩擦？为此，有必要建立一个家族企业与职业经理人之间的合作与冲突的博弈模式。④

---

① 钱德勒．看得见的手——美国企业的管理革命 [M]．北京：商务印书馆，1997．

② 李晓波．论家族式企业的职业化管理 [EB/OL]．http：//www. chinahrd. net/zhi_ sk/jt_ page. asp? articleid =67819，2005 年 6 月 14 日．

③ Jenson M C. Theory of the Firm: Managerial Behavior, Agency Costs and Ownership Structure [J]. Journal of Financial Economics, 1976（3）：pp. 305 – 360.

④ 徐林．中国职业经理人市场的理论与实证研究 [D]．浙江大学，2004．

二、职业经理人在家族企业中存在的问题

家族创业者引入外部职业经理人进行职业管理虽然能够获得分工优势，但同时这种替代还存在着委托代理风险。这是因为在许多家族企业中，企业主追求的目标是多元的，首先是家族的中兴和繁荣，其次是个人的收益最大化和企业的长远发展。而职业经理人追求的目标是个人利益最大化，这既包括个人的货币收益，也包括职业经理人的在职消费、控制企业资本、取得一定的成就感等非货币收益。而作为人力资本，职业经理的知识能力等因素的所有权限于的自身，居于专有性，而不像其他的经济资源包括各种金融资本、土地所有权等非人力资本既可属于个人，也可属于家庭、社区、其他共同体或国家，还可以不属于任何人或人的群体。人力资本这种特性，导致在职业经理人与家族企业所有者签约时，家族企业所有者必然面临人力资本市场的信息不对称。这种信息不对称主要包括：（1）契约前交易双方的素质和能力的非对称信息；（2）契约履行中的非对称信息，特别是相互之间信任程度的非对称信息；（3）人力资本产出具有非常大的弹性①。

正是由于职业经理人与家族企业创业者目标不一致以及职业经理人人力资本的独特性，从而导致作为非家族成员的职业经理人在进行决策时，有可能损害企业的利益来提高自身的收益，或者对于一些自身能够做出的对企业有利的决策采取不作为，这样在家族资本与社会人力资本融合过程中就产生道德风险和逆向选择，也就是委托代理问题。委托—代理问题的出现导致创业者在选择员工和开放岗位时采取先特殊主义、后普遍主义原则。企业主首先是将机密程度较低的生产、技术部门和例行公事管理的部门对外人开放，而将财务管理、销售等机密程度较高的部门掌握在自己人手中。而这种封闭的产权结构和任人唯亲的人事安排，又使企业对优秀人才缺乏吸引力，不但难以引进优秀人才，已有的外聘员工也难以发挥重要作用。正是由于这些员工与创业者之间缺乏必要的信任和谅解，因而他们之间很难就企业的长远规划进行诚恳的沟通，管理理念的差异也常常因为双方互不认同、互不相让的态度而得不到磨合，从而在

---

① 吴继忠. 家族企业创业者与职业经理冲突研究 [J]. 经济经纬，2006（1）.

某些情况下容易产生摩擦，甚至引起激烈的劳资冲突。有时在双方冲突激化时，家族企业创业者还可能收回职业管理，将家族企业回归到家族管理的老路上①。

对于一些迫切需要改变家族治理的现状而又不适应职业化管理或者不能够有效控制委托代理问题的家族企业，混合管理就成了他们必然的选择。混合管理型企业是指家族企业主（一般也包括其家族成员）和职业经理人共同管理的企业，这是家族企业从传统向现代的过渡阶段。但是，即使在这一阶段，企业主与职业经理人之间除了有合作和互补的一面之外，同样存在着难以协调与对立的一面。从合作与互补来看，企业主拥有企业的所有权，拥有物质资产，自身也参与企业的管理；而职业经理人拥有经营与管理企业的知识和能力，控制和运作企业的某些资源。家族企业为企业主与职业经理人提供了一个合作平台，二者之间的合作在本质上是物质资本与人力资本的结合，双方的合作共存能够创造更多的价值，一旦双方关系破裂，各自的价值可能不会得到充分实现。但是由于二者身份、经历、个性和知识背景等方面的差异，在合作过程中二者之间必然存在着这样或那样的对立和冲突。不同的家族企业双方矛盾的具体表现可能是不同的，矛盾的强度也可能差异很大。

1. 企业主与职业经理之间存在着基于委托代理关系的利益矛盾

根据现代企业理论，家族企业主与各级职业经理人之间是一种委托—代理关系，企业主是委托人，职业经理人是代理人。由于契约双方的信息不对称，与委托人相比，代理人更确切地了解被分配工作的详细信息，并更充分地了解自己的行为状况、能力和偏好，同时契约双方都在追求效用最大化、并且代理人和委托人的利益经常不一致，因而代理人并不总是以委托人的利益最大化为自己行动的最高准则。如果委托人不能有效地约束代理人，代理人就会从自身利益出发做出决策，而不是做出对委托人最优的决策。此外，由于契约的不完全性，委托人与代理人之间签订的契约不可能规定所有可能情况下各方的责任。这是双方存在利益矛盾且难以协调的根源所在。具体来看，企业主与经理人之间的利益矛盾首先表现在二者对经营目标追求的差异上。企业主一般追求的是长期目标，是企业价值的最大化，是企业的发展壮大和持久生存能力的提

---

① 吴继忠．家族企业创业者与职业经理冲突研究［J］．经济经纬，2006（1）．

高，而通常职业经理人所追求的目标具有短期性，追求的是在自己的任内、自己所负责的部门或项目可核查的绩效最大化，力求取得激励奖金的最大化。虽然，由于企业总体目标的实现程度很大程度取决于各级经理人的能力及其为企业的努力程度，为了保证企业目标的实现，企业主通常会设计一套绩效考核指标体系对各级经理人的绩效进行考核。然而，考核指标的内在缺陷是不可避免的，没有人能针对具体企业的特殊情况设计出完美的指标体系来正确反映工作绩效的全部内容，而且为了考核的可操作性，大部分家族企业只能利用若干数量指标来反映经营绩效。此外，利益矛盾还体现在企业经营过程中。由于经营的需要，职务性消费是必然的，然而在现实生活中，不少职业经理人会追求职务性消费，甚至职务性侵占。在职务性消费的内容和数额的确定上，双方必然要进行一番博弈。

在经营成果分配方面双方也存在着必然的矛盾。企业是一个利益共同体，参与企业经营的各种资源都要参与企业经营成果的分配。在收益既定的情况下，各种资源主体之间对利益的分配是一种零总和博弈关系，一方多一点，其他方必然少一点。尽管家族企业主拥有企业的剩余索取权，而职业经理人得到的是契约收入，但作为企业管理团队的成员，经理人必然希望能够与企业主"有福同享"，特别是在企业盈利丰厚的情况下。

2. 企业主与职业经理之间存在着基于企业控制权的权力矛盾

家族企业创业初期规模较小，采用家族式的集权化管理模式一般能够正常运作。在企业成长壮大后，由于管理事务显著增加，非企业主及其家族成员所能为，于是引入职业经理人势在必行。由于传统家族企业的一个显著特征就是绝对集权制，因此，在引入经理人之后，二者之间职责的划分是一个困难。其中，下放权力的度是一个关键问题。引入经理人的过程，是企业从绝对集权制向分权制转化的过程，职业经理人凭借自己所拥有的信息和知识，逐步掌握自己所在部门企业资源的实际控制权。与此同时，家族企业主必然运用其正式控制权去约束经理人实际控制权的范围和空间，二者之间的权力博弈将贯穿始终[①]。从近年我国家族企业权力分割的实际状况来看，以下两点较为突出。

---

① 李跃. 家族企业主与职业经理人的对立关系及其协调 [J]. 科学学与科学技术管理，2006（2）.

其一，是否放权的矛盾。不少家族企业主不敢放权，他们不信任职业经理人，一方面是对职业经理人信用不放心；另一方面是对他们的能力不放心。近年来，我国职业经理人群体的信用状况很难让家族企业主满意，企业主担心职业经理获得企业的控制权、掌握企业的技术资料、客户和财务状况后会带来不利后果：职业经理人可能以其掌握的企业秘密为要挟而提出非分要求[1]；也可能离开企业，带走客户、关系和资源。后者又分为两种情况，一种是自己创业，转过身来与自己的老东家竞争，一种是加盟竞争对手的企业。同时，职业经理人的能力也是一个关键问题。根据贺小刚和李新春对中山市 250 家家族企业的调查，企业主对于引入职业经理最担心的是其管理能力不足（占 23%）[2]。由于各级经理人对于企业经营的成败关系重大，企业主不可能完全放心经理人的工作能力，特别是经理人不是从企业内部提拔，而是从外部人才市场招聘的话，能力只能在工作过程中逐步显现，因而即使其他条件具备，企业主的放权也只能是一个渐进过程。但是通常职业经理人希望在上任之初便拥有足够的职权，以便顺利开展工作，这就在放权与否的问题上使得家族企业的企业主与职业经理人存在相当程度的矛盾。

其二，很多企业主素质较差，不懂得放权的重要性。他们依靠经验从事经营管理，不了解现代科学管理方法。现实中的许多企业主欠缺民主精神，他们要求经理人绝对服从他们的意志。然而，经理人要完成相应的职责，必然要求拥有自己所处职位上应有的决策权，否则工作难以顺利开展。职业经理人大多是除了自己的经营知识和才能之外一无所有而不得已来家族企业工作的，他们与素质低下的企业主合作，很难发自内心愿意听从企业主的指挥。何况有些企业主过分以自我为中心，唯我独尊，不喜欢经理人表现出比他更强的才能；或者事无巨细都要亲自过问，习惯于对经理人发号施令，漠视他们的合理意见。

3. 企业主与职业经理之间存在着基于知识和能力的理念矛盾

传统家族企业受到家族文化的强烈影响。家族文化建立在婚姻和血缘关系结成的社会关系基础之上，坚固的家族文化使不少企业主形成特有的经营理

---

① 李跃．家族企业主与职业经理人的对立关系及其协调［J］．科学学与科学技术管理，2006（2）．

② 贺小刚，李新春．家族企业的信任机制——以广东中山市家族企业为例［J］．华南农业大学学报（社会科学版），2003（2）．

念：只有家人才值得信赖，排斥异姓异族，"非我族类、其心必异"；重视家族利益，当企业利益与家族利益发生冲突，往往牺牲企业利益；人与人的关系讲辈分，强调权威和秩序，认为企业只是自己的家业，而不是各种契约的联结，不重视参与企业运作的其他资源供给方的利益。显然，这种理念与现代管理理念格格不入。职业经理人往往学历较高，懂得现代管理技术，视野较为开阔，具有现代管理理念。他们通常注重科学管理，主张适当分权，强调管理的规范化和制度化。

在经营的社会责任上，二者往往也有不同。不少企业主贪求不法所得，做决策时不考虑道德与伦理后果，偷税漏税现象和假冒伪劣现象严重。很多职业经理人不把自己的老板视为道德上值得景仰的领导，他们不认可老板的价值观，即使在合作很长时间也是如此①。另外，职业经理人希望能够得到个人发展的机会，充分发挥自己的能力，以实现自我。实证研究证明，影响职业经理人进入家族企业最重要的因素是职业发展的机会与空间。但是不少企业主只是把经理人视为其实现企业目标的工具，经理人的发展与否不是企业的责任。处在一个缺乏发展机会的环境中，职业经理人必然会产生强烈的情绪②。

三、家族企业和职业经理人之间的博弈分析

通过建立家族企业与职业经理人之间的博弈模型，对二者之间的关系进行比较明确地分析，如图6-6家族企业与职业经理人博弈的扩展图所示。

(一) 模型假设

1. 博弈存在的三个博弈方：自然（即博弈方0）、家族企业（即博弈方1）和职业经理人（即博弈方2）。自然是对职业经理人工作努力情况按照概率分布的随机选择，因此，不需要对其分析；后两者为理性行为人，以自身利益最大化为目标。

---

① 李跃. 家族企业主与职业经理人的对立关系及其协调 [J]. 科学学与科学技术管理，2006 (2).

② 张建琦，黄文锋. 职业经理人进入民营企业影响因素的实证研究 [J]. 经济研究，2003 (10).

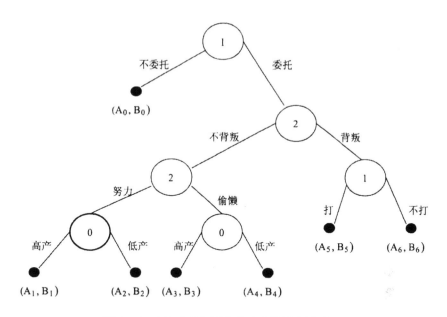

图6-6　家族企业与职业经理人的博弈模型 I

2. 博弈模型（图6-6）为一个努力成果不确定但可以监督的家族企业—职业经理人的三阶段动态博弈。

第一阶段：家族企业在"委托"与"不委托"职业经理人之间进行选择。

第二阶段：职业经理人在"背叛"与"不背叛"家族企业之间进行选择。

第三阶段：如果职业经理人"背叛"家族企业，则家族企业在"打"官司和"不打"官司之间进行选择；如果职业经理人"不背叛"家族企业，则其在工作时候存在"努力"和"偷懒"两种选择，并且这两种选择都有"高产"和"低产"的可能。

3. 图6-6中小括号内为两博弈方各自的得益，其中 A_i（$i=0$，1，2，…，6）为家族企业的得益；B_i（$i=0$，1，2，…，6）为职业经理人得益。

（二）模型说明

在图6-6中，第一阶段是家族企业的选择阶段，选择内容为是否委托。如果它选择"不委托"，则得不到职业经理人的服务。A_0表示没有职业经理人服务时家族企业的得益。在现实生活中，当职业经理人的服务对家族企业至关紧要时，A_0可能为零或者负值，当职业经理人的服务对家族企业无关紧要时，

A_0 可以是正值。B_0 表示家族企业"不委托"时，职业经理人的得益，一般情况下为零。如果家族企业选择"委托"，则由职业经理人进行选择。

职业经理人在第二阶段有"背叛"和"不背叛"两种选择，不论如何选择，双方的博弈都进入第三阶段。

如果在第二阶段，职业经理人选择"背叛"，则第三阶段家族企业存在"不打"官司与"打"官司两种选择。若家族企业"不打"官司，则损失为在职业经理人身上投入的企业资产（有形资产 V 和无形资产 I），故 $A_5 = -I - V$。而职业经理人除了能获得部分企业资产外（企业的投资并不一定为职业经理人全部消化吸收），还有了更宽广的外部市场机会 D，故 $B_5 = \mu(I + V) + D$，其中 $0 < \mu < 1$。若家族企业"打"官司，则一般对职业经理人处以 P 的现金罚款，造成职业经理人的声誉损失 R，若能顺利"打"赢官司，家族企业一般还需要一个诉讼成本 S，故家族企业的得益 $A_6 = -I - V + P - S$，职业经理人的得益 $B_6 = \mu(I + V) + D - P - R$。

如果在第二阶段，职业经理人选择"不背叛"，则第三阶段职业经理人工作时存在"努力"与"偷懒"两种可能，且不论"努力"还是"偷懒"，都有 α、β 的概率高绩效，从而使家族企业"高产"。若职业经理人工作"努力"，那么家族企业就有 α 的概率获得"高产" H，$1 - \alpha$ 的概率获得"低产" L，但无论"高产""低产"家族企业都要支付较高的报酬 $w(E)$，而职业经理人虽然能得到较高的报酬 $w(E)$，但有较高的负效应 E，所以 $A_1 = H - w(E)$，$B_1 = w(E) - E$；$A_2 = L - w(E)$，$B_2 = w(E) - E$。因此，综合可知，当职业经理人"努力"工作时，家族企业和职业经理人的期望收益分别为：

$$A_E = \alpha A_1 + (1 - \alpha) A_2 = \alpha[H - w(E)] + (1 - \alpha)[L - w(E)]$$
$$= \alpha H + L - \alpha L - w(E)$$
$$B_E = \alpha B_1 + (1 - \alpha) B_2 = \alpha[w(E) - E] + (1 - \alpha)[w(E) - E]$$
$$= w(E) - E$$

同理可得，当职业经理人"偷懒"工作时，家族企业和职业经理人的期望收益分别为：

$$A_S = \beta A_3 + (1 - \beta) A_4 = \beta[H - w(S)] + (1 - \beta)[L - w(S)]$$
$$= \beta H + L - \beta L - w(S)$$
$$B_S = \beta B_3 + (1 - \beta) B_4 = \beta[w(S) - S] + (1 - \beta)[w(S) - S]$$
$$= w(S) - S$$

（三）模型分析

对此模型，在此采取逆推归纳法分析。

第三阶段，如果家族企业选择"不打"官司，则其收益为 A_5；选择"打"官司，则其收益为 A_6。若 $A_5 > A_6$，即 $A_5 = -I - V > A_6 = -I - V + P - S$，$P - S < 0$，则理性的家族企业选择"不打"；若 $A_5 < A_6$，即 $P - S > 0$，则理性的家族企业选择"打"。在这里，家族企业的选择主要取决于三个因素。(1) 国家司法的完善程度。司法的完善程度主要包括法律、法规的健全程度和执法的公平程度。在一个由都存在私心，重视自身利益成员组成的社会中，完善的司法不但能对人们的正常权益给予足够的保护，而且对那些侵害他人利益者也有足够的威慑作用。我国目前对职业经理人相关方面的法律法规尚不健全，使得企业"打"官司的诉讼成本（S）过高，往往出现"赢了官司输了钱"的现象。(2) 企业的资产特性。如果背叛的职业经理人带走的是客户关系、创新思路的无形资产，则家族企业很难借助于法律来惩罚职业经理人，即使惩罚成功，所得到的赔偿也不足以弥补损失。(3) 社会舆论。如果社会普遍风气倾向于选择那些过去表现诚实的职业经理人，谴责雇用时候表现不诚实的职业经理人，那么家族企业就可以通过公开职业经理人的雇佣经历，从而对职业经理人未来的受雇情况产生影响。

第三阶段，如果职业经理人选择"努力"工作，则其收益为 B_E；选择工作"偷懒"，则其收益为 B_S。在这里，职业经理人的选择主要取决于下面的"激励约束条件"：$B_E > B_S$ 或者 $B_E < B_S$。

若 $B_E > B_S$，即 $w(E) - E > w(S) - S$，此为职业经理人"努力"工作的"激励约束条件"，其经济意义为：只有当"努力"工作的职业经理人得到的报酬，达到"偷懒"工作时也能得到的基本报酬之上，还有一个至少不低于能补偿"努力"工作比"偷懒"工作更大负效应的增加额时，职业经理人才可能自觉地努力工作。

若 $B_E < B_S$，即 $w(E) - E < w(S) - S$，此为职业经理人工作"偷懒"的"激励约束条件"，从该"激励相容约束"可以得到一个直接推论，因为"偷懒"的负效应肯定小于"努力"工作的负效应，只要"偷懒"和"努力"工作得到的报酬相同，则职业经理人必然选择"偷懒"。

倒推到第二阶段，分析职业经理人的策略选择。由第三阶段的分析可知，在司法制度不完善和无形资产比重较大的情况下，职业经理人"背叛"后，家族企业"打"官司的威胁是不可置信的，那么只有在 $B_X > B_6$ 的（$X = E$ 或 S）条件下，职业经理人出于自身利益考虑才会选择"不背叛"。因此，家族企业要保证职业经理人"不背叛"，必须对职业经理人的工作给予积极的肯定，支付合理的报酬，使得职业经理人"背叛"的机会成本大于其"背叛"后的所得收益，这样自然就避免了"背叛"行为的发生。

最后回到第一阶段，家族企业是否"委托"职业经理人亦取决于它自身的收益。如果 $A_X > A_0 (X = 1,2,\cdots,6)$，则家族企业"委托"职业经理人管理企业；反之，则"不委托"职业经理人。

从上面的分析中可以看出，此动态博弈的子博弈完美纳什均衡为：家族企业"委托"职业经理人，职业经理人"不背叛"的"努力"工作。下面可以引入数值进行分析。假设家族企业"不委托"职业经理人，双方得益为（0，0）；职业经理人"背叛"后，家族企业"打"官司，双方得益为（1，-2），"不打"官司，双方得益为（-1，2）；职业经理人"不背叛"，高产 $H = 40$，低产 $L = 20$，努力 $E = 5$，努力收益 $w(E) = 10$，偷懒 $S = 3$，偷懒收益 $w(S) = 6$，带入到图 6-6 中，结果如图 6-7 所示。

四、家族企业与职业经理人的演化博弈分析

（一）演化博弈论的简要回顾

演化博弈论是把博弈理论与动态演化过程分析结合起来的一种理论。演化博弈理论源于生物进化论，它曾相当成功地解释了生物进化过程中的某些现象。如今，经济学家们运用演化博弈论分析社会习惯、规范、制度或体制形成的影响因素以及解释其形成过程，也取得了令人瞩目的成绩。演化博弈论目前成为演化经济学的一个重要分析工具，并逐渐发展成一个经济学的新领域。演化博弈论能够在各个不同的领域得到极大的发展应归功于斯密斯（1973）与普瑞斯（Price，1974），他们提出了演化博弈论中的基本概念演化稳定策略（evolutionary stable strategy）[1]。斯密斯和普瑞斯的贡献是把人们的注意力从博

---

[1] Maynard S. J. . The Theory of Games and the Evolution of Animal Conflict [J] . Journal of Theory Biology, 1973 (47) .

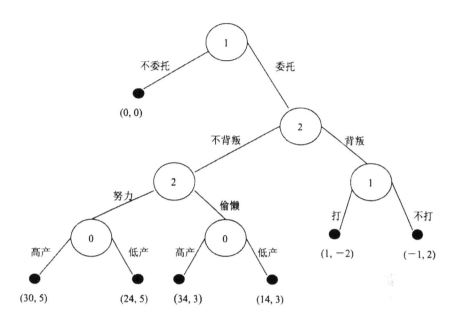

图 6 - 7   家族企业与职业经理人的博弈模型 Ⅱ

弈论的理性陷阱中解脱出来，从有限理性的角度为博弈理论的研究寻找到可能
的突破口。可以说，斯密斯和普瑞斯的演化稳定策略的提出是演化博弈论理论
发展的一个里程碑，从此以后演化博弈论迅速发展起来。20 世纪 90 年代以来，
演化博弈论的发展进入了一个新的阶段。温布尔（Weibull，1995）系统完整地总
结了演化博弈论①。21 世纪以来，演化博弈的发展出现了一些新的思路。

　　进入 21 世纪以来，国内的学者也开始关注演化博弈论。谢识予（2001）、
张良桥（2001）、盛昭瀚和蒋德鹏（2002）介绍了演化博弈理论的一些基本概
念和相关内容；崔浩、陈晓剑和张道武（2004）用演化博弈论的方法分析了
有限理性的利益相关者在共同治理结构下参与企业所有权配置并达到纳什均衡
的演化博弈过程②；刘振彪和陈晓红（2005）创建了从单阶段创新投资决策到
多阶段创新投资决策的演化博弈均衡模型研究企业家创新投资决策问题；易余
胤等（2003，2004，2005）运用演化博弈方法研究了信贷市场、双寡头市场、

---

　　①　Weibull W. Evolutionary Game Theory ［M］. Cambridge：MIT Press，1995.
　　②　崔浩，陈晓剑，张道武. 共同治理结构下企业所有权配置的进化博弈分析 ［J］. 运筹与管理，
2004（6）.

自主创新行为、合作研发中的机会主义行为等一系列问题。从以上的研究成果来看，近一两年来有越来越多国内学者关注该领域，并且应用演化博弈论探讨了经济学领域中的很多问题。

相对来说，但国内的研究成果仍然存在着不少问题，主要体现在：（1）对演化博弈论的特征以及基本概念不够清晰，演化博弈并不是演化的观点和博弈的思想简单相加，动态演化的博弈模型也不一定就是演化博弈模型；（2）运用演化博弈论解释某些问题显得"牵强附会"，让人感觉只是单纯套用演化博弈论，或是不清楚演化博弈论的理论框架；（3）只能运用一些非常简单的演化博弈模型，研究不够深入。事实上，问题（2）、（3）的产生至少部分是由于（1）引起的，因此，有必要把演化博弈论（模型）的特征以及基本概念界定清楚。[①]

（二）演化博弈理论的基本特征

一般的演化博弈理论具有如下特征：它的研究对象是随着时间变化的某一群体，理论探索的目的是为了理解群体演化的动态过程，并解释说明为何群体将达到目前的这一状态以及如何达到。影响群体变化的因素既具有一定的随机性和扰动现象（突变），又有通过演化过程中的选择机制而呈现出来的规律性。大部分演化博弈理论的预测或解释能力在于群体的选择过程，通常群体的选择过程具有一定的惯性，同时这个过程也潜伏着突变的动力，从而不断地产生新变种或新特征。

几乎所有的演化博弈理论都具有上述特征。然而，演化博弈论在经济学领域的应用与运用演化博弈理论解释生物进化现象有所不同，演化博弈论中的一些生物进化的概念在经济学领域中无法应用。比如，性别和交配，染色体和代际等等，这些概念很难被引入到经济学领域中来。演化博弈论在经济学领域的应用主要是考虑微观个体在演化的过程中可以学习和模仿其他个体的行为，即沿用拉马克的遗传基因理论。

一般的演化博弈模型的建立主要基于两个方面：选择（selection）和突变

---

① 易余胤，刘汉民. 经济研究中的演化博弈理论［J］. 商业经济与管理，2005（8）.

（mutation）。选择是指能够获得较高支付的策略在以后将被更多的参与者采用；突变是指部分个体以随机的方式选择不同于群体的策略（可能是能够获得高支付的策略，也可能是获得较低支付的策略）。新的突变其实也是一种选择，但只有好的策略才能生存下来。选择是一种不断试错的过程，也是一种学习与模仿的过程，这个过程是适应性且是不断改进的。不具备这两个方面的模型不能称为演化博弈模型。比如，艾格则等（Agiza，Hegazi and Elsadany，2001）提出了一个动态演化的博弈模型，它在有限理性的企业都采取一定的行为规则（产量调整机制）下研究企业重复博弈是否可以达到纳什均衡。这个模型虽然研究的是有限理性个体和动态演化过程，但不属于演化博弈模型，因为没有包含选择和突变的过程。如果把这个模型做如下修改，便可以看作演化博弈模型：假设企业有许多不同的行为规则，而采用某些行为规则的企业比那些不采用这些行为规则的企业获益更大；随着时间的推移，采用这些行为规则的企业生存下来，而不采用这些行为规则的企业被淘汰。这样修改后的模型既有选择过程又有突变过程，便成为一个演化博弈模型。

总之，演化博弈模型有如下几个特征：第一，以参与人群体为研究对象，分析动态的演化过程，解释群体为何达到以及如何达到目前的这一状态；第二，群体的演化既有选择过程也有突变过程；第三，经群体选择下来的行为具有一定的惯性。

（三）演化博弈理论的基本概念

1. 演化稳定策略（ESS）和演化稳定均衡（ESE）[①]

在生物进化中，种群中生物性状特征的频数与比例稳定性主要由演化稳定策略来描述。在一个对称的博弈（意味着行与列的博弈参与者可以互换而不影响支付矩阵）中，$u(x/y)$表示种群中随机遇到的博弈对手采取策略y条件下某博弈方采取策略x时的得益，斯密斯对 ESS 概念的定义可以表示如下：

（1）如果对任意$y \neq x$，都有$u(x/x) > u(y/x)$，则策略x是一个 ESS。

（2）即使第一个条件不成立，如果$u(x/x) = u(y/x)$且$u(x/y) > u(y/y)$，则策略x也是一个 ESS。

---

① ESS 是英文 evolutionary stable strategy 的缩写，ESE 是英文 evolutionarily stable equilibrium 的缩写。

第一个条件说明，如果其他博弈方都采取策略 x 时，选择突变策略 y 的参与者在对选择策略 x 参与者的博弈中会得到较少的支付，由于任何一个有限理性的参与者都会发现对它来说 x 比其他策略都要更好，因此突变策略不能侵入到选择进化稳定策略的群体中。第二个条件说明，假设初始状态时种群中几乎所有参与者都一致地采用任何其他策略 y 时，演化稳定策略 x 能够击败 y，从而使得选择 y 策略者在进化过程中从群体中消失，或者放弃原来的策略而采用 x 策略。由定义可知，满足以上两个条件之一的策略就是演化稳定策略 ESS。

当群体中所有个体都选择进化稳定策略时，群体所处的状态就称为演化稳定状态，此时博弈所达到的均衡称为演化稳定均衡。这个均衡能够经受有限理性所引起的错误与偏离的干扰，在受到少量的干扰后仍能恢复。经济中的演化稳定均衡是指有限理性的参与者不可能完全正确地知道自己所处的利害状况，其发现最佳行动的能力也是有限的，主要通过对被认为是最有利战略的不断模仿而逐渐逼近理论最优状态。

2. 复制动态（replicator dynamics）方程

在进化博弈中，假定一个大型种群中有两类博弈方，所有博弈方均采用纯策略，S 表示所有纯策略的集合，$\varphi_t(x)$ 表示所有在 t 阶段采用纯策略 $x(x \in S)$ 的博弈方集合，$\theta_t(x)$ 定义状态变量表示在 t 阶段采用 x 策略的参与人在群体中比例向量，则有：

$$\theta_t(x) = \frac{\varphi_t(x)}{\sum_{y \in S} \varphi_t(y)} \qquad (6-1)$$

在 t 阶段采取纯策略 x 博弈方的期望得益是：

$$u_t(x) = \varphi_t g u(x/y) \qquad (6-2)$$

其中 $u(x/y)$ 表示采取纯策略 x 的博弈方与采用纯策略 y 的博弈方相遇时的得益。于是，群体的平均期望得益为：

$$\bar{u}_t = \sum_{t \in S} u_t(x) = \varphi_t g u_t(x) \qquad (6-3)$$

根据前面的假设，有限理性的博弈方有一定的统计分析能力和对不同策略得益的事后判断能力，得益较差的博弈方迟早会发现这种差异，并开始学习模仿另一类型博弈方的策略。因此，博弈方类型的比例是随时间而变化的，可以表示为时间的函数。这个比例随时间变化的速度取决于博弈方学习模仿的速度。一般情况下，博弈方学习模仿速度取决于两个因素，一是模仿对象数量的大小（可用相应类型的博弈方在整个群体中的比例表示），因为这关系到观察和模仿的难易程度；二是模仿对象的成功程度（可用模仿对象的策略得益群体超过平均得益的幅度表示），因为这关系到判断差异的难易程度和对模仿激励的大小。因此博弈方策略类型的比例 $\theta_t(x)$ 随时间变动的动态变化率可以用下列复制动态微分方程表示：

$$\frac{\mathrm{d}\theta_t(x)}{\mathrm{d}t} = \theta_t(x)\,\mathrm{g}\big[\,u_t(x) - \bar{u}_t\,\big] \tag{6-4}$$

设 $\dfrac{\mathrm{d}\theta_t(x)}{\mathrm{d}t} = F(\theta)$，则仅满足下述第一个条件的点为一般稳定状态，同时满足式（5）和式（6）两个条件的点就是上述复制动态的演化稳定均衡。

$$f(\theta) = \frac{\mathrm{d}\theta_t(x)}{\mathrm{d}t} = 0 \tag{6-5}$$

$$f(\theta) = \frac{\mathrm{d}\theta_t(x)}{\mathrm{d}t} < 0 \tag{6-6}$$

所以，在演化博弈论中均衡是经过一定时间逐渐达到的，时间概念的引入使得演化博弈论比传统博弈论能够更好地对企业演化的现实情况进行解释。

3. 企业演化的博弈模型

按照演化博弈论的观点，新的企业惯例不是由什么人设计的，而是那些适应环境和社会变化的新东西不断被发现，而更为理想的成分被保存下来，即在所谓适应性演化（adaptive evolution）的过程中产生的。现代企业就是由古典企业经过无数适应性演化过程所逐渐演化而成。由于企业演化与生物演化十分类似，因此可以用演化博弈论来对企业的演化过程进行比较深入的分析。

设在一个企业种群内有数量很多的相似企业个体，不同企业之间进行随机配对反复博弈。该博弈模型的得益矩阵图如图 6-8。

博弈方 2

		x	y
博弈方 1	x	3, 3	4, 1
	y	1, 4	2, 2

图 6-8   企业演化博弈模型

图 6-8 中，x 策略表示采用新惯例，y 策略表示采用旧惯例。两个企业都采用 y 策略时，自得益均为 2，双方可以和平共处。一个企业采用 x 策略而另一个企业采用 y 策略时，它们的得益分别为 3 和 1，采用新惯例者就对保持旧惯例者产生了威胁。双方都采用 x 策略时，各自得益都为 3，即双方得益都比采用旧惯例时得到了提高，但是不如只有一方采用新惯例的情况下提高得多。这个假设与现实情况是比较相符的。在静态博弈情况下，该博弈只有 1 个纯策略纳什均衡。如果博弈双方具有完全理性，那么可以预期博弈结果是种群内所有企业都同时采用新惯例策略 x。

在有限理性的情况下，并不是所有企业一开始就能找到最佳策略 S。通常情况是群体内既有企业采用 x 策略，也有企业采用 y 策略，可以假设在初始状态下，种群中采取 x 策略的企业比例为 θ，则采取 y 策略的企业比例为 $1-\theta$。企业之间进行随机配对博弈 θ 时，每个企业都既可能遇到 x 策略类型的对手，也可能遇到 y 策略类型的对手，前者概率是 θ，后者概率是 $1-\theta$（对大群体来说，可忽略所考察的博弈方本身对各博弈方比例的影响）。因此，一个企业的得益，一方面取决于自己的策略类型；另一方面也取决于对手的策略类型。

根据式（6-2）可得所考察的企业采用 x 或 y 策略时的期望得益分别为：

$$U_x = 3\theta + 4(1-\theta) = 4 - \theta$$
$$U_y = \theta + 2(1-\theta) = 2 - \theta$$

根据式（6-3），种群内所有企业平均得益为：

$$\overline{U} = \theta U_x + (1-\theta) U_y = \theta(4-\theta) + (1-\theta)(2-\theta) = 2 + \theta$$

上述结果表明，企业采用两种策略的得益具有明显差异。采用 x 策略的得益明显高于采用 y 策略的得益，也高于平均得益，而采用 y 策略的得益则低于 x 策略的得益和平均得益。根据定义，策略 x 就是该博弈的进化稳定策略 ESS。根据前面的假设，有限理性的企业有一定的统计分析能力和对不同策略收益的事后判断能力，因此原来采用 y 策略的企业就迟早会发现上述得益差别，认识到改变策略对自己有利，并开始模仿另一种类型的博弈方，改为采用策略 x。采用 x 策略类型企业的比例 θ，随时间变动的动态变化率可以用式（6-4）所示的复制动态微分方程表示：

$$F(\theta) = \frac{\mathrm{d}\theta}{\mathrm{d}t} = \theta(Ux - \overline{U}) = \theta(4 - \theta - 2 - \theta) \qquad (6-7)$$

对式（6-7）积分，可得 θ 随时间增长的逻辑斯蒂方程，θ_0 为 θ 的初始比例：

$$\theta(t) = \frac{1}{1 + \left(\dfrac{1}{\theta_0 - 1}\right)e^{-2t}} \qquad (6-8)$$

对式（6-7）求导可得：

$$f(\theta) = \frac{\mathrm{d}F(\theta)}{\mathrm{d}\theta} = 2 - 4\theta \qquad (6-9)$$

根据式（6-6），只有 $\theta = 1$ 是该博弈的演化稳定均衡 ESE。$\theta = 0$ 时，如果初始时刻没有一个企业采用策略 x，所有企业都不会受到得益降低的威胁，因此都不会有意识地改变既有的惯例，则由式（6-7）、式（6-8）可知，企业种群会保持在全部个体都采用 y 策略的状态。当 $0 < \theta < 1$ 时，也就是开始出现采用 x 策略的企业时 $F(\theta) > 0$，则采用 X 策略的企业就会逐渐增加，直到 $\theta = 1$ 为止。如图6-9、图6-10中箭头与渐近线所示。$\theta = 1$ 时，种群内所有企业都已经采用 x 策略，因此其变化率 $F(\theta) = 0$。$0 = 0$ 不是进化稳定均衡，因为即使企业种群中哪怕只有一个企业采用了新惯例，则其他企业都会进行模仿，最终导致种群内所有的企业都采用新惯例，收敛到 $\theta = 1$。而 $\theta = 1$ 则是一个进化稳定均衡，即使某些不理智的企业采用了 y 策略。它也会很快纠正自己的错误行为，采用 x 策略。

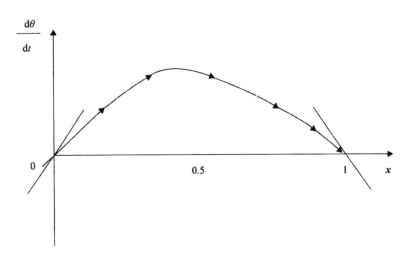

图 6 – 9   企业演化的复制动态相位

资料来源：谢识予. 经济博弈论［M］. 上海：复旦大学出版社，2002，第五章.

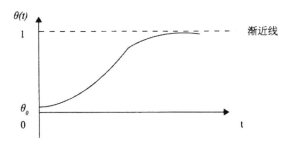

图 6 – 10   企业演化的逻辑斯蒂曲线

资料来源：谢识予. 经济博弈论［M］. 上海：复旦大学出版社，2002，第五章.

经过以上博弈过程，具有更高效率的新惯例就会在种群中得到复制和传播，整个企业种群就得到了演化。与建立在完全理性假说基础之上、企业之间的竞争均衡可以瞬间达到的传统经济理论和博弈模型相比，上述企业演化的博弈模型引入了有限理性假说和时间因素，这样就可以进一步对企业种群的演化速度及其影响因素进行研究，进而可以对由于企业演化速度不同所造成的地区或国家之间的企业竞争力之间的差异、经济水平之间的差距提出合理解释。

五、家族企业引进职业经理人的对策建议

并不是所有的家族企业都需要实行职业化管理。某些特定的行业、市场竞

争状态、规模经济要求等因素的组合，往往给家族企业留下了生存空间①。但是，相当多的家族企业在多重因素的促动下，必然要进入职业化管理进程。我们认为，为了有效推进职业化管理，应该在企业实施职业化管理的过程中把健全企业外部环境与强化企业内部管理有机结合起来，才能保证职业化管理的有效性。通过对家族企业和职业经理人的博弈分析可以看出，两者之间的关系受内外部诸多因素的制约。家族企业在引进职业经理人后，要想实现它们之间的双赢，可以从以下几个方面进行努力。

1. 健全家族制企业进行职业化管理的外部环境

第一，完善职业经理人市场，培养职业经理人阶层，重建经理人的社会信用体系。职业经理人最重要的一点是要"职业化"，要视家族企业为自己事业的起点甚至终点，具备良好的职业道德，这是实现合作与双赢的根本所在。通过实际业绩让企业主看到自己的价值所在，建立起融洽、信任的相互关系为职业经理人今后工作的开展奠定坚实的基础。另外还应该加强与企业所有者的沟通，让家族成员意识到自己愿意同他们同舟共济，荣辱与共，一切以企业利益为重，使家族的管理人员从内心情感上接受自己。第二，加强对家族制企业知识产权的保护。家族企业不愿意引入职业经理人还有一个原因就是担心核心技术的流失，尤其是那些知识型的高科技企业。产权保证越好，专用性的职业经理人力资本离开企业的成本就越大，窃取企业的技术的可能性就越小，企业的规模才能做得越大。如果法律制度对企业的产权没有给予很好的保证，企业就不可能做大。单纯靠人际之间的关系是不能有效保护企业的利益的，我们应该依靠完善的法律来保护企业的产权，同时对职业经理人起到一种警示作用。

2. 强化家族企业的内部管理以迎接家族企业的职业化管理

第一，在引进职业经理人之前，企业主必须根据本企业目前的实际情况，有计划、有步骤地推进职业化进程，力求稳扎稳打，步步为营。这是一切追求可持续发展的家族企业要完善治理结构必须首先做的转变。

第二，企业主必须妥善安置家族成员和创业元老。对于那些在知识和能力跟不上企业新业务发展需要的家族成员和创业元老，要做到妥善分流，可以给予他们较高的待遇；对年纪轻的家族成员，安排他们进一步学习深造，以提高

---

① 储小平. 家族企业如何推进职业化管理［J］. 管理世界，2002（4）.

个人知识水平和管理能力；对于能力较强、有创业冲动的家族成员可另设一笔资金，让他们自己投资经营，自己发展，比如宁波方太厨具有限公司的当家人茅理翔就曾经把企业单独切出一小块给胞弟独立经营，投资建立菱克塑料厂交由女儿女婿自行打理，这样就较好的避免了家族纠纷，为企业的职业化经营、建立现代企业制度创造了条件。

第三，在职业经理人刚进入企业时，要给予必要的引导和支持。外聘经理一般来说素质较高，但是不了解本企业的实际情况，因此他需要花一定的时间去适应新的企业环境，以求得到大多数员工的认同，特别是要学会处理好与家族内经理人员之间的关系，处理好与创业元老之间的关系。所以，对于家族企业的老板来说，不仅要慎重选择外部经理人，更需要在外部经理人上任初期给予支持和引导。

第四，建立内部人才竞争机制，以"赛马"代替"相马"。企业主吸纳外部经理，会带来新的思想和新的管理风格，但是，职业经理人的到来往往会妨碍原来的管理梯队中的某些人的职务晋升，滋生不满情绪，影响正常工作。因此，企业主要尽可能在企业内部形成人才竞赛的格局，给内部人才提供公平的发展机会，像海尔那样"赛马"而不"相马"。

第五，企业内部要建立一整套完善的激励和约束机制，创造使职业经理有效的工作环境条件。对人才的招聘、选拔、晋升应由强调"忠诚第一"转变为"忠诚与能力并重"，由"任人唯亲"转变为"唯亲与唯贤并重"。面对着经济全球化，管理信息化、知识化的挑战，具有创造性和适应团队的工作等能力对企业而言显得更为重要，可以通过在企业内部建立一整套完善的激励和约束机制，避免经理人员的短期行为和败德行为给企业所有者带来的损失。

第六，还要建立有效的监督约束机制。要适度加强过程控制，"防患于未然"，防止职业经理人经不住外界诱惑"叛逃"。信任和监督并非方枘圆凿，格格不入，而是相辅相成，不可分割的关系。关键是一个度，运用之妙，存乎一心，全靠企业主自己把握。

第七章

复杂性的中国家族企业演化分析

本章应该是在前面普适性的理论基础上分析中国家族企业的问题。希望借助前面的理论分析中国家族企业也适用这些规律，同时也希望借助中国家族企业成长的历史，中国家族企业关系治理与契约治理的演化过程，特别是改革开放 30 年的历史印证我们的理论。

第一节　国退民进与国进民退 30 年

一、30 年改革开放国退民进的基本态势

国退民进，是指在国有经济结构调整中，国有资本在一些领域逐步退出，民营经济在这些领域的逐步进入。从计划经济体制转向市场经济体制的过程中，国有经济不再是唯一的经济形式，民营企业逐渐成为市场经济的主要经济形式。由此，我们可以这样认为：社会主义市场经济应以民营经济为基础。①

新中国建立时，国有工业比重只有 1/4，1949～1958 年期间国有工业比重持续上升，这与我党过渡时期的总路线密切相关，即要在一个相当长的时期内，基本上实现国家工业化和对农业、手工业、资本主义工商业的改造。这条路线的实质，就是使生产资料的社会主义公有制成为我们国家的唯一的经济基

---

① 甘德安．国民经济民营化战略——21 世纪中华民族发展的最优化战略选择［A］．张厚义，明立志．中国私营企业发展报告（1999）［R］．北京：社会科学文献出版社，2000，364.

础。但是在 1958 年实现了人民公社化，个体农民的消失，使私人工商业也失去了存在的理由，所以在图 7-1 中表现为 1958 年国有工业比重急剧上升，达到 90%，剩下的 10% 也是具有准国有制色彩的集体所有制。这样，从 1953 年提出的"过渡时期总路线"，计划用 15 年甚至更长一点时间实现的对个体农业和私人资本主义工商业的社会主义改造任务，结果仅仅用了不到 3 年的时间便实现了以国有制和准国有的集体所有制为主要形式的公有制成为国民经济的唯一基础。在这一所有制基础上，全面建立了苏联式的集中计划经济体制。在 1958~1978 年的二十年间，中国进行了各种经济改革，收效甚微，十年的"文革"把中国本已脆弱的经济逼到了崩溃的边缘。

改革开放 30 年的重大成就使民营经济恢复、发展与崛起。从改革开放初期的个体经济、家庭经济的出现到乡镇企业的异军突起，从 20 世纪 90 年代中期乡镇企业的改制到 21 世纪初民营经济规模化、集团化的大量涌现，表明民营经济已经发展成为我国经济的重要组成部分。无论是从企业数量、注册资本金、产值、市场销售额、从业人员等方面看，民营企业已经成为支撑国民经济和社会发展的重要力量。①

1978 年的十一届三中全会后，中国的经济终于出现了转机，中国经济改革终于走上了正轨，这项改革主要内容就是计划经济体制向市场经济转型，并一直持续至今。改革开放 30 年我国取得了巨大的经济成就，与民营经济的发展密不可分，我们从图 7-1 看到，1978 年至今民营工业比重持续上升，并在 1999 年达到历史最高点 71.8%，1999 年后国有经济战略性调整，国有企业战略性改组，国有工业企业的生产效率有所提高，2000 年比重有所反弹。但民营经济比重变大，国有经济推出竞争性行业已成定局，2006 年民营工业比重达到 68.76%，这场国退民进成就了中国的经济奇迹。

① 刘迎秋，徐志祥. 中国民营企业竞争力报告（No.1）[R]. 北京：社会科学文献出版社，2004，22.

图 7 – 1 新中国成立至今工业产值比重走势

注：此处运用广义民营经济概念，指除国有和国有控股工业企业以外的各种所有制形式的工业企业的统称。此处的国有工业在 1993 年以前指的是全民所有制工业。计算方法如下：当年国有工业产值比重 = 当年国有工业企业总产值/当年全国工业总产值×100；当年民营工业比重 = 100 – 当年国有工业产值比重。各年的工业总产值和国有工业总产值数据来源于各年《中国统计年鉴》。国退民进是一个稳步推进的过程，图中 2000 年前后国有比重的突然上升，是由于统计口径的变化，2000 以后国家统计局只以规模以上的工业企业作为统计对象，因此剔除了大量小型民营工业企业。

我们还可以通过图 7 – 2 ~ 图 7 – 6 看出，中国改革 30 年暨 2007 年中国国有经济与民营经济进退的态势。

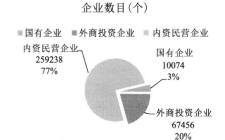

图 7 – 2 2007 年中国工业三类
企业数目

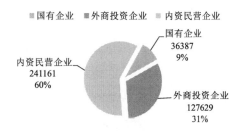

图 7 – 3 2007 年中国工业三类
经济总产值

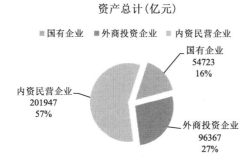

图 7-4 2007 年中国工业三类资产比例

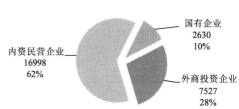

图 7-5 2007 年中国工业三类经济利润

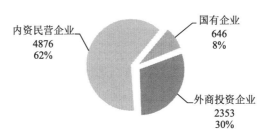

图 7-6 2007 年中国三类经济体就业比例

图 7-2~图 7-6 是按照《中国统计年鉴（2008）》的相关数据制作而成的，其中外商投资企业包括港、澳、台商投资企业和外商投资企业，国有企业中还包括国有联营企业。内资民营企业的各项指标数是用各指标的总数减去国有企业的各指标数、再减去外商投资企业的各指标数而得到。

表 7-1 　　　　　　　　2007 年中国全部工业企业经济情况表

	国有企业	外商投资企业	内资民营企业
平均每一家企业拥有的资产（亿元）	5.432	1.429	0.779
平均每一家企业创造的产值（亿元）	3.612	1.892	0.930
平均每一家企业创造的收入（亿元）	3.618	1.860	0.917
平均每一家企业创造的利润（亿元）	0.261	0.112	0.066
平均每一家企业从业人员（个人）	640	350	190

续表

	国有企业	外商投资企业	内资民营企业
平均每一个人员创造的产值（万元）	56.326	54.241	49.459
平均每一个人员创造的收入（万元）	56.427	53.335	48.762
平均每一个人员创造的利润（万元）	4.071	3.199	3.486
平均每一元资产创造的产值（元）	0.665	1.324	1.194
平均每一元资产创造的收入（元）	0.666	1.302	1.177
平均每一元资产创造的利润（元）	0.048	0.078	0.084

资料来源：根据图7-2~图7-6的数据做除法，得到此表平均数据。

从表7-1中我们可以看到：一是平均每一家国有企业虽然在产值、收入和利润方面有优势，但这些优势是以其庞大的资产占有量为前提的，其平均高达5.432亿元的资产，是外商投资企业的3倍多，更是让仅有0.779亿元的内资民营企业望其项背。二是在资产运用率方面，外商携带的"技术"和"管理"优势发挥了作用，其每一元资产创造了1.324元的产值。内资民营工业企业物尽其用，紧随其后达到1.194元，而国有部门的表现却让人失望，远远落在了后面，只有0.666元。经济效益的差距如此明显，为此国有企业改革将进一步深化下去，还有很长的路要走。三是在国有企业和外资企业的夹缝中，内资民营企业依然得到了增长，与外资企业的差距明显减小，优势慢慢显现，不得不感叹内资民营经济的韧劲和生命力。

二、国退民进的战略审视

要研究改革开放30年民营经济的重要意义，自然就要回顾20世纪的100年中国经济发展的基本特征和规律。

笔者认为，中国要发展大民营战略。首先从大国心理的角度分析发展民营经济的重要意义：一方面中国是一个具有世界性影响力的大国；另一方面中国目前的经济实力及其潜在的实力资源还不具有在世界舞台上充"龙头大哥"的大国。在19世纪以前曾是一个超级世界强国，19~20两个世纪中，中国没有抓住一个世界经济从农业经济向工业经济转轨的大好契机，结果落后于世界发达国家。一百多年来中华民族的仁人义士，共产党人为之奋斗了近百年，建立新中国，但世界上已经抓住机遇的大国不希望中国再次强大起来，所以从世界大国心态来说，对中华民族的生存与发展产生了极大的生存压力，那些超级大国的国策就是"遏制中国"。①

其次，中国的经济改革是向社会主义市场经济的过渡。要完成这种过渡，没有民营经济的最先发展，以及民营经济在整个国民经济中不断地增大份额，完成社会主义市场经济体制的改革，最终很难实现。可以说，民营经济的健康发展对于中国改革和民族生存发展都有着十分重要的意义。

20 世纪 90 年代我国社会形态从农业社会向工业社会、从封闭社会向开放性社会变迁和发展②。从经济视角看，中国民营经济的发展，一方面存在着传统农业社会向现代工业社会转型的现代化特征；另一方面存在着从传统计划经济体制向市场经济转型的市场化特征。中国家族企业正是经济结构转型期重新涌现出来的。家族企业的形式在中国经济生活中的"复兴"与"复归"已经成为一个不争的事实。之所以称之为"复兴"，是因为从 20 世纪 80 年代之后才新兴崛起的个体私营企业，其大多数都是由相互间具有亲族关系的家族成员拥有企业剩余权（索取权和控制权），而这一企业特征又与中国自宋朝以来所形成的传统家族制度（以族谱、族田和族长为标志）和自近代以来所形成的民营家族企业传统一脉相承③。之所以称之为"复归"，是因为伴随着"国退民进"和集体企业"二次改制"进程的不断深化，一大批由原公有制企业（含国有和集体所有）改制而来的新兴民营企业在要素构成、产权状态和治理机制等方面也不同程度地呈现出"家族化"的组织倾向。这两股力量共同作用的结果使得家族企业制度已经或正在成为中国民营企业最为普遍和重要的企业形态之一。

---

① 甘德安. 国民经济民营化战略——21 世纪中华民族发展的最优化战略选择［A］. 张厚义，明立志. 中国私营企业发展报告（1999）［R］. 北京：社会科学文献出版社，2000，363.

② 陆学艺，竟天魁. 转型中的中国社会［M］. 黑龙江：黑龙江人民出版社，1994.

③ 庞德良. 论现代日本企业经营者的性质与地位——兼评日本的"经营者控制论"［J］. 现代日本经济，2001（5）.

三、国进民退的咄咄逼人

进入 21 世纪，国家通过行政组合，剥离坏资产、注入国家外汇储备基金和经济资源、上市发行国债等有效措施，对掌握国家经济命脉和国家经济安全的一些国有大企业，如金融、能源、军工、交通运输、通讯、钢铁等行业中的企业，实行国家政策性倾斜，使这些企业资产充裕，优势明显，但世界经济发展趋势告诉我们，这是不可持续发展的。

中粮集团斥资 61 亿港元收购蒙牛乳业；中化收编国内民营化肥厂；山东钢铁收购日照钢铁；山西省煤矿整合已经完成了 70%，最终整合的结果是要将山西省煤炭企业数量从现在的 2200 个变成 100 个左右。在国进民退中，民营和私企老板从每个行业退出的资金都有上千亿元。在各个行业上演国进民退时，民营企业的再投资积极性已经受到严重打击，最有可能进入房地产和股市避险。所有制形式对产业结构有重要的决定作用，以国有企业为主体的经济会侧重高消耗型的重化工业，而以私有企业为主体的经济中服务业会更强。国有经济分量越重，对法治发展的威胁就越大。只要国有企业一出现，它们就可通过法律法规把民营企业挤出局。所以，国有企业的存在会从根本上破坏各行业的游戏规则，法治就难成为现实。

第二节 "国进民退" 与 "国退民进" 演化的动态分析①

我们把国有企业与民（私）营企业类比成生态系统中的两类种群，然后模仿种群生态学中的种内竞争与种间竞争关系，汲取了复杂性科学中系统动力

---

① 本节是笔者的研究生杨正东的硕士学位论文的部分研究结果，做了部分修改而成。

学派的理论工具常微分方程和计算机模拟来展开这一研究①。我们首先建立了单种群的民（私）营企业 Malthus 增长模型，然后分析了建立 Malthus 增长模型的原因，通过 MATLAB 编程、运算后，我们得到了 1990～2006 年间民（私）营企业数量的种群动力学方程。接着根据得到的 Malthus 增长模型，我们构建了两种群的国有企业数量动力方程，进行了连续系统的 SIMULINK 建模，并在此基础上进行了仿真。最后我们借鉴生态学中著名的 Logistic 模型，先从理论上预测了国有企业和民（私）营企业竞争并存的生态关系，然后在 100 年的仿真实验中论证了我们的理论。

一、单种群的私营企业 Malthus 增长模型

Malthus 模型是最早也是最著名的单种群增长模型，它是由英国经济学家兼统计学家马尔萨斯提出来的。他在研究世界人口时发现，人口的增长率与对应时期的人. 数成正比，其数学表达式为：

$$\frac{dx}{dt} = rx(t)$$

其中，$x(t)$ 为 t 时刻人口数量；r 为相对增长率，是一个常数，它表示的是出生率与死亡率的差值。Malthus 数学模型经过分离变量可以求出方程的解析解如下，其中 x_0 为初始条件为 t_0 时的函数值：

$$x(t) = x_0 e^{rt}$$

我们按照这一规律来拟合我国 1990～2006 年私营企业的个数增长的最佳曲线。采用 Malthus 模型的依据在于，图像是典型的 J 型指数增长，而在试验中将表 7－2 中的数据进行二维散点画图时，也表现出明显的 J 型增长曲线。②

---

① 因为没有关于家族企业的历史数据，而私营企业 90% 以上是家族企业，所以，我们用私营企业替代家族企业与国有企业进行种群分析。此外，民营企业也是一个众说纷纭的概念，外延也难以界定，数据也难以收集，所以，用私营企业研究的数据做我们研究的支撑。也就是说，我们用私营企业数据代表家族企业，也代表民营企业，虽然不是十分严谨，但也不会有太大偏离。另外，在后述中关于国有企业的相关内容，国家统计局是以国有工业企业来代表国有企业，因此在无特殊说明情况下，我们使用的国有企业数据，即为国有工业企业数据。

② 参考朱旭等. MATLAB 软件与基础数学实验［M］，西安：西安交通大学出版社，2008.

表 7 - 2　　　　　　　　　　1990 ~ 2006 年私营企业数量

年份	私营企业数量（万户）	增长率（%）	年份	私营企业数量（万户）	增长率（%）
1990	9. 8	8. 35	1999	150. 9	25. 64
1991	10. 8	9. 89	2000	176. 1	16. 76
1992	14	29. 48	2001	202. 9	15. 14
1993	23. 8	90. 39	2002	243. 5	20. 1
1994	43. 2	81. 68	2003	300. 6	23. 4
1995	65. 5	51. 43	2004	365. 1	21. 3
1996	81. 9	25. 17	2005	430. 1	17. 8
1997	96. 1	17. 27	2006	478. 1	11. 2
1998	120. 1	25. 01			

数据来源：中国社会科学院张厚义研究员编撰的各年《中国私营企业发展报告》和中华全国工商业联合会、中国民（私）营经济研究会出版的《中国私营经济年鉴》。

设此时段内的中国私营企业数量 N 和时间的关系 t 为：

$$N(t) = x_0 e^{rt} = e^{a+bt}$$

为了进行最小二乘法模拟便于计算，我们这里对模型进行变形，方程两边取对数得：

$$\ln N(t) = a + bt$$

这时要确定参数 a 和 b，使得：

$$\text{Min}Q(a,b) = \sum_{i=1}^{n}(a + bt_i - \ln N_i)^2$$

其中 t_i 为时间序列，它的取值是从 0 ~ 16，分别对应 1990 ~ 2006 年；N_i 为 t_i 年的私营企业个数。由二元函数极值存在的必要条件得：

$$\begin{cases} \dfrac{\partial Q}{\partial a} = 2\sum_{i=1}^{n}(a + bt_i - \ln N_i) = 0 \\ \dfrac{\partial Q}{\partial b} = 2\sum_{i=1}^{n}(a + bt_i - \ln N_i)t_i = 0 \end{cases}$$

$$即\ p = \begin{bmatrix} a \\ b \end{bmatrix} \quad A = \begin{bmatrix} n & \sum_{i=1}^{n} t_i \\ \sum_{i=1}^{n} t_i & \sum_{i=1}^{n} t_i^2 \end{bmatrix} \quad B = \begin{bmatrix} \sum_{i=1}^{n} \ln N_i \\ \sum_{i=1}^{n} t_i \ln N_i \end{bmatrix}$$

化为矩阵的形式为:

$$AP = B \quad 即 \quad P = \frac{B}{A}$$

根据上面的推导过程,我们利用 1990 ~ 2006 年的数据来拟合 Malthus 模型曲线。通过 MATLAB 程序得出如: $a = 2.5414$, $b = 0.2486$;私营企业数目拟合增长曲线 $N = e^{2.5414 + 0.2486t}$。私营企业个数增长曲线如图 7 - 7 所示。

万户

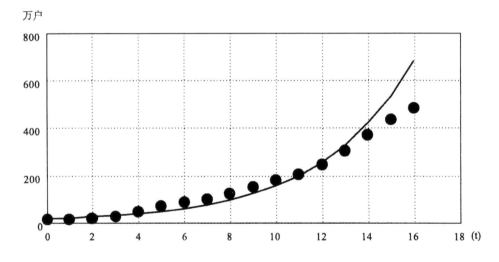

图 7 - 7　1990 ~ 2006 年私营企业数量增长曲线

运行结果分析:仔细观察图 7 - 7 可以发现,J 型指数增长曲线对私营企业的数目在 $t = 0$ 至 $t = 14$ 拟合得很好,即 1990 ~ 2004 年,而 2004 年以后的两点与拟合线的增长趋势发生了分离。此外,1994 ~ 2000 年期间私营企业的增长率位于拟合线的上端,说明这 7 年间私营企业数量得到了极好的增长,极大地利用了社会资源,创造了社会财富,而 2003 年以后增长速度变慢,这可以概括为种群内的竞争和种群间的竞争引起的，即民（私）营企业间的竞争，以及民（私）营企业与国有企业的竞争引起的。这说明中国宏观经济政策发生变化，国家对国有企业扶持力度加大，民营私有企业发展环境恶化，虽然 2005 年国务院出台《关于鼓励支持和引导个体私营等非公有制经济发展的若干意见》（俗称"非公 36 条"），但实际上，许多行业还是被国有企业垄断，私营企业理论上是可进入，而实际无法进入，成为私营企业家所说的"玻璃门"。

从 2004 年以后的两点与拟合线的增长趋势发生的分离我们可以得出这样的结论：2003 年、2004 年是一个分界线，从那时就开始出现了"国进民退"。这与国内一些学者的论述相同：刘小玄（2009）认为 20 世纪八九十年代，国有企业的生产率增长一直低于民营企业。然而到了 2003 年以后，民营企业生产力的增长幅度反而低于国有企业。在中国的市场上，我们认为，谁的增长率增长得快了，谁就是在"进"，慢了就是在"退"。2009 年大家看到的"国进民退"更多了，主要是与这次金融危机有一定关系。我们认同刘小玄的观点，"进"与"退"都是相对的，主要取决于两物种相对数量增长率快慢的大小。葛兆强（2010）论述到：1992～2004 年期间，民营企业并购了一批处于破产边缘的国有企业，成为国有企业的"救赎者"但是，以"铁本事件"为标志，2004 年以后民营经济遭遇了沉重打击，诸如铁本公司的戴国芳、德隆公司的唐万新、鸿仪公司的鄢彩宏、格林柯尔公司的顾雏军等民营经济的代表人物均身陷囹圄，民营经济发展不断放缓，国有企业则是高歌猛进。

二、国有、私营企业两种群的演进模型

中国的国有企业改革是在极大的外部的市场压力下进行的，私营企业的成功就是这种压力的重要来源之一。前面的模型我们假设的是私营企业的增长是单种群的模型，因为，私营企业如雨后春笋般涌现是因为市场留给了它们充分的发展空间，在这种假设下建立 Malthus 模型具有其合理性的，但当我们转到用种群动力学的思想研究国有企业时，就不能把国有企业当做单一的种群而进行封闭的分析，因为私营企业种群的存在给了国有企业巨大的生存压力，这种抑制性对应到建立国有企业的种群数量变化模型就必须加以考虑。所以我们这

里建立的模型必须是双种群的，体现为私营企业的发展对国有企业具有明显的抑制作用。1990～2006年国有工业企业的数量见表7-3所示。

表7-3　　　　　　　　　1990～2006年国有企业数量

年份	国有工业企业数量（万户）	年份	国有工业企业数量（万户）
1990	10.44	1999	6.13
1991	10.47	2000	5.35
1992	10.33	2001	4.68
1993	10.47	2002	4.11
1994	10.22	2003	3.43
1995	11.80	2004	3.56
1996	11.38	2005	2.75
1997	9.86	2006	2.50
1998	6.47		

资料来源：各年国有工业企业统计数量均来自《中国统计学年鉴》。

由前面的私营企业数量变化模型得，在同一时间段（1990～2006年）私营企业的数量是呈现指数型增长，而从表7-3中可以看到，相对而言，国有企业的数量是在明显的下降，根据种群生态学中两种群的变化关系，我们将建立下面的种群动力学模型：

$$\begin{cases} \dfrac{\mathrm{d}x}{\mathrm{d}t} = ax - by \\ \dfrac{\mathrm{d}y}{\mathrm{d}t} = 0.2486y_0 \end{cases}$$

其中，x 为国有企业的数量；$\dfrac{\mathrm{d}x}{\mathrm{d}t}$ 表示国有企业种群的变化率；a 为国有企业种群的固有增长率，一般用出生率减去死亡率，这里取 $a = 0.01$；y 为私营企业的数量，b 为私营企业数量对国有企业数量的抑制因子，一般取常数，我们这

里取 $b = 0.005$；$\dfrac{\mathrm{d}y}{\mathrm{d}t}$ 为私营企业数量的变化率，它同前面建立的私营企业 Malthus 模型中的变化率一样，由前面解得的模型结果得，私营企业的变化率即固有增长率为 0.2486；y_0 为私营企业的初始数量，即 1990 年时的数量。

根据以上方程组我们建立 SIMULINK 仿真模型，其仿真结果如图 7 - 8 所示。

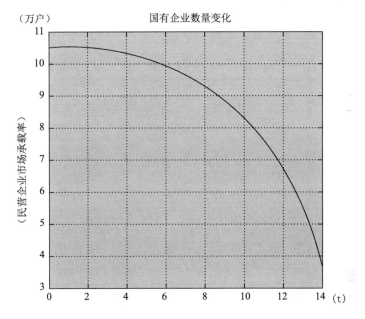

图 7 - 8   1990 ~ 2004 年国有企业数量 SIMULINK 仿真结果

从图 7 - 8 的仿真结果已看到国有企业的数量在 1997 年后明显的下降，直至 2004 年下降到 3.56 万户，仿真结果与表 7 - 3 中的数据一致，在图像中得到了明显的体现。所以我们得到 1990 ~ 2004 年间，国有企业数量变化模型为：

$$\begin{cases} \dfrac{\mathrm{d}x}{\mathrm{d}t} = 0.01x - 0.005y \\[2mm] \dfrac{\mathrm{d}y}{\mathrm{d}t} = 0.2486y_0 \end{cases}$$

其中 y_0 为 1990 年的私营企业数量初始值 12.6974 万户。

三、基于 Logistic 模型的两种群远景预测

从以上两个模型我们可以看到，民（私）营企业作为中国经济的后发力量一直是在稳定的增长，而国有企业在与民（私）营企业的竞争中在某些领域并没有优势，在加上国家对国有企业的改革，使得国有企业的数量一直在下降。在种群生态学中看待这两个物种的竞争，自然引出了我们这节的内容，既然民（私）营企业一直在蚕食国有企业的市场份额，自己增长的同时，在不断抑制国有企业数量的增长，更在 1997 年后，国有企业种群数量显著的下降。那么国有企业会不会消失？在现实中我们知道，国有企业是在向精细化发展，数量的减少是必然的，而绝不会"消亡"。在种群生态学中是否也能够证明这一现象，如果连这一基本的市场原则都不予成立，那么用种群生态的观点来研究国有企业与私营企业的关系自然也就成为了"伪理论"，因此，我们进一步用种群生态学的 Logistic 模型预测国有企业与私营企业的发展趋势，并在实践中证明。

Logistic 方程在种群生态学中有着重要的地位和深远的影响，通常认为它阐明了种群与资源关系的逻辑规律（Lack，1996）。经典 Logistic 模型曲线的变化给予 Logistic 方程极大的吸引力和生命力。Logistic 模型考虑到自然资源的有限性与种群增殖的被阻碍状态，成为描述自然和社会现象变化的一条普遍曲线。

复杂性一般都是在隐喻类比的基础上，建立复杂系统的模型，也就是说，模型方法在复杂性科学中起着极其重要的作用。任何科学研究，无论它是采纳还原论还是整体论的路径，都离不开模型和模型方法，否则很难称为科学。复杂性总不能停留在隐喻层面上，否则就难于成为符合科学规范的科学大家庭的成员。只有上升到模型建构层面，并且真正建立起属于自己富有特色的科学模型，复杂性科学才真正上升到了科学层次。[①]

---

① 杨正东，甘德安. 家族企业普适性与演化性——基于复杂性科学的视野［A］. 第五届创业与家族企业国际研讨会论文集［C］. 浙江大学，2009.

（一）建立模型

设私营企业与国有企业都生活在经济社会这个复杂适应性系统中。

私营企业的 Logistic 种群动力学模型为：[1]

$$\frac{\mathrm{d}x}{\mathrm{d}t} = ax\left(1 - \frac{x}{X} - m\frac{y}{Y}\right) = f(x,y)$$

国有企业的 Logistic 种群动力学模型为：

$$\frac{\mathrm{d}y}{\mathrm{d}t} = by\left(1 - \frac{y}{Y} - n\frac{x}{X}\right) = g(x,y)$$

其中，x 为私营企业的数量；y 为国有企业的数量；$\frac{\mathrm{d}x}{\mathrm{d}t}$，$\frac{\mathrm{d}y}{\mathrm{d}t}$ 为 t 时刻私营企业、国有企业的增长率；a 为私营企业的固有增长率，固有增长率是指某一物种在没有竞争对手，资源无限的情况下，单独在生态环境中具有的增长率；b 为国有企业的固有增长率；X 为环境对私营企业单独生存的最大承载量，因为考虑到资源的有限性，资源只能供给 X 个私营企业生存。这里的 $\left(1 - \frac{x}{X}\right)$ 就是描述资源对私营企业发展的限制，因此种内竞争不可避免；Y 为环境对国有企业单独生存的最大承载量；m 为单位数量的国有企业（相对 X 而言）掠夺的供养私营企业的食物量为单位数量的私营企业（相对 X 而言）掠夺的供养国有企业的食物量的 m 倍。由于两个种群分别要对资源进行竞争，国有企业掠夺资源对私营的企业的数量增长产生了影响；反之亦然。所以两种物种的增长还要减去一个种群间的竞争效应。简单地说，m 和 n 是两种种群竞争对方优势资源能力的度量系数；n 为单位数量的私营企业（相对 X 而言）掠夺的供养国有企业的食物量为单位数量的国有企业（相对 Y 而言）掠夺的供养的私营企业食物量的 n 倍。

系统的定态方程为 $f(x,y)=0$；$g(x,y)=0$，可求得如下 4 个平衡态：

$p_1 = [0,0]$ 　$p_2 = [X,0]$ 　$p_3 = [0,Y]$ 　$p_4 = [X(1-m)/(1-mn), Y(1-n)/(1-mn)]$。

---

① 更多的生物模型的理论参见：林振山，种群动力学 [M]. 科学出版社，2007.

下面通过已经建立的模型讨论这 4 个平衡态的稳定性：

$$(\frac{\partial f}{\partial x})_{x_0y_0} = \beta_{11} = (a - 2ax/X - amy/Y)_0$$

$$(\frac{\partial f}{\partial y})_{x_0y_0} = \beta_{12} = (-amx/Y)_0$$

$$(\frac{\partial g}{\partial x})_{x_0y_0} = \beta_{21} = (-any/X)_0$$

$$(\frac{\partial g}{\partial y})_{x_0y_0} = \beta_{22} = (b - 2by/Y - bnx/X)_0$$

其相应的雅可比矩阵为：$J = \begin{pmatrix} \beta_{11} & \beta_{12} \\ \beta_{21} & \beta_{22} \end{pmatrix}$，于是此系统的定态特征稳定方程

为 $|J - \omega I| = 0$，其中 I 是单位对角矩阵：$I = \begin{pmatrix} 1 & 0 \\ 0 & 1 \end{pmatrix}$ 相应系统的特征值为：ω_i

$(\mu \pm \sqrt{\mu^2 - 4v})/2$，其中 $i = 1, 2$；$\mu = \beta_{11} + \beta_{22}$；$v = \beta_{11}\beta_{22} - \beta_{12}\beta_{21}$。将特征值写成通式；$\omega_{1,2} = Re\omega_{1,2} + iIm\omega_{1,2}$。于是我们得到稳定性条件的差别依据[①]：

（1）$Re\omega_1$ 或者 $Re\omega_2 > 0$，平衡态是不稳定的；

（2）$Re\omega_1$ 或者 $Re\omega_2 < 0$，平衡态是稳定的；

（3）$Re\omega_1$ 或者 $Re\omega_2 = 0$，而 $Re\omega_2$ 或者 $Re\omega_1 < 0$，平衡态是临界稳定的。

在本模型中：

（1）对于平衡态 $p_1 = [0, 0]$，其对应的 $\beta_{11} = a$，$\beta_{12} = 0$；$\beta_{21} = 0$；$\beta_{21} = b$。解得特征根为：$\omega_1 = a > 0$；$\omega_2 = b > 0$，所以 $p_1 = [0, 0]$ 是不稳定的鞍点。

同理，我们解得：

（2）平衡态 $p_2 = [X, 0]$ 的解是：$\omega_1 = -a < 0$；$\omega_2 = b(1 - n)$。当 $n > 1$，p_2 是稳定的结点；当 $n < 1$，p_2 是不稳定的结点。

（3）平衡态 $p_3 = [0, Y]$ 的解是：$\omega_1 = -b < 0$；$\omega_2 = a(1 - m)$。当 $m > 1$，p_3 为稳定的结点；当 $m < 1$，p_3 为不稳定的鞍点。

（4）平衡态 $p_4 = [X(1 - m)/(1 - mn), Y(1 - n)/(1 - mn)]$，相应地，$v = ab(m - 1)(n - 1)(1 - mn)/(1 - mn)^2$。如果 $m > 1$ 且 $n > 1$，则 $v < 0$，平衡

---

① 时宝，黄朝炎，微分方程基础及其应用 [M]．北京：科学出版社，2007：182.

态为不稳定的鞍点。如果 $m < 1$ 且 $n < 1$，则 $v > 0$，平衡态不是鞍点，考虑此时的 $\mu = a(m-1)/(1-mn) + b(n-1)/(1-mn) < 0$，所以平衡态为稳定的结点或焦点。

综上所述，我们得到如下结论：

（1）当 $0 < m < 1$，$0 < n < 1$ 时，系统将向 p_4 演化。因为在竞争私营企业的资源中国有企业较弱，而在竞争国有企业的资源中私营企业较弱，于是达到一个双方共存的稳定平衡状态 p_4，并且能够经受干扰并继续保持在这种稳定的平衡状态。

（2）当 $0 < m < 1$，$n > 1$ 时，即系统向 $p_2 = [X, 0]$ 演化。$m < 1$ 意味着在对供养的资源竞争中国有企业弱于私营企业，$n > 1$ 意味着在对供养国有企业的资源的竞争中私营企业强于国有企业，于是国有企业终将灭绝，私营企业趋向最大容量 X。

（3）当 $m > 1$，$0 < n < 1$ 时，即系统向 $p_3 = [0, Y]$ 演化，与上一点相反。

（4）当 $m > 1$，$n > 1$ 时，系统是不稳定的。$v < 0$，p_4 为鞍点，系统将远离 p_4 到一定程度后，某一物种将较强，从而向 $p_2 = [X, 0]$ 或 $p_3 = [0, Y]$ 演化。

（二）参数验证

1. 当 $0 < m < 1$ 时

从新古典的企业理论到演化经济学的企业理论都证明了私营企业相对于国有企业的优势，即 $0 < m < 1$。回顾所有的企业理论，我们可以看到大多数企业理论都对私营企业的普适性进行了解释。

甘德安（2002）借助新古典企业理论，运用乔治·斯蒂格利茨的单位成本—产出曲线，以及比较短期和长期成本曲线，对这一问题进行了解释，表明了生产技术随产出波动而表现出来的灵活性导致了私营企业存在的必然性。[1]

新制度的企业理论核心是契约理论，不同的契约安排，有着不同的交易费

---

[1] 甘德安等. 中国家族企业研究 [M]. 中国社会科学出版社，2002：40-42.

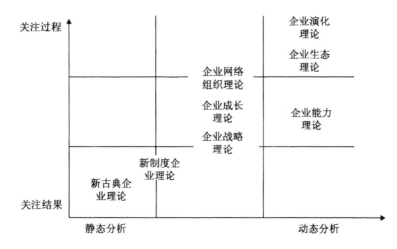

图 7 - 9　从新古典的企业理论到企业的演化理论

用，以家族企业为代表的私营企业（数据显示中国超过 90% 的私营企业为家族企业）在家族关系在配置经济资源中，必然有其特殊的优势，正如企业契约对市场契约的替代可以节省交易费用一样。家族成员之间特有的血缘、亲缘关系，使家族企业具有强烈的凝聚力，从而使心理契约成本较低。[①] 此外，从产权的私有性出发，"个人产权"的确立，需要以个人的自由、平等、独立等一系列契约基础，但这些都是西方文明的产物。中国人的心灵和思维传统中的"家族理性"，实际上在很大程度上支配着中国人的经济生活乃至社会生活的方方面面。[②]

　　对于企业战略理论，甘德安（2002）运用战略管理理论中的市场缝隙理论和战略灵活性理论，证明了私营企业能凭借灵活的组织结构、较低的转换成本、高效的创新机制来得以生存。[③]

　　在企业网络组织理论方面，陈凌发现东亚企业普遍有着"弱组织，强网络"的特点。弱组织，指的是这些企业虽然是家族企业的形式，但华人企业以信誉为基础的生产—市场—信息等各种网络联系的长期稳定性，即强网络，

---

①　甘德安等．中国家族企业研究［M］．中国社会科学出版社，2002：47．
②　李东．"家族理性"与家族企业治理的几个问题［J］．学术交流，2004（2）．
③　甘德安等．中国家族企业研究［M］．中国社会科学出版社，2002：43 - 45．

使得家族企业具有较强的应变能力、自我调节能力和市场竞争能力。① 刘平青也得到了相同的结论,"网络关系弥补了家族企业组织自身的软弱和不足"。②

随着演化经济学理论的崛起,国外已经有学者开始尝试运用演化的观点来对家族企业进行解释,Kansikas(2008)认为在变化的经济环境中用演化的视角能抓住家族企业传承的本质,而家族企业的"特质基因"是其在自然斗争中生存的关键。Nigel Nicholson(2008)研究了心理变化、组织文化和家族企业三者的关系,并用演化心理学对家族企业的存在给出了解释。甘德安、杨正东(2009)运用演化经济学得出了家族企业的基本规律和四大机制,对家族企业在复杂经济系统中的存在机理进行了初步探讨。③

此外,还有大量文献从心理学和社会学入手证明在私营企业是合理的制度安排,在此不赘述。④

2. 当 $0 < n < 1$ 时

国有企业作为现代企业制度的代表,其相对私营企业的比较优势比较明显,比如产权清晰,管理科学,法制多于人治等。在中国,国有企业的优势更是私营企业所不能替代的,如在资源的享有方面。中国国有企业的经营属于无限资源下的企业发展,有源源不断的资源支持让它永远跨不了。只要是企业发展需要投入的部分,对它而言都是无限充裕的。

3. 当 $n > 1$ 时

$n > 1$ 意味着在对供养国有企业的资源的竞争中私营企业强于国有企业。这与现实情况不符,故排除。

4. 当 $m > 1$ 时

私营企业将向以两权分离的现代组织形式演进。我们看到 $m = 1$ 是私营企

---

① 陈凌. 面向网络时代的中国家族企业研究 [J]. 学术研究,2001(5).
② 刘平青. 海外华商家族企业演化特征 [J]. 经济界,2004(1).
③ 甘德安,杨正东. 家族企业演化理论框架构建的初探 [A]. 云南大学:第二届演化经济学年会论文集 [C]. 2008.
④ 关于从心理学与社会学研究家族企业的文献,参见国内费孝通、李新春、储小平、甘德安等人的文章。

业是否向国有企业演进还是继续保持私营企业组织形式的临界点，在这一点上，任何微小的扰动都将使私营企业的走向发生极大的改变。这种临界点用通俗的话说，就是传统家族企业两权合一的组织安排形式所带来的益处与弊端达到了平衡。当超过这一点时（$m > 1$），私营企业将丧失对于国有企业的比较优势。因为家族企业的组织结构安排不光会降低成本，富有灵活性。也会存在弊端，比如产权不清，独裁集权，排斥外人，创新动机不强等问题导致运营效率下降。

（三） 结果预测

通过上述对参数的分析，我们最终得到两种情况：

第一，$0 < m < 1$，$0 < n < 1$ 时，系统将向 p_4 演化，私营企业具有普适性。私营企业作为一种跨越社会发展阶段、跨越国界的企业组织，不仅在市场经济欠发达的国家或地区普遍存在，而且即使在市场经济高度发达的国家或地区，也毫无例外地活跃着一批现代私营企业。

第二，$m > 1$，$n < 1$ 时，即系统向 $p_3 = [0, Y]$ 演化。需要说明的是这里的演进方向并不是意味着私营企业的消失，相反这种演进方式是只有少数成功的私营企业才能完成的轨迹。一般我们可以理解为当民营机制的劣势超过民营机制安排所带来的优势时，私营企业将会走向两权分离的现代企业的制度安排。

（四） SIMULINK 仿真

在建立 *SIMULINK* 国有企业与私营企业种群关系的模型时我们自然选取 $0 < m < 1$，$0 < n < 1$ 的情况，并组成方程组：

$$\begin{cases} \dfrac{dx}{dt} = ax \left(1 \dfrac{x}{X} - m \dfrac{y}{Y}\right) \\ \dfrac{dy}{dt} = by \left(1 - \dfrac{y}{Y} - n \dfrac{x}{X}\right) \end{cases}$$

转为：
$$\begin{cases} \dfrac{du}{dt} = au \ (l - u - mv) \\ \dfrac{dv}{dt} = bv \ (l - v - nu) \end{cases}$$

其中，$u = \dfrac{x}{X}$，$v = \dfrac{y}{Y}$。根据 $0 < m < 1$，$0 < n < 1$，我们取 $m = n = 0.1$，而固有

增长率，我们取为 $a = b = 0.1$（m，n，a，b 在限制区间内可以任意取值，这

里为计算方便，可以分别取值为 0.1），仿真年限取值为 100 年。根据模型我

们建立以下仿真模块：

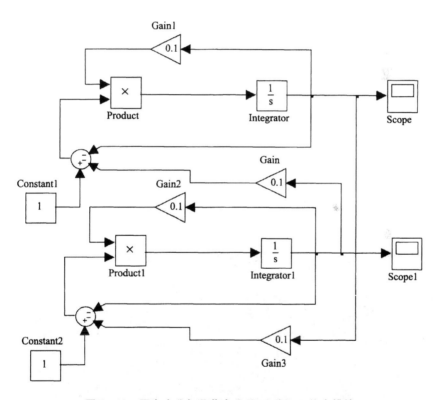

图 7 - 10　国有企业与私营企业 SIMULINK 仿真模块

运行程序后，将得到的试验仿真结果输入 WORD 得：

从图 7 - 11 和图 7 - 12 中我们可以看到，在市场环境中，在很长的时间段

内（100 年）国有企业与私营企业两种种群间的状态是竞争并存的。

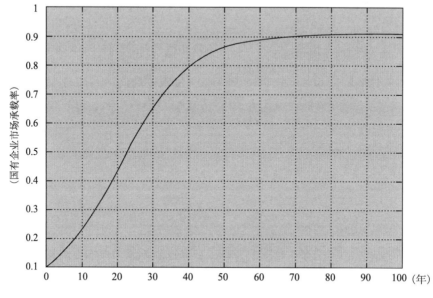

图 7 - 11　国有企业数量百年仿真趋势

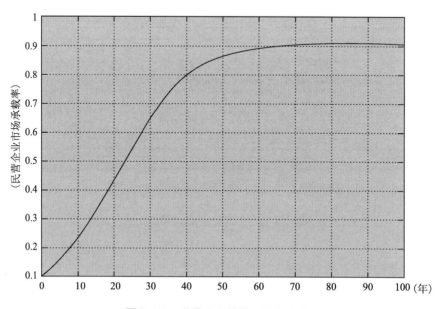

图 7 - 12　私营企业数量百年仿真趋势

第三节　来自现实的观察：中国家族企业
　　　　生成的三条演化路径

一、中国家族企业演化路径背景分析

从改革30年的实践活动中观察，中国家族企业的形成可以概括为三条演变的路线，即"私企路线"、"集体路线"与"国企改制路线"。或者说，在我国民营经济发展过程中，涌现出了五种模式，即温州模式、苏南模式、珠江模式、中关村模式和三城（海城、兴城、诸城）模式。在发展过程中，这五种模式在企业制度方面呈现出家族企业不同的形成特征、产权结构、治理结构和管理模式。

温州的民营企业是从个体私营经济发展起来的，私人独资企业是主要形式。不仅个体企业、私营企业是独资企业，很多股份合作制企业和有限责任公司实质上也是私人或家庭独资的，另外一部分企业则为私人共同出资的合伙企业、股份合作制企业以及有限责任公司。因此，温州的民营企业制度的最大特点就是产权清晰、机制灵活。根据2004年，全国工业普查数据计算，在全部145万多家工业企业中，浙江的每万人拥有的企业密度最高，企业密度在10以上的省市共9个，见表7-4。

表7-4　　　　　　　　　　　　地区企业密度排序

省市	密度	省市	密度
浙江	40.170 6	广东	17.672 3
上海	36.207 8	福建	15.388 9
天津	29.672 9	辽宁	14.740 1
江苏	27.134 8	山东	13.456 8
北京	21.235 8		

注：企业密度定义为每万人的企业数，即某地区工业企业数/该地区人口数（万人）。

资料来源：刘小玄. 奠定中国市场经济的微观基础——企业革命30年［M］，上海：格致出版社，2008，193.

　　苏南模式是典型的乡镇集体企业发展模式，苏南的大部分乡镇企业的创业资本源自农村社区范围内的集体投入，其所有制的基础属性便是以农村社区政府为代表的集体经济。进一步的分析发现，当时的中小企业相当部分是村办企业，因此，与城镇集体企业不同的是，苏南很多村镇两级党政组织及其代理人，既是乡镇企业的行政领导，又是集体资产的代表，其结果往往导致出现产权不明、政企不分、"内部人控制"等一系列问题。从 1996 年开始，苏南各地相继二次进行了乡镇企业的所有制的改革工作，改制的核心是产权的集中化，将所有制权集中于经营者个人或少数经营层，最终彻底地明晰了集体所有制企业的产权，初步建立了现代企业制度，基本上把乡镇政府对乡镇企业的直接支配权从企业撤出来，这样就从而意味着苏南模式自然而然走到了"终结"。

　　珠江模式是珠江三角洲地区的乡镇企业通过对外开放而获得迅速发展，因此，"珠三角"的乡镇企业的外向度很高，从最初的"三来一补"企业到大规模利用港澳资本建立"三资"企业，使得乡镇企业在引进外部资本的同时，也引进了国外先进的管理制度和经营方式。因此，20 世纪 80 年代的"珠三角"乡镇企业的企业管理制度建设要比苏南乡镇企业和温州个体私营企业规范得多。

　　中关村模式是高科技民营企业在成立之初，往往挂靠在某些政府机构的名下（俗称"红帽子"），或以官办的面孔出现，但无论是靠商业贷款，还是由上级单位提供创办启动资金，经营若干年后，企业的产权已面目全非，无法搞清资产的归属，企业发展越快，产权问题越突出，产权问题最终成了制约高新技术企业"难长大"的根本性原因。另外，由于高科技企业的特点，智力因素起着关键作用，几个人在一起就能举办一个公司，往往凭一时之激情办的公司，由于缺乏明晰的产权制度和规范的管理制度的制约，企业创业时尚能志同道合，但稍有起色便分家，甚至于公堂相见。

　　三城模式是国有集体中小企业改制的典型模式，因而所形成的民营企业具有鲜明的改制企业的特征，即企业制度仍然带有原有的企业制度的烙印，换句话说，三城模式的民营企业的民营化是不彻底的。虽然表面上看，企业的产权已经清晰到了个人，如诸城大部分国有集体中小企业改制为全员持股的股份合作制形式；海城则出售给了个人；兴城出售给少数几个人。

二、纯家族企业的温州模式

（一）纯家族企业的温州模式的制度与文化理论

纯家族企业的温州模式，余立智博士有系统的论述①。他认为，当前家族企业在中国经济生活的复兴与复归，可能直接源于特定制度规则相关联的因素。一是农村地权制度的变迁为家族企业的生成提供了组织基础：农村家庭联产承包责任制成为家族企业生成的起点。正是这一制度的施行，使得一部分生产资料的个人（家庭）占有合法化，一部分生产资料的使用、收益和转让得以逐步社会化和市场化。随着农业边际投资报酬率的相对下降，一部分具有企业家精神的农户开始寻找家庭劳动基础上的其他创富途径，家庭工业作为最初农闲时期利用劳动力的一种兼业形式逐步发展成为以生产资料的家庭（个人）占有为基础，依靠家庭自身的劳动力辅之以少量帮工，利用自有住宅作为生产场地，利用与当地自由享赋相适应的原材料的家族企业。二是以"家"为本的非正式（潜）制度规则为民营家族企业的生成提供了组织资源："传统文化"对人们的价值判断、行为取向和交互方式存在着极强的影响力和约束力。其最突出的特征就是构建了一个以"家"为个人价值归依，以血缘、亲缘、地缘为人际关系纽带的人格化价值认定标准和社会信用链条。在中国人看来，"家"不仅是一种必不可少的社会经济生活组织形式。在这一特定文化制度背景的影响下，民营企业对创业家族而言已经不单单是追求利润最大化的理性生产单位，而且还是作为所有家族成员的生命筏和社会人际网络中的平衡器来创立和运作。三是家族企业产权得不到有效保护和维权的成本高昂为家族企业的生成提供了组织动力：由于民营企业产权得不到充分的保护，所以他们不得不主要借助于家族要素资源和家族组织资源慢慢成长。由于政府所出"政策"在具体内容、适用范围和有效期限等方面存在很大的灵活性，在这种情况下，不少民营企业为了争取生存权利和发展空间，不得不以违规操作的方式或者以贿赂官员的方式来规避政府管制，所谓只有"红顶"，才可"为商"。为了保

---

① 余立智. 家族企业的成长机理与变迁路径［D］. 浙江大学，2004.

证"原罪"不会溯及现在，民营企业家必须十分注重内部高级管理人员对企业的忠诚度，以防止出现内部人非合意性"逃逸"所可能引发的颠覆性破坏。这使得以家族天然血亲关系作为忠诚保证的家族企业组织形式成为民营企业一种相对安全的制度选择。四是处于初级阶段的市场分层结构为家族企业的生成提供了坚实的组织保证：家族企业制度对于中国民营企业的嵌合性不仅仅体现在内生于这一组织形式中的一些共通的组织特征，比如有助于降低企业运营过程中的缔约成本、代理成本和逃逸风险较低等，而且还与民营企业所面对的特定市场结构不无关系。由于创业资本不足和融资渠道不畅，中国民营企业最初大多分布于市场进入壁垒较低，技术含量不高的大众日用消费品行业，日用品生产的技术特点是多品种、小批量，大规模标准化生产所引致的规模经济效应并不显著，或者根本难以组织大规模标准化生产，但是对市场信息的反应速度和把握能力却要求很高，这些恰好缓解了家族企业在经营规模和要素构成方面的比较劣势，而突出了家族企业在决策效率和代理成本方面的比较优势。

（二）纯家族企业的温州模式的现实观察

温州模式说到底，是市场经济的模式。人们从温州模式的实践中看到，与计划经济相反，温州的市场经济充满了活力，效率很高，温州经济的发展加快了，就业的途径拓宽了，市场供给丰富了，人民迅速地富起来了，政府财政的日子也好过了。人们终于认识到，要发展市场经济就必须发展民营经济，没有民营经济就没有市场经济，民营经济或者说非公有制经济是社会主义市场经济的重要组成部分。民营经济具有很强的利益的激励和约束机制。温州放手发展民营经济符合人们要求致富和追求过好生活的愿望。"温州模式"的实践使越来越多的人认识到，放手发展民营经济的结果，在利益的激励下，蕴藏在人们中的巨大的积极性和创造性焕发出来，转化成促进经济发展的强大动力。无需政府的安排和鞭策，也不依赖政府，人们自己就会千方百计地寻求致富之路、发展之路，按照市场的变化去配置资源，在市场的压力下去提高效率，并自己承担风险。

第一，温州模式的最可贵之点在于，温州人有很强的致富欲望和创业精神。这与温州的地理环境、历史和传统有很大的关系。温州地处沿海，早在1876年，根据《中英烟台条约》的附约，温州就开辟为对外通商口岸。温州人有长久的经商的传统、开放的传统和手工业制造的技能，而且有广泛的海外关系，因此商业文化或者说市场经济文化较为发达。人们不安于现状，不墨守成规，不满足于贫苦的生活。为了追求财富，追求更富裕的生活，人们十分勤劳，善于学习，甘于吃苦，敢于冒险，勇于进取，无论到哪里都能扎根，生存，发展。而在不少地方，特别是内地的一些地方，那里在历史上就未受到过或很少受到过市场经济的洗礼，农业文化根深蒂固，计划经济的秩序又成为不可逾越的成规，人们在思想观念、行为方式、生活态度等方面与温州人相差甚大，甚至截然相反，只要到一些地方特别是边远地区看看，就可以明白，差距有多大。在这些地方要移植温州模式，发展民营经济绝非易事。温州人不远千里到那里开发廊，办服装店，甚至摆修鞋摊，在那里发现赚钱的机会，而当地人却对眼前的机会视而不见，或者虽然看到了，却不屑于干，不愿意干，或者不会干而又不去学。当然，有了温州的经验，以及在全国市场经济迅速发展的情况下，这一切都会改变，不过需要经历较长的过程。因此，各地在学习温州经验、发展民营经济的时候，首先要学习和培育市场经济的文化，学习温州人的创业精神。①

三、泛家族企业的苏南模式及演化

苏南模式的内涵可以概括为：以农业为基础，以大中城市为依托，利用市场和市场机制，与农业上的所有制结构和经营方式相适应，兴办以集体为主体的乡镇企业，以农村工业化推动农村分工、分业发展和产业结构改革，多行业的内向组合与多渠道的外向开发相结合，促进农村全面繁荣和农民共同富裕。洪银兴指出，苏南模式可以概括为苏南地区从 20 世纪 80 年代起在率先推进农村工业化、城镇化和市场化方面发展的一种模式。② 苏南模式是在我国传统的计划经济体制下，放开计划外"市场调节"的一块，使乡镇企业得以在苏南农村超前大发展的基础上形成的。苏南模式在围绕发展排除制度障碍中自我突破，就是要促使乡镇企业通过市场的开拓和运用，突破对发展制约的体制障

---

① 周德文，吴比．温州样本——温州民营经济三十年［M］．厦门：鹭江出版社，2009．
② 洪银兴．苏南模式的演进和发展中国特色社会主义的成功实践［N］．2008 年 7 月 22 日．

碍。这就决定了苏南模式不能不坚持发扬其超前运用市场机制的创新精神，顺应市场化改革的方向，不断改革创新。这突出地表现为集体为主的乡镇企业产权制度改革上的自我突破。苏南乡镇企业坚持以集体为主的所有制结构框架，无论从其初始兴起时看，还是从其蓬勃发展时看，都是和那时双轨并存的体制条件和市场供求状态相适应的。但随着市场化改革的逐步推进，乡镇企业与所有制结构相联系的产权制度的缺陷，促使乡镇企业经营机制上以及苏南模式运行机制上矛盾的不断深化，诸如投资失误、结构劣化、资不抵债以至"穷庙富方丈"等，愈演愈烈。在这过程中，苏南不断推进了"一包三改"（实行承包经营责任制，改干部委任制为聘任制、改职工录用制为合同制、改固定工资制为滚动工资制）以及厂长承包责任制、企业内部审计制等多项制度创新，但都只是在没有触及产权制度的有限范围内的改革，不能从根本上克服矛盾。90年代中期，苏南模式的致命弱点在经营困境下进一步显露，终于促使素有改革创新传统的乡镇企业以思想的进一步解放，突破集体所有制框架，放手实施产权制度的大面积改革改制：大中型企业大多转制为股份合作制或有限责任公司；中小企业除转制为股份合作制、有限责任公司外，多数通过拍卖或转让，改制为民营企业（主要是家族企业）。乡镇企业的老板就由原来实际上由乡镇政府担当转换为由产权所有者的代表或私营企业主自主负责，促使了家族经济及多元化混合所有制经济在苏南长足发展。①

从民营企业发展的各种模式来看，凡是产权明晰的，如温州模式，发展就充满活力；而产权结构存在着不清晰或不完全清晰的，如苏南模式，发展到了一定程度就会出现困惑而停滞不前，甚至于出现衰落，最终到了"终结"的地步；同样，中关村民营高科技企业的长不大，也是产权制度的制约所致。从各地的民营经济的发展实践来看，凡是产权不清晰的所谓的民营经济的发展，最终都陷入了困境，无论是乡镇集体企业、城乡股份合作制企业，还是承包、租赁等国有民营的经营方式，以及以人力资本为主的民营科技企业，虽然在创立或改制后一段时间内表现出一定的活力，取得了较高的经济效益，但由于其产权不清，归属不明，无法获得可持续发展的动力。

因此，从我国的现实出发，发展民营经济，必须首先要解决产权制度问

---

① 张军等．中国企业的转型道路［M］．上海：格致出版社，2008，51-76.

题，对于改制的民营企业，其产权必须明晰到个人，以充分发挥个人对其财产看护的积极性和能动性，进而促进民营企业发展的动力。在此基础上，国家或集体可以在发展潜力良好的民营企业中适当参股（但不控股），以实现国有资产的保值增值。

四、泛家族企业的国有企业民营化模式

（一）国有企业民营化的时代背景

在我国经济转型期，国有企业的亏损成为国有企业为人诟病的瘤疾。截至1999年9月末，全国的国企亏损面仍在50%，即两个企业中就有一个是亏损企业，其中西部地区的亏损面最高，达到58%，其次为中部地区是50%，东部地区是45%。在全国31个省（市、自治区）中，国有及国有控股工业企业在盈亏相抵后利润总额为负（即净亏损）的地区有15个，而西部地区就占了其中的7个。国家统计局最新的统计数据显示，2005年我国国有企业亏损额达到1026亿元，同比增长56.7%，增幅同比上升49.1个百分点。亏损额接近1998年巨亏时的水平，是历史上第二个亏损高峰，亏损额增幅则创下了近16年来新高[1]。

1993年11月，中共十四届三中全会通过了，《关于建立社会主义市场经济体制若干问题的决定》（简称《决定》），《决定》明确把现代企业制度作为我国企业改革特别是国有大中型企业改革的目标，不再采用承包制这种虽实行多年但弊端突出的形式，从而使企业改革的思路出现一个重大的转变，为中国企业改革翻开了新的篇章，"这是《决定》在改革思路上的最重大的前进"[2]，"社会主义市场经济体制"明确确立。同年12月，《公司法》开始实施，从而确立了以公司为核心的现代企业制度的国有企业的改革方向。

1994年9月，中共十五届四中全会《关于国有企业改革和发展若干重大问题的决定》指出：要从战略上调整国有经济布局和改组国有企业；要着眼于搞好整个国有经济，推进国有资产的合理流动和重组；要坚持有进有退，有

---

① 张华. 2005年国有企业亏损1026亿元为历史第二高峰 [EB/L0]. 经济参考报, http://news. qq. emo/a/20060325/000957. htm, 2006年3月25日.

② 张卓元. 论"决定"对我国经济体制改革的重大意义 [J]. 商业经济研究, 1994 (4)：4-9.

所为有所不为的方针；要建立现代企业制度，完善法人治理结构，推进多元化的产权制度改革。

此外，国有企业民营化已经是学者与政府的共识。由于国有企业低效率，而低效率主要原因是产权，当时社会的共识是"改革深处是产权"、"有恒产者有恒心"，只有明晰产权才能保证企业经营者的激励问题，所以他们认为国有企业民营化改造才能最终可以解决"政府失灵"问题。①

（二）国有中小企业生存难以为继

20世纪90年代，国际国内形势都在发生着重大变化，受多种因素的影响，中国的国有中小企业正面临着较大的困难。困难与问题主要体现在三个方面：一是宏观经济环境的剧烈变化；二是中小企业自身素质问题；三是对中小企业的有关政策不配套、不协调，管理与服务不到位。

1. 国有中小企业正面临竞争激烈的外部环境

20世纪90年代中期以来，中国经济发展与经济体制转轨进入了新阶段，中小企业发展的外部环境日益严峻。首先是买方市场的形成。"短缺经济"时代已经过去，市场中的绝大部分产品供过于求，高速发展的空间越来越小。其次，出口下降与国际竞争加剧。由于亚洲经济危机，中国出口高速增长的势头受阻。随着全球经济一体化进程的加快，特别是我国加入WTO，使我国国有中小企业面临着来自国内外其他类型企业的更大竞争。再次，环境保护压力增大，众多污染严重、布局分散、生产规模狭小的企业被清理、关闭。最后，社会上关于中小企业的一些旧观念也影响了中小企业的发展。因此，国有中小企业面临的整个社会环境与经营环境都不理想。

2. 国有中小企业自身素质低下

目前，我国市场经济体系已经基本确立，市场调节已经成为我国经济调节的主导手段，竞争已经成为实现社会资源优化配置、推动企业技术进步和提高管理水平的主要力量。激烈的市场竞争使大量国有中小企业日益暴露出自身劣势。除了资金、技术、管理等方面，中小企业在人力资本方面的劣势尤其突出，仅靠大量投入的粗放型增长方式难以维持，而新的集约型经营需要雄厚的

---

① 陈凌，熊艳艳. 从政府到市场：国外国有企业民营化文献综述 [J]. 经济社会体制比较，2004（4）.

人力资源作为基础。

3. 我国政府对国有中小企业发展在政策方面扶持不够

主要表现在：一是对中小企业的发展缺乏系统长期的战略，也缺乏统一的、独立的政策体系和具有针对性的中小企业发展规划。多年来国家管理经济的思路一直是抓大企业，对发展中小企业则不那么重视。二是我国对中小企业基础管理工作环节的管理薄弱。比如缺乏比较科学的企业划分标准，中小企业的统计工作不够严谨。三是国有中小企业缺乏法律保护。我国在资金、上市、对外贸易等方面对国有大企业的照顾远远超过对中小企业。更为突出的是，由于缺乏保护中小企业的立法，小企业的利益经常受到侵犯，如平调资产、不公平竞争、主管部门对某些产业及价格的垄断等。四是中小企业金融支持不足。筹资难是中小企业的普遍难题。国家在贷款方面向国有大型企业倾斜，国有中小企业贷款的难度加大。五是社会化服务体系建设滞后。传统的人事管理体制、人才分配制度、政策信息传递方式等，都使中小企业处于不利地位。国有企业获得帮助的渠道少、成本高。

（三）实行国有民营化的好处

首先，可以切断政府与企业的脐带。使得企业的决策从市场出发而不再受政府的行政干预，从而真正实现企业人、财、物经营管理和发展的自主地位。其次，企业高层人员与政府及其职能部门的脱钩，割断了政府与企业最大的联系，保证了一批优秀的企业家脱颖而出。一批有能力、有经验的经理人才依靠自己的才干、业绩和社会信誉度获得应聘，取得自己在企业中的领导地位。与此相应，企业经理人员的收入、福利将不受政府限制，由企业决定他的收入，好的经理人员应成为社会上收入最高和最先富裕起来的一部分人。再次，国有企业民营化，使国有企业面对的市场同所有民间企业一样，既然摆脱了政府的行政牵制，也就离开了政府的保护，它面对的就是一个全面开放的市场，必须通过竞争才能生存，这就使企业充满活力。最后，可以扩大非国有经济比重，增加政府税收、扩大就业渠道及繁荣市场经济，形成市场经济真正的主体。①

---

① 童英华，钱钧炎. 我国国有企业民营化的探讨［J］. 财经研究，1993（8）.

（四） 管理层收购是国有中小企业走向家族企业的路径之一

1. 管理层收购的理论基础

西方经典管理层收购的理论基础是委托—代理理论。委托代理理论认为，在公司所有权和经营权相互分离的情况下，由于经理人员个人私利和道德风险还客观存在，经理人员个人的目标函数和企业的目标函数就不可能完全一致，于是，经理人员就会利用制度设计中信息不对称这一缺陷去谋取个人私利，这就是所谓的机会主义行为。在一般情况下，经理人员的这一机会主义行为和股东的利益是背道而驰的，或者说经理人员是在损害股东利益（公司价值）的基础上实现其个人福利的，股东利益的这种受损就是经济学家们常说的"代理成本"。

在中国，管理层收购要解决的不仅仅是委托代理问题，更重要的是要解决"所有者缺位"的问题。因为在一个所有者缺位的企业里，层层委托事实上成了无效委托，控制权分配在一定时期内严重偏向于企业管理层，信息不对称变得尤为突出，在没有有效激励的情况下，企业管理层寻求控制权回报的机会主义行为非常严重，投资领域多元化和成本费用最大化成了这些企业的基本特征。通过管理层收购，管理层成为公司的所有者之后，机会主义行为的制度动因消除了，管理层至少可能通过两条途径来增进公司的价值：一是控制削减成本费用；二是清理处置不良资产和非核心业务，回收现金并增强公司的核心竞争力。

2. 管理层收购是国有中小企业走向泛家族企业的道路之一

其一，管理层收购可以解决产权关系不明确的问题。中国大部分的股份制企业仍没摆脱国家的控制，这种控制通过国有上市企业中大量的国家股而得到实现。国家在股份制企业中所占的重大比例使得企业得不到产权机制的约束。尽管组织形式变了，国家的权力还是无比之大。产权不明确导致公司的经营目标不明确①，而管理层收购恰恰可以解决企业的产权问题。其二，管理层收购

---

① 杨壮. 中国国有企业股份化的现状、问题及前景［J］. 当代中国研究，1994（1）.

可以解决企业委托代理关系中存在的严重逆向选择问题。所谓的逆向选择问题很严重，我国国资部门直接控制上市公司的董事长和总经理人选，为政府干预企业经营活动提供了条件，可能因信息不对称和寻租行为造成逆向选择，董事长和总经理人选在很大程度上带有逆向选择的成分。近些年来，经理层收入与每股收益、净资产收益率的相关系数低得令人难以置信，分别为 0.0045 和 0.0009，经理层收入连年增加，而每股收益、净资产收益率却逐年下降。[①] 最为离谱的是中国平安保险公司董事长董事长马明哲年薪超过 6000 万元。[②] 而通过管理层收购，可以解决委托代理关系，逆向选择问题迎刃而解。其三，通过管理层收购解决职业经理层的缺位的问题。由于中国市场经济的历史较短，职业经理人和阶层尚没有形成，而我们不能指望在所有权高度集中的结构里出现独立的经理层。实施管理层收购，可以培养一批新的类型的企业，可以培养新的职业经理层。其四，通过管理层收购解决监管制度不到位的问题。转轨国家的经验表明控股股东对于私有化过程中公司的成功重组是非常关键的。为了约束控股股东和经理层，一方面需要法律制定者进行干预；另一方面需要依靠控股股东和经理层自我监督。在转轨国家里，自我监管可能具有更多的合理性，而且在技术日益变化的条件下，由于政府制定的规则很容易落后于现实的发展，自我监管还具有很强的灵活性。可是，在转轨国家里"自我监管不可能发挥什么作用，而政府监管的执行机制又不可靠"，尤其是在违反规则的时候，"连政府监管都不值得信赖，那么也就根本无法指望自我监管会起到什么作用"[③]。而管理层收购，企业的产权问题得到解决，则企业的监督问题变得简单。[④]

---

① 马白玉，蒋荣健，李熠．公司治理结构和上市公司控股权更迭的公司治理效 [J]．宏观经济研究，2004（12）．

② 平安马明哲年薪 6600 万惹争议 [EB/LO]．http：//finance．sina．com．cn/blank/mmzgxzy．shtml．

③ 埃里克·伯格洛夫，阿涅特·帕尤斯特．逐步兴起的所有者，日渐衰退的市场？——中东欧国家的公司治理 [A]．张安译，吴敬琏主编．比较（第五辑）[C]．北京：中信出版社，2003．

④ 郭振杰．我国国有企业管理层收购法律制度研究 [D]．重庆大学，2006．

第四节　中国家族企业生成的复杂性机理分析

一、企业要素聚集与家族企业生成

企业要素聚集多寡是导致家族企业更容易生成的原因之一。从企业要素构成：家族企业与非家族企业的主要区别在于企业加入了家族的要素。所以，从复杂适应系统涌现理论看，由于系统中具有更多的要素（家族与市场两个不同子系统），所以，家族这种以亲友为主体，亲情为纽带，多个相互间具有亲族关系的家族成员深度参与的企业组织更容易涌现新的事物，而家族产权在诸多要素的自组织的过程中的特殊性，使得企业的生成体现了家族产权的特征，因此，家族企业相对于非家族企业具有天生的生成上的优先性。中国民营企业为什么主要以家族企业的形式生成？从创办者创办企业的外部环境看，改革开放初期，国有企业产权制度和管理模式逐渐崩溃，而现代企业制度和管理模式尚未确立，家族制度自然而然承担着整合社会资源的作用。

二、非线性与家族企业生成

家族企业非线性相互作用明显大于非家族企业之间的相互作用。从心理背景看，家文化体现了中国传统文化的突出特征，几千年的家文化传统的社会心理积淀对企业的组织与经营行为，对家族企业产生着重大的影响。汪丁丁指出：从那深厚的文化层次中流传下来，至今仍是中国人行为核心的，是家的概念。这种"家"要素导入的企业，必然会产生更多的共鸣。家庭所有或经营的公司能够从家庭成员处获得资金、经验和情感上的支持，它们共有的传统、价值观念和语言，使得口头和非口头的信息能在家庭、企业内迅速传递和沟通；配偶及兄弟姐妹由于共同的成长环境和长期的相互了解，更能懂得彼此说话的主要意义和隐含内容；建立在家庭血缘、亲缘基础上的企业合作更加可靠。这些共鸣与共同的语言、共同的理解以及共同的价值观等大大加强。通过不同要素的相互作用及员工之间的沟通与交流渠道，协调企业的各种专门知识，形成了企业系统内部组分之间基于知识的特殊耦合方式，与生产要素的所有者的市场行为相比，这些耦合方式只有在企业这样的经济组织中才能实现，这就是企业生成的又一机理。

三、差序结构与系统层次性

差序结构的层次性是导致家族企业更容易生成的机理之一。我们已经指出，复杂适应系统可以把企业看成是一个由可操作的科层组织惯例组成的异质性实体；可以把企业看成是一个开发、利用和创造知识的科层适应性主体。但是家族企业在一般的企业的科层上又多了家族的层次性。正如费孝通先生所说：富有传统文化的中国人，总是以自我为核心，以血缘、姻缘等亲缘关系为纽带，形成由近及远、由亲至疏的差序格局，由此形成社会关系网络。家族企业主利用这种社会关系网络来配置资源和经营扩展业务，哪个家庭或家族社会关系网络越大，推及得越远，它的势力也就越大，活动能力也就越强。可见，崇尚家族主义文化的民族创办家族企业是带有必然性的。再如，初创的家族企业不论在经营范围还是组织结构都是很小的，但是在多层次的相互非线性的多层次的作用下，复杂适应系统存在于与其共同演化的其他复杂适应系统之中，是其他复杂适应系统的一个单元或环境一部分。[①]

四、惯例与家族企业生成机理

家族企业内部更多的惯例是导致家族企业更容易生成另一机理。由于中国是一个熟人社会，在自组织的过程中，以血缘为本、地缘为基中形成新的组织自然比非家族企业更容易生成。创业资本的获得，创业团队的形成，治理机制、决策模式、契约关系方面都于非家族的企业不一样。这种异质性的内部惯例最集中的表现就是家族精神。第一个是具有凝聚性，即家族成员之间具有向心倾向。以一种持久的、把近亲连接在家庭和宗族之中的纽带为特征。它使中国人能够轻松自如地在向心的中国宗族结构和"人与人之间关系完全调和"

---

① 刘洪，王玉峰. 复杂适应组织的特征［J］. 复杂系统与复杂性科学，2006（9）.

这一理想的框架内满足其社交、安全和地位的需要。第二个重要表现是具有大家庭理想。大家庭的理想强调家庭的整体性，保持家族成员之间相互依赖的紧密关系。第三个重要表现是老人崇拜。中国家族文化强调家长的权威，强调老年人在生产劳动和家庭生活中的指导作用，强调长辈的道德教化，强调子女对父母的孝行，而孝的最高标准是继承父母的事业和德行，从而形成崇拜家长、崇拜在世长者的心理定势。这种团体意识具有强烈的人文关怀、人本思想、和谐精神、求实精神、吃苦耐劳、勤奋自强的民族性格、求索和开拓精神，这是家族企业生成的关键因素之一。

五、标识作用与家族企业生成机理

作为标识作用的企业家精神在家族企业生成起到更为突出的作用。熊彼特认为，创业机会的发现与企业家的动态创新有关。创业机会的发现取决于企业家所独有的创业精神。[①] 企业家与只想赚钱的普通商人或投机者不同，个人致富只是他们的部分目的，而最重要的创业动机则是其"体现个人价值"的心理，即"创业精神"。哈佛大学的心理学家大卫·麦克利发现家族小企业主的成就欲一般高于普通人群，首先追求成功的行为则表现为独立创业并自主经营。其次愿意承担风险也是创业企业家普遍具有的个性。对这些个体来说，通过创业所获得的利润并不是最重要的目标，最重要的是找到一种能够控制自己生活的感觉。运用社会学的理论能够较好的解释为什么企业家的行为对家族的产生至关重要。家族企业家对创业机会的发现是创业过程的起点。[②] 从委托—代理关系看：家族企业的创业者更多的是投资者加管理者，通过委托—代理一体化降低代理成本。这也就是为什么家族企业会优于非家族企业的生成与产生。

六、家族企业生成机理是自组织临界状态的产物

我们已经指出企业生成机制是自组织临界状态的产物。从自组织过程来

---

① Kirzner I. M. . Entrepreneurial discovery and the competitive market process: an Austrian approach [J]. Journal of Economics Literature, 1997, 35 (1).

② 方世建，秦正云. 创业过程中的企业家机会发现研究 [J]. 外国经济与管理，2006 (12).

看，中国当代家族企业具有明显的自发性。在改革开放初期，国家经济还在计划经济的环境下，金融市场、人才市场、市场发育都不健全，唯一能借助的还是与自己同在生存线挣扎的兄弟姐妹与父母孩子，家族企业不同于非家族企业一个重要区别是借助亲缘利他而不是互惠利他。因为只有自己的亲属愿意提供帮助或做出牺牲，在父母与子女关系上表现得尤为动人和充分。此外，20世纪70年代末，传统集体经济农业已经无法调动农民的积极性，于是，农民自发创造了家庭联产承包责任制。十一届三中全会后，农村兴起了多种形式的家庭联产承包责任制，它是以市场为取向的经济体制改革的起点，不仅使农民受益，继而又促使乡镇企业异军突起，专业户、重点户纷纷涌现，这是民营私有企业的主要存在模式——家族企业复兴的内因。以市场为取向的经济体制改革的理论突破，党和政府的政策调整是中国当代家族企业迅速发展的外因，外因与内因的相互作用将这种自组织性推到了临界态，因此，中国当代家族企业是适应转轨期中国市场、法律、政治、文化环境的自然产物。

第五节　中国家族企业治理结构演化分析

一、关系治理：中国家族企业治理模式的基本特征

近来许多研究学者指出，由于家族企业的特殊性，必须要有一些非正式的治理机制才能保证企业的顺利发展，并将这类非正式的治理称为"关系治理"。研究者发现，关系治理与正式的制度、契约一样能够使企业中委托—代理双方目标一致，起到减少代理成本、降低交易风险的作用。在家族企业发展过程中，其治理主要特征表现为关系治理和契约治理。所谓关系治理，就是指企业重视关系，以互惠为交易的基础，其运作主要是以企业所有者和管理者与企业其他内部成员之间存在的关系为依据，具体表现为企业所有者和管理者将员工区分对待，从而造成在决策参与、管理方式和利益分配等方面的差异。由于儒家文化是"缘约"文化，以血缘、亲缘、姻缘、地缘、学缘等关系组成的群体之间比较容易获得彼此的认同和信任。所以，以中国传统文化为底蕴的

关系治理，也是中国家族企业显著区别于其他国家家族企业及其他类型企业的一个显著特征。[①]

Mustakallio 等人对家族企业关系治理的研究表明，在家族企业内部建立共同愿景被视为是一种关键的治理手段（Neubauer and Lank，1998），因为委托人与代理人之间拥有共同愿景意味着目标一致和冲突减少，从而能够降低代理成本。Mustakallio 等人认为，家族关系和家族成员的"互惠"有助于形成共同愿景；同时，基于家族关系和"互惠"的经常性社会交往能创建一种共同语言和默会知识，为共同的认知奠定基础，也能促成共同愿景，从而有利于创造长期价值。他们的经验研究表明，社会交往与共同愿景呈正相关，并最终影响企业绩效。[②] 此外，Poppo 和 Zenger（2002）的研究比较特别，他们研究关系治理和正式契约之间的关系，研究发现，关系治理与正式契约在复杂、高风险的交换关系中，同时采取正式契约治理和关系治理的效果要好于只采取其中一种治理措施的效果，管理层增加了对正式契约和关系治理两种措施的同时运用，正式契约与关系治理之间的相互依赖性使交易绩效得到提高，在交易的不确定性增加时，对关系治理的运用增加。[③]

关系治理由两类因素组成，一类是结构规定因素；另一类是关系性规则。一般认为中国家族企业会偏重关系治理而忽略契约治理，例如，我们常常会在与企业主的访谈中听到，一些企业没有设立董事会等契约治理的措施；企业的决策过程不是规范科学的，而是凭企业家的经验来决策，等等。[④]

关系治理降低了企业管理的制度成本，这对于原始积累阶段和危机时期的家族企业是至关重要的。在家族企业发展初期，由于不能有效获得社会资本支持，而自身又要生存发展，只能依照惯例，从中国传统文化入手，利用家族成员彼此之间特有的血缘、亲缘和姻缘关系来筹集初期发展所需的资金、人才。家族形成的这样一个大家都熟悉的制度环境，每个人的秉性、爱好彼此了解，

① 王志明，顾海英. 社会资本与家族企业关系治理 [J]. 科学管理研究，2004（8）.

② Mustakallio, Mikko, Autio, Erkko and Zahra, Shaker A. . Relational and contractual governance in family firms: effects on strategic decision making [J]. Family Business Review, 2002, 15（3）: 205 – 222.

③ Poppo L, Zenger T. Do formal contracts and relational governance function as substitutes or complements? [J]. Strategic Management Journal, 2002（1）: 707 – 725.

④ 刘彦勇. 关系契约与家族企业治理 [D]. 大连：东北财经大学，2007.

降低了管理磨合成本，而以家族为核心的伦理道德观念确立起来信任关系，对于降低经营风险也起了重要的作用。也正是这种信任关系，才能够让全体成员团结奋斗，甚至不计报酬的努力，使得企业在短时期内迅速成长发展，较快地完成原始资本的积累。随着企业进一步的发展，需要更多人力、物力、财力支持，单单依靠家族企业自身积累已经不足以支撑企业的扩张。家族企业必须融合家族之外的资本，由于中国社会是一种以自己为中心，以血缘为纽带，层层外推的同心圆波纹的差序格局，限于制度环境约束，家族企业开始通过地缘、学缘、业缘等方式来获取支持。通过延伸后的家族企业管理是建立在中国传统社会个人差序格局上，这个差序格局的核心是人情关系网络。人情关系网络分为三个层次：核心层次是企业主和他的家庭成员；其次是依亲缘关系锁定的，被视为自己人和班底的一群干部；边缘层次的是一般的员工。这三个层次之间依人情法则互动。人情关系网络系统组织行为依据传统伦理规范。推动企业生存和发展的动力是三个层次之间的情感和信任关系，而不是现代经济利益关系。家族内的人情关系网络遵从的是"尊上"、"服从"、"忠信"，企业内存在浓厚的家长式的权威，企业管理采取"人治"的方法。

目前，在中国家族企业中，关系治理仍然是主要的管理方式。关系治理能存在，也是有它合理的地方的。我国家族企业的关系治理不是哪个决策者主观设计的结果，而是社会文化自然选择的结果，是适应制度资源变动的结果。关系治理的广泛被采用，说明它在一定程度上是符合我国当前的社会文化传统的。

二、中国家族企业关系治理与契约治理的演化

所谓契约治理，就是指企业利用契约理论建立起各种正式治理制度，通过这套制度安排不仅实现对企业控制权和剩余索取权的配置，形成激励约束机制和相互制衡机制，而且还协调企业相关利益者之间的权力和利益关系，以科学的组织结构和管理系统，实现企业的高效率运营。从其本质上来看，是企业委托人和代理人之间关系的一种制度安排，也就是为了解决因委托人和代理人之间相互信任不足而造成代理问题的手段，在组织形式上具体表现为企业内股东会、董事会、监事会以及经理层之间的相互制衡。在现代家族企业治理中，关

系治理和契约治理共同构成了企业治理的内容。然而，由于家族企业家的有限理性和特定偏好，不同家族企业所采用的契约治理与关系治理强度是不相同的。因此，可以将契约治理与关系治理作为两个维度，根据契约治理与关系治理的强弱，可以把家族企业内部治理模式分为四类，见图 7 – 13。

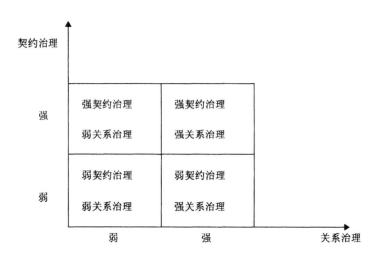

图 7 – 13　家族企业管理专业化过程中的内部治理模式

资料来源：李前兵等．家族企业引入职业经理后的内部治理模式与企业绩效——来自中小家族企业的证据［J］．经济科学，2006（2）．

为了更加明确的进行家族企业治理结构的演化分析，根据关系治理和契约治理对家族企业的影响程度的不同，我们将家族企业治理的演化过程划分为四个阶段：强关系治理弱契约治理阶段、弱关系治理弱契约治理阶段、弱关系治理强契约治理阶段、强关系治理强契约治理阶段。①

（一）强关系治理、弱契约治理阶段

作为家族企业治理演化的第一个阶段，这个时期的家族企业外在表现形式为家庭企业或纯家族企业，大多处于创业期或发展初期。在这个时期，由于受

---

① 孔鹏举，甘德安．家族企业：从信任到契约的演化［A］．李新春，王珺，丘海雄，张书军．市场转型与中小企业成长——产业集群与家族企业研究［C］．北京：经济科学出版社，2008.

计划经济和传统意识的影响，国家金融部门的"恐私"心理相当普遍，家族企业基本不可能获得贷款，并且还深受社会上有"身份"人的白眼。在不能有效获得社会资本支持，家族企业又要生存发展，只能依照惯例，从中国传统文化入手，利用家族成员彼此之间特有的血缘关系、亲缘关系和姻缘关系来筹集企业建立初期发展所需的资金、人才，通过全情投入，团结奋斗，甚至不计报酬的努力，争取在很短的一个时期内获得竞争优势，较快地完成原始资本的积累。此时家族企业的所有权基本集中在家庭或家族手中，企业的经营权和剩余索取权合二为一，不存在所有权和经营权分离所带来的委托代理风险，同时以家族为核心的伦理道德观念确立起来信任关系，对于降低经营风险起到了重要的作用。家庭、家族形成了一个大家都熟悉的制度环境，在这个环境中，每个人的秉性、爱好都彼此熟悉，降低了管理磨合成本。家族企业治理的主要问题是解决决策的科学性，减少风险性。遇到发展中的问题时，通过举行家族内部会议，每个家族成员都参与讨论协商，关键问题最后还需要家族企业中的权威人物来决定。通过这种决策方式，家族企业能够在面对灵活多变的市场环境时，紧紧把握住每一个发展机会。通过这种靠亲情来维持的"非制度"安排，家族企业在市场经济的大潮中站稳了脚步，有了进一步发展的根底。

（二）弱关系治理、弱契约治理阶段

在家族企业初步成功之后，随着企业的进一步发展，从而需要更多的人力、物力、财力的支持，单单依靠家族企业自身的积累已经不足以支撑企业的扩张。家族企业必须融合家族之外的资本，由于中国社会好像一块石头丢在水面上所产生的圈圈波纹，或一个个蜘蛛网，这是一种以自己为中心，以血缘为纽带，层层外推的同心圆波纹，是"差序格局"，限于制度环境的约束，家族企业开始通过地缘、学缘、业缘等方式来获取支持。这些亲缘关系的加入，打破了家族垄断所有权的地位，使得家族企业外在表现为泛家族企业。随着家族关系圈子的扩大，亲缘关系逐渐减弱，彼此之间的信任关系也慢慢减弱，并且企业规模的扩张和市场压力的增大使得决策的复杂度升高，家族内外部成员对家族权威的决策也产生了某种怀疑。再加上家族企业内部缺乏有效的监督、制约和信息反馈机制，企业的运行主要依靠个人权威，选拔用人机制不健全，如果不对家族企业治理方式进行变革，企业要么停滞不前，要么在高速发展中倒闭。通过引入现代企业制度，重建治理体系，进行契约治理，家族企业开始慢慢转型。这种弱关系治理弱契约治理的泛家族企业，是家族企业治理的一个过渡阶段。

（三）弱关系治理、强契约治理阶段

经过上一个阶段的发展，家族企业内部的管理制度基本健全，契约治理的观念逐步渗透到企业的每个人，由此推动了家族企业的进一步发展。依靠家族内部积累和亲情发展的社会关系网络融资已经不能满足家族企业发展的需要，通过上市获取外来资本已经成了家族企业公司的最佳选择。外部资本的介入，导致企业的所有权进一步分散，利益相关者范围增大，关心自己利益的股东为了保护自己的利益，势必要对企业的正常经营和决策活动有所了解，以免家族企业"一股独大"对自己的利益造成侵害。为了维护中小股东的利益，同时防止内部人控制问题，董事会应运而生。家族企业规模的发展和业务范围的扩大，企业管理半径日益增大，管理活动也日趋复杂，仅仅在内部寻求管理人员已经不能满足要求，引入外来的专业化管理人员势在必行。家族企业的治理结构进一步完善，契约治理占到了主体地位，关系治理处于从属地位，家族企业外在表现为公众上市公司。

（四）强关系治理、强契约治理阶段

家族企业发展到公众上市公司后，通过利用社会人力资本的管理、社会金融资本的支持，家族企业井然有序，各项工作高效运行，但是员工们没有创业和发展初期的那种视企业如子女的亲情，缺乏对企业的关心，少了困难时同舟共济，与企业同呼吸、共命运的行为，一旦企业发生危机，很容易出现"墙倒众人推"、"树倒猢狲散"的局面。因此，家族企业如果要想真正成为一个充满生机活力的组织，就必须在进行强契约治理的同时，注重关系治理，国外的许多大企业，如 Google 等，都证明了这种治理方式的有效性。李新春等的实证分析结果也表明，为了取得好的经济绩效，企业应该采取强关系治理强契约治理的治理模式。①

三、基于演化经济学的视角的中国家族企业治理结构

在这里我们采用演化经济学来分析中国家族企业治理结构的演化。演化经济学以有限理性和学习能力代替传统经济学关于主体完全理性和共同知识，与现实更加一致；另外，它以一种动态的框架来分析系统均衡及达到均衡的过程，从而能够更加准确地描述系统的发展变化。借助演化经济学，我们可以把家族企业治理结构理解为一种以家族文化为惯例、以生存竞争为搜寻、以企业所有权和管理权演变为创新的演变。

我们知道，惯例是指保证组织或个人的事业顺利进行、正常运转的一些重复性的活动和技巧方式。惯例的形成有利于组织内部的成员和谐地完成各自的工作，避免冲突和争吵。中国是一个家文化传统最为悠久和深厚的国家，家族不但成为中国人之社会生活、经济生活及文化生活的核心，甚至也成为政治生活的主导因素。虽然 1949 年以来，家文化、家族组织受到强烈冲击，但是，中国的现实表明："家族主义"或"泛家族主义"在中国的各种组织和单位中都惊人的相似，并普遍的存在着。在这就是为什么中国经济从计划转向市场时，民营经济 90% 以上采用家族企业形式的原因。采用传统文化，特别是儒家"缘约"文化的家族企业，其建立和发展的重要支撑点是家族成员之间的信任关系。通过这种信任关系，家族企业内部利他主义行为盛行，而利他主义行为的结果又巩固了彼此之间的信任，使得信任关系更加稳固。

如果家族企业按照现有惯例运转能够获得满意的收益，那么惯例往往不发生变化。但是当家族企业遇到新问题时，企业会在原有方案"附近"搜寻。企业有意识地调整惯例的行为称为"搜寻"，例如随着家族企业规模的发展和业务范围的扩大，企业管理半径日益增大，管理活动也日趋复杂，仅仅在内部寻求管理人员已经不能满足要求，引入外来的专业化管理人员势在必行。而家族企业特殊的信任关系则阻碍着家族企业与社会资本（社会金融资本、社会

---

① 李新春，陈灿. 家族企业的关系治理：一个探索性研究［J］. 中山大学学报（社会科学版），2005（6）.

人力资本、社会网络资本和社会文化资本）的融合，这时就不能继续沿用原有家族企业管理的模式。于是搜寻其他管理模式，比如引进现代企业制度，用契约治理的方式代替原来以信任为主的治理方式，变"人治"为"法制"等，通过合理安排契约建立制度，解决家族企业和职业经理人之间因信任不足而产生的代理问题。

创新是突破惯例的一种方式，但创新与惯例并不是完全对立的，相反，一个组织惯例功能的发挥将会有助于创新的出现，因为创新所解决的问题往往与现行惯例有关，而沿着惯例进行的创新行为，往往是阻力最小、收益最大的创新；企业的惯例虽然有自我维持的特征，但当时间和环境的变化，使企业按惯例行事导致失败和无利可图的时候，惯例就会收缩和改变，企业就会开始搜寻或模仿一种在现有环境下能够存活的惯例，如果这种搜寻是成功的，那么新惯例便会成为企业治理的另一种方式。也就是说创新包括在惯例的指导下为适应环境变化而进行的创新，也包括为了生存而进行的惯例本身的创新。当环境发生变异时，家族企业面对环境变化可能产生三种行为：一是不断重复过去的行为模式来加强惯例，搜寻外界已经存在的技术和惯例来修正自身惯例，或者研究和开发不存在的技术和惯例来弥补现有的不足，导致的结果是企业基础因素的变化或不变，以此应对新的环境。二是家族企业的变化是否能够增强企业的实力，取决于环境对这种变化行为的选择结果，家族企业与环境变化的相互作用将最终决定变异的企业是否能够在新的环境中生存和发展，适者生存，不适者被淘汰；在实践中被证明是有效的变异将被保留和传承，成为企业新的惯例。三是家族企业的变异又会导致新的环境变化，家族企业治理的演化就这样周而复始，不断地淘汰或发展。

韵江和高良谋认为，公司治理结构和机制的演化可以从几方面表现出来：（1）从小企业到大规模成熟企业转变过程中，委托—代理的复杂性不断提高，出现多重委托—代理关系，而且监控和激励机制的设计和实施的难度也增大；（2）股东的数量大幅增加，小企业的股东较少而且比较单一，而大企业的股东不但包括企业股东、个人股东，还加入了机构股东，不同股东的利益要求更需要平衡；（3）治理结构不断完善，大企业不仅要建立董事会、监事会、独立董事等治理结构，而且要明确各自权责界限，强化其功能和效用；（4）一些利益相关者对企业的影响力扩大，其参与程度和对企业要求也相应提高，作为大企业必须构建内外治理机制以达到对这些利益相关者的综合治理。①

还有学者认为，家族企业治理结构演变的过程是一个扬弃的过程，一方面要在符合家族企业自身发展规律的基础上，推动家族企业从婴儿期、学步期走向青春期、壮年期，保留家族企业制度中适应目前经济发展阶段和生产力发展水平的特征；另一方面要对家族企业进行必要的现代化改造，使家族企业的管理和经营规则能够适合现代市场经济的要求，逐步推动企业由家族管理转变为专家管理，从人治阶段向法治阶段过渡，使家族企业自身的发展日益规范并与市场经济规则相适应，从原始的"企业家族化"演进到适合现代市场经济的"家族企业化"。

第一，开放家族企业产权，走出产权结构一元化、封闭化的陷阱，拓宽融资渠道，使私人资本与社会资本有效融合。治理结构变动将直接影响到公司的组织管理方式及治理结构。在后金融危机阶段，家族企业完全可借助资本市场和产权交易市场，通过收购、兼并、改造等手段，实现家族企业的产权重组，使家族企业走出单一纯粹的所有制性质，成为混合型经济形式，突破产权封闭化、一元化的圈子。

第二，由家族式管理转向专业化管理，走出人才封闭化的圈子，广泛吸纳社会人力资源。引入非家族的专业经理人员来营运企业，并建立一系列的监督、约束、激励机制。此外，可以让管理人员、技术人员以管理、技术等无形资产入股。引入期权制，减少业主对非家庭经理人员监督成本的同时，激励非家庭成员着眼于企业的长远利益和长远发展，促使经营人员与企业主利益一致化。实现从个人权威管理走向制度管理。

第三，逐步实现由传统企业制度向现代企业制度转变。我国家族企业中独资企业和合伙制企业都属于传统企业制度范畴。家族企业要适应社会主义市场经济纵深发展和不断完善对企业这一微观主体的要求不断成长，必然要逐步实现由传统企业制度向现代企业制度转变。现代企业制度所特有的有限责任、独立的法人资格和法人财产、两权分离的法人治理结构、股份的流动性等特点必将推动企业在市场经济条件下健康成长。②

---

① 韵江，高良谋. 公司治理、组织能力和社会责任——基于整合与协同演化的视角 [J]. 中国工业经济，2005（11）.

② 金波. 我国家族企业成长中的制度变迁 [J]. 湖州师范学院学报，2002（8）.

参考文献

[1] 陈凌，熊艳艳. 从政府到市场：国外国有企业民营化文献综述 [J]. 经济社会体制比较，2004 (4).

[2] 陈凌，叶长兵，鲁莉劼. 中国家族上市公司最终所有权、控制权及其分离 [J]. 浙江社会科学，2009 (5).

[3] 陈凌，应丽芬. 代际传承：家族企业继任管理和创新 [J]. 管理世界，2003，(6).

[4] 陈凌. 面向网络时代的中国家族企业研究 [J]. 学术研究，2001 (5).

[5] 陈凌. 信息特征、交易成本和家族式组织 [J]. 经济研究，1998 (7).

[6] 储小平，李怀祖. 家族企业变革剖析 [J]. 经济理论与经济管理，2002 (10).

[7] 储小平. 华人家族企业的界定 [J]. 经济理论与经济管理，2004 (1).

[8] 储小平. 家族企业的成长与社会资本的融合 [J]. 经济理论与经济管理，2003 (6).

[9] 储小平. 家族企业如何推进职业化管理 [J]. 管理世界，2002 (4).

[10] 储小平. 家族企业研究：一个具有现代意义的话题 [J]. 中国社会科学，2000.

[11] 甘德安，李亚林. 家族企业可持续发展的战略困境与战略创新 [J]. 江汉大学学报（人文科学版），2003 (1).

[12] 甘德安，吕凌. 私营企业主向现代企业家转化的问题与对策 [J]. 经济管理，1997 (9).

[13] 甘德安，吕凌. 现代企业制度下的企业家成长之路 [J]. 中国社会科学院研究生院学报，1997 (5).

[14] 甘德安，张珊珊. 家族企业传承的路径选择 [J]. 科研管理，2005 (26).

［15］甘德安．传统中国文化对家族企业的影响［J］．江汉大学学报，2003（2）．

［16］甘德安．促进湖北民营经济发展之我见［J］．统一战线，2003（8）．

［17］甘德安．复杂性的家族企业演化理论系列研究之一——基于复杂适应系统的家族企业生成机理［J］．理论月刊，2010（1）．

［18］甘德安．复杂性的家族企业演化理论系列研究之二——从复杂性自组织理论看家族企业治理结构演变［J］．理论月刊，2010（2）．

［19］甘德安．复杂性的家族企业演化理论系列研究之三——基于复杂性的家族企业生命周期探究［J］．理论月刊，2010（3）．

［20］甘德安．复杂性的家族企业演化理论系列研究之四——基于复杂性视角的企业家理论［J］．理论月刊，2010（4）．

［21］甘德安．构建家族企业演化博弈研究基础的初探［J］．学海，2006（5）．

［22］甘德安．国民经济实施大民营战略的思路［J］．决策与信息，1998（9）．

［23］甘德安．市场经济就是企业家经济［J］．中国社会科学院研究生院学报，1998（4）．

［24］甘德安．市场英雄"技术创新与企业家精神"［J］．中国高新区，2005（12）．

［25］甘德安．中国家族企业战略分析［J］．江汉大学学报，2003（1）．

［26］甘德安．走出家族企业的管理软肋［J］．中国高新区，2006（1）．

［27］关峻．利用分形理论对组织文化和结构的演化探讨［J］．武汉理工大学学报，2006（3）．

［28］黄凯南．演化博弈与演化经济学［J］．经济研究，2009（2）．

［29］贾根良．复杂性科学革命与演化经济学的发展［J］．学术月刊，2006（2）．

［30］贾根良．进化经济学：开创新的研究程序［J］．经济社会体制比较，1999（3）．

［31］贾根良．理解演化经济学［J］．中国社会科学，2004（2）．

［32］李东．"家族理性"与家族企业治理的几个问题［J］．学术交流，2004（2）．

［33］苗东升．把复杂性当作复杂性来处理［J］．科学技术与辩证法，

1996（1）.

[34] 苗东升. 论系统思维（六）: 重在把握系统的整体涌现性 [J]. 系统科学学报, 2006（1）.

[35] 任佩瑜, 林兴国. 基于复杂性科学的企业生命周期研究 [J]. 四川大学学报（社科版）, 2003（6）.

[36] 任佩瑜, 张莉等. 基于复杂性科学的管理熵、管理耗散结构理论及其在企业组织与决策中的作用 [J]. 管理世界, 2001（6）.

[37] 韦森. 哈耶克式自发制度生成论的博弈论诠释——评肖特的社会制度的经济理论 [J]. 中国社会科学, 2003（6）.

[38] 赵锡斌. 企业环境研究的几个基本理论问题 [J]. 武汉大学学报（哲学社会科学版）, 2004（1）.

[39] 周业安. 制度演化理论的新发展 [J]. 教学与研究, 2004（4）.

[40] 周业安. 中国制度变迁的演进论解释 [J]. 经济研究, 2000（5）.

[41] 埃里克·詹奇. 自组织的宇宙观 [M]. 北京: 中国社会科学出版社, 1992.

[42] 陈劲. 演化经济学 [M]. 北京: 清华大学出版社, 2008.

[43] 陈凌, 曹正义. 制度与能力: 中国民营企业 20 年成长的解析 [M]. 上海: 上海人民出版社, 2007.

[44] 陈平: 文明分叉、经济混沌和演化经济动力学 [M]. 北京: 北京大学出版社, 2004.

[45] 陈志武. 金融的逻辑 [M]. 北京: 中信出版社, 2009.

[46] 段勇. 自组织生命哲学 [M]. 北京: 中国农业科学技术出版社, 2009.

[47] 冯端, 冯少彤. 溯源探幽——熵的世界 [M]. 北京: 科学出版社, 2008.

[48] 福山. 信任——社会美德与创造经济繁荣 [M]. 海口: 海南出版社, 2001.

[49] 盖尔西克. 家族企业的繁衍 [M]. 北京: 经济日报出版社, 1998.

[50] 甘德安. 成长中的中国企业家 [M]. 武汉: 华中科技大学出版社, 1997.

［51］甘德安．经济对策的理论与实践［M］．柳州：广西民族出版社，1993．

［52］甘德安．知识经济与技术创新［M］．武汉：武汉出版社，2000．

［53］甘德安等．数学方法：从哲学到经济学［M］．武汉：武汉出版社，2000．

［54］甘德安等．中国家族企业研究［M］．北京：中国社会科学出版社，2002．

［55］古尔德．自达尔文以来［M］．上海：三联书店，2003．

［56］哈肯．协同学讲座［M］．陕西科学技术出版社，1987．

［57］黄欣荣．复杂性科学的方法论研究［M］．重庆：重庆大学出版社，2006．

［58］霍奇逊．经济学是如何忘记历史的［M］．北京：中国人民大学出版社，2007．

［59］贾根良，徐尚．"经济学改革国际运动"研究［M］．北京：中国人民大学出版社，2009．

［60］杰克·J·弗罗门．经济演化——探究新制度经济学的理论基础［M］．北京：经济科学出版社，2003．

［61］李东．家族理性与家族企业［M］．北京：经济科学出版社，2006．

［62］里夫金，霍华德．熵：一种新的世界观［M］．上海：上海译文出版社，1987．

［63］理查德·R·纳尔逊，悉尼·G·温特．经济变迁的演化理论［M］．北京：商务印书馆，1997．

［64］林振山．种群动力学［M］．北京：科学出版社，2008．

［65］彭罗斯．企业成长理论［M］．上海：上海三联书店，2007．

［66］普里戈金，斯唐热．从混沌到有序——人与自然的新对话［M］．上海：上海译文出版社，1987．

［67］青木昌彦．比较制度分析［M］．上海：上海远东出版社，2001．

［68］宋胜洲．基于知识的演化经济学［M］．上海：上海世纪出版集团，2008．

［69］汤甦野．熵：一个世纪之谜的解析［M］．合肥：中国科学技术大学

出版社，2008.

[70] 吴彤. 复杂性的科学哲学探究 [M]. 呼和浩特：内蒙古人民出版社，2008.

[71] 约翰·H·霍兰. 隐秩序——适应性造就复杂性 [M]. 上海：上海科技教育出版社，2000.

[72] 约翰·H·霍兰. 涌现——从混沌到有序 [M]. 上海：上海科学技术出版社，2006.

[73] 赵锡斌. 企业环境分析与调适——理论与方法 [M]. 北京：中国社会科学出版社，2007.

[74] 郑秀峰. 企业种群的生态系统研究 [M]. 北京：中国经济出版社，2008.

[75] 周坤. 家族企业治理 [M]. 北京：北京大学出版社，2006.

[76] 崔婷. 企业能力系统涌现机理及层次演进研究 [D]. 天津大学，2006.

[77] 黄春萍. 基于 CAS 理论的企业系统演化机制研究 [D]. 河北工业大学，2007.

[78] 李无非. 基于复杂适应系统理论的公司治理机制研究 [D]. 河北工业大学，2006.

[79] 李晓明. 企业环境、环境因素互动与企业演化研究 [D]. 天津大学，2006.

[80] 刘彦勇. 关系契约与家族企业治理 [D]. 东北财经大学，2007.

[81] 王惠卿. 基于复杂适应系统的公司治理结构演进分析 [D]. 河北工业大学，2006.

[82] 闫敏. 企业系统演化复杂性与企业发展问题研究 [D]. 吉林大学，2004.

[83] 周业铮. 基于复杂性科学的智能有机型组织范式研究 [D]. 南京理工大学，2004.

[84] 黄孟复. 中国民营经济发展报告 No. 1（2003）[R]. 北京：社会科学文献出版社，2004.

[85] 张厚义，明立志. 中国私营企业发展报告（1978 – 1998）[R]. 北

京：社会科学文献出版社，1999.

［86］张厚义．中国私营企业发展报告 No. 2（1999）［R］．北京：社会科学文献出版社，2000.

［87］张厚义．中国私营企业发展报告 No. 3（2001）［R］．北京：社会科学文献出版社，2002.

［88］张厚义．中国私营企业发展报告 No. 4（2002）［R］．北京：社会科学文献出版社，2003.

［89］张厚义．中国私营企业发展报告 No. 5（2003）［R］．北京：社会科学文献出版社，2004.

［90］张厚义．中国私营企业发展报告 No. 6（2005）［R］．北京：社会科学文献出版社，2005.

［91］中华全国工商业联合会，中国民（私）营经济研究会．中国私营经济年鉴（2000）［R］．北京：华文出版社，2000.

［92］中华全国工商业联合会，中国民（私）营经济研究会．中国私营经济年鉴（2004—2006）［R］．北京：中华工商联合出版社，2007.

［93］第二届创业与家族企业国际研讨会论文集［C］．中山大学，2006.

［94］第三届创业与家族企业国际研讨会论文集［C］．浙江大学，2007.

［95］第四届创业与家族企业国际研讨会论文集［C］．浙江大学，2008.

［96］第五届创业与家族企业国际研讨会论文集［C］．浙江大学，2009.

［97］甘德安，杨正东．基于混沌理论分岔与分形视角的家族企业传承探索性研究［A］．第五届创业与家族企业国际会议论文［C］．浙江大学，2009.

［98］甘德安，杨正东．家族企业演化理论框架构建的初探［A］．第二届演化经济学年会论文集［C］．云南大学，2009.

［99］甘德安，张珊珊．家族企业可持续发展的路径选择——SHEMP 理论［A］．创业与家族企业成长国际学术研讨会论文集［C］．浙江大学，2005.

［100］甘德安，张余华．传承与创新——中国家族企业国际研讨会文集［C］．长沙：国防科技大学出版社，2003.

［101］甘德安．从系统论看中国家族企业的界定与特征［A］．甘德安，张余华．传承与创新——中国家族企业国际研讨会文集［C］．长沙：国防科

技大学出版社，2003.

［102］甘德安. 凤凰涅槃——21 世纪中国民营经济发展战略研究［C］. 北京：企业管理出版社，2000.

［103］甘德安. 国民经济民营化战略——21 世纪中华民族发展的最优战略选择［A］. 张厚义. 中国私营企业发展报告［C］. 北京：社会科学文献出版社，2000.

［104］甘德安. 湖北省民营经济发展报告［A］. 黄孟复. 中国民营经济发展报告 No. 3（2005－2006）. 北京：社会科学文献出版社，2007.

［105］甘德安. 基于复杂适应系统的企业生成机理初探［A］. 中国管理科学与工程年会［C］. 华中科技大学，2009.

［106］甘德安. 家族企业可持续发展的路径分析［A］. 张厚义. 中国民营企业发展报告（2002）［C］. 北京：社会科学出版社，2002.

［107］甘德安. 家族企业与环境互动的演化博弈分析［A］. 第三届创业与家族企业国际研讨会论文集［C］. 浙江大学，2007.

［108］甘德安. 家族企业职业经理人选择的博弈分析［A］. 第二届创业与家族企业国际研讨会论文集［C］. 中山大学，2006.

［109］甘德安. 网络经济时代的企业新范式［A］. 辜胜祖. 高技术产业经济研究［C］. 武汉：武汉大学出版社，2003.

［110］孔鹏举，甘德安. 家族企业：从信任到契约的演化［A］. 李新春，王珺，丘海雄，张书军. 市场转型与中小企业成长——产业集群与家族企业研究［C］. 北京：经济科学出版社，2008.

［111］苏启林，钟乃雄. 家族企业研究：一个有待深入的领域［C］. 创业与家族企业成长国际学术研讨会论文集，2005.

［112］杨正东，甘德安. 家族企业普适性与演化性——基于复杂性科学的视野［A］. 第五届创业与家族企业国际研讨会论文集［C］. 浙江大学，2009.

［113］Acs Z J，Audretsch D B. Handbook of entrepreneurship research：an interdisciplinary survey and introduction［M］. Kluwer Academic Publishers，2004.

［114］Alchian A A，Demsetz H. Production，Information Costs and Economic Organization［J］. American Economic Review，1972（12）.

[115] Alchian A A. Uncertainty, Evolution and Economic Theory [J]. Journal of Political Economy, 1950 (58).

[116] Aldrich H E. Organizations and Environments [M]. Stanford: Stanford university press, 2008.

[117] Aldrieh H E. Environment of Organizations [J]. Annual Review of Sociology, 1976.

[118] Andrews K R. The Concept corporate Strategy [A]. Foss N J. Resources firm and strategies [C]. Oxford university press, 1997.

[119] Bak P, Chen K. Self - organized criticality [J]. Scientific American, 1991, 264 (1).

[120] Barnett W P, Burgelman R A. Evolutionary perspectives on strategy [J]. Strategic Management Journal, 1996 (17).

[121] Barreto H. The Entrepreneur in Microeconomic Theory: Disappearance and Explanation [M]. London and New York: Rout ledge, 1989.

[122] Barrow C. The Essence of Small Business [N]. U. K: Prentice Hall International Ltd, 1993.

[123] Barry J N, Brandenburger A M. Competition: Competition and cooperation Business Strategy for the Digital Economy [J]. Strategy&Leadership, 1997 (11).

[124] Beckhard R, Dyer W G. Managing Continuity in the Family - Owned Business [J]. Organizational Dynamics, 1983 (2).

[125] Binmore K G. Fun and Games: A text on Game Theory [N]. Lexington: KY, 1992.

[126] Birley S, Godfrey A. The Governance of Smaller Businesses [J]. The Family and the Business, 1999 (12).

[127] Blair M M. Ownership and control: Rethinking corporate governance for the 21st century [M]. Washington D C: Brookings Institute, 1995.

[128] Brandenburger A M, Barry J N. The Right Game: Use Game Theory to Shape Strategy [J]. Harvard Business Review, 1995 (7).

[129] Buchanan J M, Vanberg V J. The Market as a Creative Process [J]. Economics and Philosophy, 1991 (7).

[130] Burns T, Stalker G M. The Management of Innovation [M]. Oxford: Oxford University Press, 1994.

[131] Bygrave W D, Hofer C W. Theorizing about entrepreneurship [J]. Entrepreneurship Theory & Practice, 1992, 16 (2).

[132] Chami. What is Different about Family Businesses [R]. IMF Working Papers, 2001.

[133] Chrisman J J & Chua J H. An introduction to theories of family business [J]. Journal of Business Venturing, 2003 (18).

[134] Churchill N C & Hatten K J. Non – market based transfers of wealth and power: A research framework for family business [J]. American Journal of Small Business, 1987, 11 (3).

[135] Claessens S, Fan J. Corporate Governance in Asia: A Survey, International Review of Finance, 2002.

[136] Claessens S. The Separation of Ownership and Control in East Asian Corporation [J]. Journal of Financial Economics, 2000 (58).

[137] Cochran, Wartick. Comparative corporate governance: Competitive implications of an emerging convergence [J]. Journal of World Business, 1998 (33).

[138] Corse R H. Accounting and the Theory of the Firm [J]. Journal of Accounting of Economic, 1990 (12).

[139] Coveney P. Frontiers of complexity: the search for order in a chaotic world [J]. Physics Today, 1996 (49).

[140] Cromie S, Stephenson B. The Management of family Firms: An Empirical Investigation [J]. International Small Business Journal, 1995 (13).

[141] Daily C M, Dollinger M J. Family firms are different. Review of Business [J]. 1991.

[142] Dayton K N. Corporate Governance: the other Side of the Coin [J]. Boston: Harvard Business Review, 1984 (1).

[143] Demsetz H, Lehn K. The Structure of Corporate Ownership: Causes and Consequences [J]. Journal of Political Economy, 1985 (6).

[144] Demsetz H. The Structure of Ownership and the Theory of the Firm [J].

Journal of Law and Economics, 1983 (26).

[145] Dopfer K. Evolutionary economics: program and scope [C]. Dordrecht: Kluwer Academic Publisher, 2001.

[146] Dyck B, Mauws M. Passing the baton: the importance of sequence, timing, technique, and communication in executive succession [J]. Journal of Business Venturing, 2002 (17).

[147] Dyer W G. Culture and continuity in family firms [J]. Family Business Review, 1988, 1 (1).

[148] Eberstadt N. What History Tells Us about Corporate Responsibilities [J]. Business and Society Review, 1978 (8).

[149] Eisenhardt K, Martin J. Dynamic Capabilities: What are they [J]. Strategic Management Journal, 2000 (21).

[150] Eisenstadt. Tradition, Change and Modernity [M]. New York, 1973 (12).

[151] Faccio M. The ultimate ownership of Western European corporations [J]. Journal of Financial Economics, 2002.

[152] Fama E F, Jensen M C. Separation of ownership and control [J]. Journal of law and economics, 1983 (26) 1.

[153] Farjoun M. Towards an organic perspective on strategy [J]. Strategic Management Journal, 2002 (11).

[154] Foss N J. Capabilities and the theory of firm [J]. Druid working paper, 1996.

[155] Foss N J. Evolutionary economics and theory of the firm: assessments and proposals research [M]. Cheltenham: Edward Elgar Publishing Limited, 1997.

[156] Foss, Nicolai J. Evolutionary theories of the firm: reconstruction and relations to contractual theories [A]. Kurt Dopfer. Evolutionary economics: program and scope [C]. Dordrecht: Kluwer Academic Publisher, 2001.

[157] GAN De-an, ZHANG Shan-shan. Influences of Chinese Traditional Culture on New Enterprise Paradigm: Obstacles and Solutions [A]. Proceedings of 2005 International Conference on Management Science & Engineering [C]. Harbin:

Harbin institute of technology press, 2005.

[158] Greiner L E. Evolution and Revolution as Organization Grow [J]. Howard Business Review, 1972.

[159] Haken H. Information and Self – Organization: A Macroscopic Approach to Complex Systems [M]. Spring – Verlag, 1988.

[160] Handler W C, Kram K E. Succession in family firms: the problem of resistance [J]. Family Business Review, 1988 (4).

[161] Handler W C. Managing the family firm succession process: the next – generation family member's experience [D]. Unpublished doctoral thesis, Boston University, 1989.

[162] Handler W. Succession in family firms: a mutual role adjustment between entrepreneur and next – generation family members [J]. Entrepreneurship: Theory and Practice, 1990, 15 (1).

[163] Handlerw C. Succession in family firms: amutual role adjustment between entrepreneur and next – generation family members [J]. Entrepreneurship: Theory and Practice, 1990, 15 (1).

[164] Harper D. Entrepreneurship and the market process: an enquiry into the growth of knowledge [M]. London: Routledge, 1996.

[165] Harper D. Foundations of entrepreneurship and economic development [M]. London and New York: Routledge, 2003.

[166] Hart O, Moore J. Property Rights and the Nature of the Firm [J]. Journal of Political Economy, December, 1990.

[167] Hebert R F, Link A N. The Entrepreneur: Mainstream Views and Radical Critiques [M]. New York: Praeger Publishers, 1988.

[168] Hepherd D A. Structuring Family Business Succession: An Analysis of the Future Leaders Decision Making [J]. Entrepreneurship: Theory & Practice, 2000, 24 (4)

[169] Hodgson G M, Knudson T. Firm – specific learning and the nature of the firm: why transaction cost theory may provide an incomplete explanation [EB/OL]. University of Hertfordshire (unpublished), http://www.geof – frey – hodgson, 2003.

[170] Hodgson, G. M. Darwinism in economics: from analogy to ontology [J]. Journal of Evolutionary Economics, 2002 (12).

[171] Holland P G, Boulton W R. Balancing the family and the business in family business [J]. Business Horizons, 1984 (2).

[172] Jensen M C, Meckling W. Theory of the Firm: Managerial Behavior, Agency Costs and Ownership Structure [J]. Journal of Financial Economics, 1976 (2).

[173] Jeroen C J M, Gowdy J M. The microfoundations of macroeconomics: an evolutionary perspective [J]. Cambridge Journal of Economics, 2003 (27).

[174] Kahneman D. Maps of Bounded Rationality: a Perspective on Intuitive Judgment and Choice [R]. Prize Lecture, December 8, 2002.

[175] Kakati M. Success criteria in high – tech new ventures [J]. Technovation, 2003 (23).

[176] Kauffman S A. The origins of order: self – organization and selection in evolution [M]. New York: Oxford University Press, 1993.

[177] Kauffman S. At home in the Universe [M]. Oxford University Press, 1995.

[178] Kets M F. The dynamics of family controlled firms [J]. Organizational Dynamics, 1993 (21).

[179] Kirzner I M. Competition and Entrepreneur [M]. Chicago: The University of Chicago Press, 1973.

[180] Kirzner I M. Entrepreneurial discovery and the competitive market process: an Austrian approach [J]. Journal of Economics Literature, 1997, 35 (1).

[181] Kirzner I M. Perception, opportunity, and profits [M]. Chicago: University of Chicago Press, 1979.

[182] Lambrecht J. Multigenerational transition in family businesses: a new explanatory model [J]. Family Business Review, 2005, 18 (4).

[183] Langlois, R N and Robertson, P L. Firms, markets, and economic change: a dynamic theory of business institutions [M]. London: Routledge, 1995.

[184] Lansberg I. The succession conspiracy [J]. Family Business Review,

1988, 1 (2).

[185] Lawrence J. The World of Business [N]. South – West College, 1995.

[186] Lawrence P R, Lorsch J W. Organization and environment managing: differentiation and integration [M]. Boston, Mass: Harvard Business School Press, 1967.

[187] Levinson H. Conflicts that plague the family business [J]. Harvard Business Review, 1971 (49).

[188] Lewin A Y, Volberda H W. Prolegomena on co – evolution: a framework for research on strategy and new organizational forms [J]. Organization Science, 1999 (5).

[189] Longnecker J, Moore C. Small business Management [M]. South – Western College, 2000.

[190] MacMillan I C, Zemann L. Criteria distinguishing successful from unsuccessful ventures in the venture screening process [J]. Journal of Business Venturing, 1987 (2).

[191] Marcel C D. Uncertainty and managerial decisions for new technology – based ventures [D]. Rotterdam: Erasmus University Rotterdam, 2003.

[192] Martin S, Parker D. The Impact of Privatization Ownership and Corporate in the UK [J]. Rountledge, 1997.

[193] Maynard S J. The Theory of Games and the Evolution of Animal Conflict [J]. Journal of Theory Biology, 1973 (47).

[194] McCollom M. Integration in the family firm: When the family system replaces controls and culture [J]. Family Business Review, 1988 (4).

[195] McKelvey M. Using evolutionary theory to the systems of innovation [A]. Systems of Innovation & Technologies, Institutions and Organizations [C]. Cassell, London, 1997.

[196] Michael F. The Future of Marketing Encyclopedia [N], 1994.

[197] Michael Jensen, William Meckling. Theory of the Firm: Managerial Behavior, Agency Costs and Ownership Structure [J]. Journal of Financial Economics, Vol. 3, No. 4, 1976.

［198］ Michael R. Montgomery, Complexity theory: An Austrian perspective ［A］. Colander D. Complexity and the history of economic thought ［M］. Middlebury College, 2000.

［199］ Miles R O, Snow C C. Organization: new concept for new firm ［J］. California Management Review, 1986, 28 (3).

［200］ Mises L V. Human action: A Treatise on economics ［M］. New Haven, CT: Yale University Press, 1949.

［201］ Mitchell R K. Toward a theory of stakeholder identification and salience: Defining the principle of who and what really counts ［J］. Academy of Management Review, 1997, 22 (4).

［202］ Montgomery M R. Complexity theory: An Austrian perspective ［A］. Colander D. Complexity and the history of economic thought ［C］. Middlebury College, 2008.

［203］ Moore J F. Predator and Prey: A new ecology competition ［J］. Harvard Business Review, 1993.

［204］ Morris M H, Williams R O. Correlates of success in family business transitions ［J］. Journal of Business Venturing, 1997 (12).

［205］ Murmann J P. Knowledge and Competitive Advantage: The Co – evolution of Firms, Technology, and National Institutions ［M］. Cambridge: Cambridge University Press, 2003.

［206］ Mustakallio, Mikko, Autio, Erkko and Zahra, Shaker A. Relational and contractual governance in family firms: effects on strategic decision making ［J］. Family Business Review, 2002, 15 (3).

［207］ Nelson R R. Why do firms differ, and how does it matter ［M］. Boston: Harvard Business School Press, 1994.

［208］ Neubauer H. The dynamics of succession in family business in western European countries ［J］. Family Business Review, 2003, 16 (4).

［209］ Nonaka I, Toyama R. A firm as a dialectical being: towards a dynamic theory of a firm ［J］. Industrial and Corporate Change, 2002, 11 (5).

［210］ Norman M. Effective Small Business Management（英文影印版）［M］.

北京：清华大学出版社，2001.

[211] Olsen E, Eoyang G H. Facilitating Organization Change: Lesson from Complexity Science [M]. San Francisco: Jossey Publishing, 2001.

[212] Paul C. What can we learn from a theory of complexity? [J]. Emergence, 2000, 2 (1).

[213] Penrose E T. The Theory of the Growth of the Firm [M]. Oxford: Oxford university press, 1995.

[214] Pepper S C. Emergence [J]. Emergence: Complexity & chaos Issue, 2004, 6 (4).

[215] Per Bak, ChaoTang, and Kurt W. Self - organized criticality [J]. Physical Review, 1988, vol 38.

[216] Pfeffer J, Salancik G R. The External Control of Organizations: A Resource Dependence Perspective [M]. New York: Harper & Row, 1978.

[217] Phillip M. Keep the family business on track [J]. National Jewelry, 2001 (1).

[218] Phyllis M C, Paul D M. The family business history: A catalyst to a successful succession plan [J]. CPA Consultant, 2001 (8).

[219] Popper K R. The open society and its enemies [M]. London: Routledge and Kegan Paul. 1945.

[220] Poppo L, Zenger T. Do formal contracts and relational governance function as substitutes or complements? [J]. Strategic Management Journal, 2002 (1).

[221] Radzicki M J, Sterman J D. Evolutionary Economics and System Dynamics [A]. England R W. Evolutionary Concepts in Contemporary Economics [C]. University of Michigan Press, 1994.

[222] Reinhard S. Game theory and economic behavior [N]. UK: Cheltenham, 1999.

[223] Reiss D. The working family: A researcher's view of health in the household [J]. American Journal of Psychiatry, 1982 (11).

[224] Richard L D. Essentials of Organization Theory and Design [M]. South - Western College, 1998.

［225］ Rumelt R P, Schendel D E. Fundamental issues in strategy ［M］. Boston: Harvard Business School Press, 1994.

［226］ Schutjens V A J M, Wever E. Determinants of new firm success ［J］. Papers in Regional Science, 2000 (79).

［227］ Sheila C D, Peter E, etc. Economic Organization and Economic Knowledge, and Contingency, Complexity and the Theory of the Firm ［J］. Information Economics and Policy, 2001.

［228］ Shleifer A. & Vishny W. A survey of corporate governance ［J］. Journal of Finance, 1997 (52).

［229］ Simon H. Rationality in Psychology and Economics ［J］. Journal of Business, 1986.

［230］ Stevenson H H & Jarillo J C. A paradigm of entrepreneurship: entrepreneurial management ［J］. Strategic Management Journal, 1990 (1).

［231］ Teece D J, Pisano G, Shuen A. Dynamic capabilities and strategic management ［J］. Strategic Management Journal, 1997, 18 (7).

［232］ Thomas E K, George G. Research note university – sponsored family business programs: characteristics, perceived quality and member satisfaction ［J］. Entrepreneurship theory and practice, 2000 (spring).

［233］ Tricker R I. Corporate Governanc ［M］. Gower Publishing Company Limited, 1984.

［234］ Ulrich D, Barney B. Perspectives in Organizations: Resource Dependence, Efficiency, and Population ［J］. Academy of Management Review, 1984 (9).

［235］ Ulrich W. On novelty and heterogeneity ［M］. Springer Berlin Heidelberg, 2005.

［236］ Volberda H W, Lewin A Y. Co – evolutionary dynamics within and between firms: from evolution to co – evolution ［J］. Journal of Management Studies, 2003 (40).

［237］ Ward B. The firm in Illyria: Market syndicalism ［J］. American Economic Review, 1958 (48).

［238］ Weibull W. Evolutionary Game Theory ［M］. Cambridge: MIT

Press, 1995.

[239] Westhead P & M. Cowling. Family firm research – The need for a methodological rethink [J]. Journal of Business Venturing, 1998.

[240] Williamson O E. Markets and Hierarchies: analysis and antitrust implications: A Study in the Economics of Internal Organization [M]. New York: The Free Press, 1975.

[241] Winter S G. Schumpeterian competition in alternative technological regimes [J]. Journal of Economic Behavior and Organization, 1984 (5).

[242] Witt U. Evolutionary Economics [M]. Edward Elgar Publishing Limited, 1993.

[243] Zollo M, Winter S G. Deliberate Learning and the Evolution of Dynamic Capabilities [J]. Organization Science, 2002 (13).

[244] Zott C. Dynamic Capabilities and the Emergence of Intra – industry Differential Firm Performance: Insights from a Simulation Study [J]. Strategic Management Journal, 2003 (24).

外国重要人名索引

M·J·拉齐斯基 （Michael J. Radzicki）

阿尔钦 （A. Alchian）

阿尔文·托夫勒 （Alvin Toffler）

阿伦·A·肯尼迪 （Allan A. Kennedy）

阿德里希 （Aldrich）

埃德加·E·彼得斯 （Edgar E. Peters）

艾森哈特 （Kathleen M. Eisenhardt）

爱德华·沃尔夫 （Edward Wolff）

爱德加·沙因 （Edgar H. Schein）

爱因斯坦 （Albert Einstein）

爱迪思 （Adizes）

安德森 （Philip Anderson）

安东尼·阿索斯 （Anthony G. Athos）

巴克 （P. Bak）

巴纳德 （Barnard）

巴泽尔 （Y. Barzel）

拜瑞·内勒巴夫 （Barry J. Nalebuff）

邦格 （M. Bunge）

保罗·埃利希 （Paul Ehrlich）

贝洛索夫 – 扎鲍廷斯基 （Belousov – Zhabotinsky）

贝纳尔 （H. Benard）

本尼斯 （Warren G. Bennis）

彼得·柯文尼 （Peter. Coveney）

波尔茨曼 （Ludwig Boltzmann）

波普尔 （Karl Popper）

波特 （Michael Porter）

伯恩斯（Burns）

伯纳特和海森（Barnett）

博尔丁（Kenneth Boulding）

布坎南（James Mcgill Buchanan）

布赖恩·阿瑟（W. Brian Arthur）

茨默（Zimmer）

大卫·麦克利（David Mcclelland）

大卫·李嘉图（David Ricardo）

大卫·J·蒂斯（Teece）

戴（R. Day）

德布鲁（Gerard Debreu）

德鲁克（Peter F. Drucker）

德姆塞茨（H. Demsetz）

德依（Day. R）

邓（Dunn）

底考斯持（D. P. Decoster）

凡勃伦（Thorstein B Veblen）

费根鲍姆（M. Feigenbum）

费里德曼（Milton Friedman）

费亚克（Fialko）

福格尔（Fogel）

福山（Francis Fukuyama）

福斯（Foss）

盖尔曼（Murry Gell – Mann）

盖尔希克（Kelin E. Gersick）

格雷纳（L. E. Greiner）

格罗斯曼（Grossman）

古尔德（Stephen Jay Gould）

哈肯（Hermann Haken）

哈特（O. Hart）

拉马克（Chevalier de Lamarck）

拉普拉斯（Pierre Simon Laplace）

拉斯·昂萨格（Lars Onsager）

兰德尔·S·卡洛克（Randel S. Carlock）

劳比切克（Raubitschek）

勒内·托姆（Rene Thom）

雷克鲁夫特（Robert W Rycroft）

李雅普诺夫（A. M. Lyapunov）

理查德·帕斯卡尔（Richard Tanner Pascale）

理查德 L·达夫特（Richard L. Daft）

理查德森（George B. Richardson）

卢桑斯（F. Luthans）

罗伯特·特里克（Robert I. Tricker）

罗伯特·豪斯（Robert J. House）

罗伯特·坦南鲍姆（Robert Tannenbaum）

罗丹（Auguste Rodin）

科斯（Ronald H. Coase）

罗森茨韦克（James E. Rosenzweig）

洛伦兹（E. Lorenz）

马克斯·韦伯（Max Weber）

马歇尔（Alfred Marshall）

马修斯（Matthews）

麦克林（W. Meckling）

摩尔（Moore）

莫斯塔卡里奥（Mustakallio）

曼德布罗特（B. Mandelbrot）

梅（R. May）

梅纳德·斯密斯（Maynard Smith）

米契尔（D. W. Mitchell）

米洛斯克（Mirowsk）

米塞斯（Mises L. V）

穆勒（John Stuart Mill）

纳尔逊（Richard R. Nelson）

奈特（Frank Hyneman Knight）

尼科里斯（G. Nicolis）

尼鲍尔（Nenbauer）

诺曼·R·奥古斯丁（Norman R. Augustine）

诺斯（Douglass C. North）

诺贝尔（Nobel）

帕累托（Vilfredo Pareto）

庞加莱（Jules Henri Poincaré）

彭罗斯（Edith Penrose）

普瑞斯（Price）

钱德勒（Alfred D. Chandler）

萨伊（Say Jean Baptiste）

申农（C. E. Shannon）

盛田昭夫（Akio Morita）

司徒泽（Michael. J. Stutzer）

斯蒂芬·P·罗宾斯（Stephen P. Robbins）

斯梅尔（S. Smale）

斯达巴克（Starbuck）

史蒂文森（Stevenson H. H）

松下幸之助（Matsushita Kōnosuke）

彼特·拉文（Peter Raven）

斯陶克（Stalker）

桑南菲尔德（Sonnenfeld）

汤超（C. Tang）

特雷斯·E·迪尔（Terrence E. Deal）

特伦斯·米切尔（Terence R. Mitchell）

图斯曼（Tushman）

瓦尔拉斯（Léon Walras）

威廉·鲍莫尔（William J. Baumol）

威廉·大内（William Ouchi）

威廉姆森（O. Williamson）

威廉顿（William Drayton）

威森费尔德（K. Wiesenfeld）

维尔斯特拉斯（K. Weierestrass）

温布尔（Weibull）

温特（Sidney G. Winter）

沃伦·施密特（Warren H. Schmidt）

西斯蒙第（Sismondi, Jean Charles Leonard Simonde de）

谢坡德（Shepherd）

熊彼特（Joseph Alois Schumpeter）

亚当·布兰登勃格（Adam M. Brandenburger）

亚当·斯密（Adam Smith）

亚里士多德（Aristotle）

伊里亚·普里戈金（I. Ilya Prigogine）

尤金·法玛（Eugene F. Fama）

约翰·霍兰（John Holland）

约翰·L·沃德：（John L. Ward）

约翰·L·卡斯蒂（John L. Casti）

约翰·P·科特（John P. Kotter）

詹姆斯·L·赫斯克特（James L. Heskett）

詹姆斯·格莱克（James Cleick）

詹森（N. Jensen）

张伯伦（E. H. Chamberlin）

芝诺（Zllo）

佐特（Zott）

后　记

如果说宋词是对唐诗的补充，元曲是对宋词的补充，那么后记就是对专著的补充。因为有了宋词，我们就不仅可以借诗言志，还可以借词诉情；因为有了曲，吟诗作赋就不仅仅是文人墨客的事，人民大众也可以欣赏，可以雅俗共赏了。我以为，后记是作者对学术著作理性思考的情感补充，是对研究结果的过程补充；不仅可以给学术同行们疑义相与析，也能给家族企业家们奇文共欣赏。我想后记不仅必要而且必须，以表达作者致谢之情。

我想首先还是要感谢这个时代给予我们这一代的机遇。这是一个能够创造奇迹并创造了奇迹的一代。30年来，国家从高度集中的计划经济体制到充满活力的社会主义市场经济体制的转变，综合国力大幅跃升，人民生活明显改善，国际地位显著提高。我们这些当年的"知识青年"，在农村、在工厂耗去十多年青春的年轻人，在改革开放之初，从农村、工厂、部队，从广阔天地走进了大学。正是这个神圣的殿堂，使我在青春的最后时刻接受了系统的高等教育。

从中国社会科学院读研究生至今已经20年了。20年来，我要感谢李京文院士，对我来说应该不仅是院士而是情同父亲的老师。首先是老师50多年对学问的坚守所给予我的榜样作用；其次是他给我学术上的指导，特别是20年来，一直对我耳提面命；最后不论是对国家社会科学基金课题申请书的指导，还是对我每一部学术著作的批改，都倾注了老师的心血；此外为支持我的工作，出任江汉大学文理学院首席教授，这都是让我终生难以忘怀的。由于工作原因，学生不能在老师身边执弟子之礼，常深为内愧，好在师弟关竣博士在老师身边，使自己在学术、工作与参政议政方面有些成绩，这也要感谢师弟关峻博士。

我要感谢在家族企业研究的学术同行们，他们有浙江大学的陈凌教授、中山大学的李新春教授、储小平教授等一批教授，大家经年交流家族企业研究的成果，给我启发颇多。在共同的努力下，看到了家族企业的学术研究在中国终于成为一门真正的学术研究，一批年轻的博士也脱颖而出，学术成果也丰富多彩，也是深感欣慰的。这部跨学科的家族企业研究专著也算是对学术同仁们致谢之礼。

我还要感谢中国经济规律研究会的杨圣明会长、中国私（民）营经济研究会的保育钧会长、民营经济研究的先驱者晓亮研究员、张厚义研究员，中国社会科学院经济学博士发展中心理事长李茂生教授，能与他们共同参与中国私营经济领域的研究是自己的荣幸。

我还要感谢我学术界的朋友，武汉大学经济与管理学院院长陈继勇教授、武汉理工大学管理学院院长邓明然教授、中南财经政法大学公共管理学院院长赵曼教授、武汉系统工程学会理事长徐绪松教授、湖北省社会科学院经济学所长龚益鸣研究员、武汉经济研究所所长沈金华研究员、武汉社会科学院信息所所长王铁研究员，《科技进步与对策》副主编高建平研究员，二十多年的学术交往从他们身上获益颇多。

感谢《理论月刊》刘凤刚副主编把我基于复杂性科学研究家族企业的文章在他主编的学术期刊上系列发表。感谢原武汉经济管理干部学院副院长、江汉大学文理学院商学部黄镇宇教授对书稿提出的建议；感谢原武汉大学外语学院院长、文理学院外语学部主任王秀珍教授对书稿的部分英文翻译的审定与修改。中国社会科学院研究生院 2007 级研究生甘泉为书稿的英文翻译做了大量工作。

研究过程中参考了诸多文献。有 200 余篇文献已经在参考文献列出，对此，我对引用参考文献的著作者给我的启发表示感谢。当然，在研究过程中参考的文献不限于此，或许在阅读过程中受到不少学者的启发，但没有在参考文献中列出，如果存在这种情况，一是表示感谢；二是给予谅解。

还要感谢经济科学出版社的范莹副编审给我学院许多支持，给我个人学术上许多支持。也要感谢我的研究生杨正东同学为本书收集整理资料、编辑文献和英文翻译所做的工作。

还有我的父母、兄弟姐妹、家人，他（她）们为我付出太多。

从知青到工人、再到教授、院长、主委，一路走来，我要感谢的人太多，不能一一列举；我只能对那些帮助我的，给予我爱与关怀的每一位朋友与亲人道一声祝福。

甘德安

2010 年春节于北京